懸崖邊的學霸

NEVER ENOUGH

Jennifer Wallace

珍妮佛・華萊士——著

謝宜暉——譯

為什麼好學生會崩壞？

美國6000個菁英家庭的第一手調查，

幫助身處競爭壓力的孩子保有韌性與幸福力

When Achievement Culture Becomes Toxic and What We Can Do About It

各界好評

《懸崖邊的學霸》是以記者之眼、父母心，加上心理學和神經科學頂尖專家的見解，以及來自親職現場令人心酸同時也帶來溫暖的智慧所寫成的，是一本適用當下的書。華萊士為父母提供了別具一格的新框架（包含大量實用的建議），讓教養孩子不再必須在健康、快樂和成功之間拉扯。本書將幫助你的孩子獲得真正重要的能力。——《讓天賦自由的內在動力》（*The Self-Driven Child*）共同作者奈德・強森（Ned Johnson）

「我們正處於心理健康的危機之中。《懸崖邊的學霸》是每個人都必讀的社會警鐘，重新檢視了人生的價值與優先順序。這不只是本書而已，也是我們迫切需要的改變開端。」——《公平遊戲》（*Fair Play*）作者伊芙・羅德斯基（Eve Rodsky）

「這是本很有智慧的書，也是我們迫切需要的，每一頁都讓我倍感珍貴。作者的話值得你仔細聆聽，處處都是重點。這是下個世代應得的智慧。」——暢銷書作家，Podcast「凱莉・柯利根想知道」及PBS電視節目「多告訴我一點」主持人凱莉・柯利根（Kelly Corrigan）

「作者用專業、深刻且不帶任何批判的文字，引領讀者看清我們在『成就文化』下充滿壓力的環境，並提供了一條更具情商的前進道路。這是一本寫給父母、學校和社區的書，但它的意義不僅僅於此：它還教你如何活出豐富、有意義的人生。」——耶魯大學情商中心（Yale Center for Emotional

Intelligence）聯合創辦人兼副院長羅蘋・史騰恩（Robin Stern, Ph.D.）博士

「一份富有同情心且深具洞見的指南，值得作為教養的新指引。」——哈佛大學教育學院（Harvard Graduate School of Education）「讓關懷常在」計劃主任及資深教師理查・韋斯伯德（Richard Weissbourd）

「在《懸崖邊的學霸》中，作者用淺顯易懂的方式呈現重要的研究，並提供具體可用的方法，也就是把『重視感』作為支持孩子心理健康的關鍵。『重視感』是少數在教養時實際可操控的架構之一，對父母而言輕而易舉，對孩子卻有重大的影響。」——Podcast 節目「教出好人」（Raising Good Humans）主持人，西奈山親職中心聯合創辦人艾莉莎・普雷斯曼（Aliza Pressman）

「有害的『成就文化』，阻礙了父母提供孩子無條件和堅定的愛，削弱了我們的家庭關係，也傷害了孩子。作者汲取了數百項研究和個人故事，將它們萃取成這本充滿力量的書，並分享一個終極真理：年輕人所需要的，也是每個人都需要的，就是明白我們自己很重要；我們的重要性，跟我們的履歷或獲得的獎盃都無關——我們原本的樣子就已經夠好了。」——費城兒童醫院家長與青少年溝通中心聯合創辦人兼主任，《建立兒童與青少年的復原力》（*Building Resilience in Children and Teens*）作者肯尼斯・金斯伯格（Kenneth R. Ginsburg）

「這本意義深遠但淺顯易懂的書，將是這個世代最重要的發聲之一。作者深刻地思考了現代父母面臨的關鍵問題，並為兒童、青少年、年輕人和父母都深受『成就文化』毒害的壓力提供了解方。從新手父母一直到空巢父母，《懸崖邊的學霸》都深具意義。」——「成長與放飛」（Grown and

Flown）聯合創辦人、暢銷書作家麗莎・赫弗南（Lisa Heffernan）

「作者以令人印象深刻的研究、同情心及清楚的論述，向我們展示了目前這種『以成就來回報我們的愛』的教養方式，不論對父母或孩子都是很悲哀的；她也向我們展示了如何調整，讓孩子獲得快樂與成長。」——「自由放養孩子」運動（Free-Range Kids movement）創始人蘭諾・史坎納茲（Lenore Skenazy）

「《懸崖邊的學霸》已經晉升為我心中最有意義的書籍前五名了，很適合青少年的家長和照顧者閱讀！作者為嚴重傷害我們孩子的毒性成就文化提供了實用的解方。這本書將會幫助你認清、並啟動你在這項任務中所扮演的角色，幫助你去支持你青春期的孩子。」——心房研究所（Atria Institute）兒科醫生和青少年醫學專家喜娜・塔利布（Hina Talib）

〔推薦序〕

愛孩子，讓他發展出真實而美好的價值

文／尚瑞君（暢銷親子作家）

記得哥哥在國中的時候，曾經問我說：「媽媽，我以後的成就，也會是妳的成就嗎？」我說：「你的成就是你的，但媽媽會有『與有榮焉』的成就感！媽媽要去創造自己的成就。」

二〇一九年十月，我出版了第一本親子教養書籍。在二〇二四年，博客來上半年親子類的銷售排行榜上，我的書分別位於第一、第八，和第十名，這是我在出版親子書籍上的一個小小成就吧？

然而，孩子的成就，算不算是父母的成就呢？父母愛的到底是孩子這個人，還是在孩子身上顯現的成就呢？

我們對孩子的愛是有條件的？

孩子剛出生的時候，我相信大部分的父母，都是愛孩子這個人，因為他是我們的血脈，讓我們看見一個新生命的美好。只是，孩子在社會化的過程中獲得了各種評比，父母總是希望孩子表現的好，而且還要更好嗎？

「學霸」，是這幾年很流行的詞。去年從明星高中畢業，學測考上台大、清大、交大等熱門科系的哥哥，也被大家稱作「學霸」。但他在跟我合寫《家有中學生的解憂之書》時，不希望在書名上放上「學霸」這兩個字。他說：「媽媽，在這個世界上會讀書的人很多，我還算不上最會讀書的學霸。」

讀書，不但需要一點天賦，也需要適合的方法，但是在美國，就曾經發生社經地位頂尖的父母，不惜造假孩子的經歷，只為了讓他們擠進美國名校。

父母為什麼比孩子還擔心他的學歷呢？這種擔憂和焦慮是不是有原因的？這本書，就是帶領父母進行自我檢視與深度的思考。在閱讀之前，不妨也一同想想：

◎當成人的競爭轉嫁為孩子的壓力時，那些過度努力衝刺的孩子，把人生的馬拉松當成短跑在衝，不但衝不到終點線，甚至有可能衝著、衝著，會衝出了人生賽道。這不是整個國家的損失嗎？

◎在這個強調競爭與排名的世界，孩子可以跟同學當好朋友嗎？還是都把同學當成競爭的對手，只想著要贏過同學，而取得更多的優勢和選擇權呢？

◎孩子是否會覺得父母對他的愛與賞識，來自他的成績與表現呢？父母對孩子未來的焦慮與擔憂，常常是親子關係的未爆彈吧？

愛自己與勞役平衡的目標

當我們對孩子說了關懷的話，有時候聽在孩子的心裡，卻會變成壓力。為什麼會這樣呢？因為青少年天生帶有一種負面偏誤，青少年的負面情緒比其他年齡層的人來得高。因此，父母要肯定的讓孩子知道，我們愛與在乎的是「他這個人」：他的成就，可以跟我們分享；他的失敗或痛苦，我們也可以分擔。

孩子要學會愛自己，是需要從感受到父母對他的愛與信任而來。然而，當父母對孩子的未來充滿著焦慮，是很難看見孩子存在的價值，而只會去評比孩子產出的表現。孩子獲得了好成績，覺得父母和藹可親；可是一旦成績考差了，父母嘴上說不在意，臉上卻顯現出冷漠與失落，就會深深打擊孩子的自信。這種「有條件的愛」，讓孩子沒有安全感、也沒有自我價值感。

雖然社會是競爭的，但人類是靠著合作才得以代代延續，在智慧和努力之下，發展出繁榮與方便的生活。

父母在陪著孩子成長與學習的過程中，要讓孩子看見自己的強項發展，並能欣賞別人付出的努力。父母也要把合作與感恩的思維，帶進家庭和學校這些緊密的小團體中，才能讓孩子在追求自己的能力與表現時，也可以跟朋友同學一起共好。

這本書，不僅讓父母看見自己內心的擔憂和恐懼，也希望讓你我陪著孩子一起建立健康的學習態度，不要讓我們的匱乏感，世襲到孩子身上，讓本該活出豐盛的生命變得貧瘠。

作者也以真實個案和科學研究成果提醒我們：孩子要在日常中努力學習，但不是過度努力；孩子學會新能力需要刻意練習，但不是練到忘記休息。

我們跟孩子都需要學習在生活中保有勞逸平衡，在競爭中維持合作共好，讓生命碰撞出不同的精采。如此，我們將能享受在努力過程中互動的美好，而不僅是追求成就、獲得結果的那一瞬間。當我們可以把自我價值和成就鬆綁，才能讓愛在無條件的氛圍下自在地傳遞。

父母的格局和氣度，會深深地影響一個孩子的發展。讓我們做一個對別人有幫助的成熟大人，陪伴每一個孩子，重新校準自我價值感，成為世界上更美好的存在。

〔推薦序〕要是當時有這本書

文／楊陽老師（作家／補教老師）

《懸崖邊的學霸》的案例，猶如我過往曾經遇過的家長、學生。

有的家長擔心孩子未來，塞爆課表，只為了孩子能延續社經地位或為自己翻轉階級。也有的家長為了證明自己很會教孩子，進入比較子女的零和賽局，逼著孩子贏過別人。這樣的焦慮，如傳染病一般，透過網路在家長之間散播，使得如今的課業競爭異常激烈。

有分數才會開心的爸媽？

希望孩子學業競爭勝出，家長們不斷挹注學習資源，以優渥的物質與昂貴課程替代教養。然而，家長只重分數，忽略了孩子對「重視感」的需求；也忽視孩子還在成長，忘記聆聽，未能給予情感支持與適度的放手。

當孩子受挫時，家長因為焦慮挑起孩子毛病，責備孩子懈怠。漸漸地，只要孩子考試分數不佳，家長便會情緒失控、焦慮爆發。

我常以「分數戒斷症」來描述此現象——孩子隨著年紀成長，分數越來越低，爸媽因此情緒越來越不穩。

「看到孩子考高分，才會開心的爸媽。」使孩子慢慢地以為，「分數代表著個人價值。我的表現好，爸媽才會重視我、愛我。」

直到某天，孩子再也受不了這競逐分數的遊戲，成為此書中的一個個悲傷案例，陷入憂鬱、暴食、吸毒，甚至自殺。

我在現實生活中，遇到類似書中案例的家長，他們都有共通點：

「我不知道為什麼會這樣？」

我常難過地想：「要是有人能先跟他們示警，結局會不會不一樣？」

無法接受自己的不完美

《懸崖邊的學霸》深入地探討上述的教養風險、困境，以及問題背後的成因。它也深度剖析學生在物質極度繁榮、資訊爆炸的生長環境中，如何一步一步走向徹底自我否定，人生失控。

以書中的學霸主人翁為例，他們為了滿足父母期待，維持學霸姿態，長期犧牲睡眠、健康與快樂。他們在長期過度努力之下，終致崩潰。

讀到此，我想起學生曾跟我說的金句：

「累到眼皮睜不開，半夜兩點多，閉著眼卻睡不著，眼前有數學公式飛舞。」

而過度努力的學霸們，為了維持人生勝利組的形象，還得隱藏自己的真實感受。書中的亞曼達，因為長期被爸媽灌輸，無止盡的努力才是王道，休息或玩樂放鬆是浪費生命、是不完美的。因此，她必須否定心中那個，需要休息、爸媽口中不完美的自己。成年後，她吸毒、酗酒長達十年。

另外一位，曾半夜兩三點傳訊給我的學霸有著這樣的心情：

「老師，一直想死，很正常嗎？」嚇得我陪他聊天，舒緩分數瓶頸帶來的沮喪，邊問他：「為什麼不找爸媽訴苦？」

他秒回訊：「我不想成為瑕疵品。」

他爸媽至今不知道自己兒子曾半夜想自殺。

愛與成長的指南

本書是一本關於愛與成長的指南。書中的許多故事，值得來回細細咀嚼。它不只示警家長，更提出深度分析，讓我們看到親子雙方如何不慎走入難解困局。

本書希望幫助父母，在孩子成長過程中建立健康的競爭觀念。作者提出「重視感」這個解方並貫穿故事之間說明，用明確步驟教導父母如何與子女友善溝通，一步步健康、友善地照顧孩子心理需求，讓他們感受到無條件的愛、理解與陪伴。

我在閱讀過程中驚訝地發現，原來每次我見到學生打招呼：『你今天好嗎？有沒有吃飯？』然後眼神專注地聽他說自己一天的遭遇，對於學生來說是這麼重要，對教養來說會這麼有幫助。

我還會接著說：「你的故事，老師很有興趣，你說給我聽。」如果他們為了成績而懊惱，我會說：「天啊！你考差了一定很難過，你說給我聽。」「考不好，沒關係，老師幫你！來！你說給我聽！」又或者「考九十八分還被罵？你說給我聽。」「你手上的刀疤是自己割的？你怎麼了？你說給我聽！」

讀著書上關於「重視感」的描述，我腦子飛舞著這些年，我對學生「說對的話」。接著，我恰巧按照書中說的，給了孩子很多的體諒、理解、無條件接納、陪伴與情感支持。這些都陪著我與學生度過一關又一關的艱難，而這本書把這些教養的險阻都鉅細靡遺的整理出來。

讀完全書，我心底有一點憂傷，覺得這樣的好書要送到家長手上真的好難。「要是當時○○○的媽媽讀過這本書⋯⋯」我感嘆著無法改變的事實，卻也慶幸自己與學生相處時，做對許多事情，才在補習業安然度過二十年。

最後，誠摯地邀請大家閱讀這本好書，也期許這本書能幫助各位找到教養上的靈感，在教養的路上順利、平安並充滿喜悅。

目錄

各界好評 ii
〔推薦序〕愛孩子，讓他發展出真實而美好的價值 文／尚瑞君 v
〔推薦序〕要是當時有這本書 文／楊陽老師 viii

前言 閉著眼睛奔跑 015
處於「高危險」的年輕一代／成就壓力正在影響我們／為父母跟孩子找出替代方案

CHAPTER 1
為什麼我們的孩子崩壞了？——壓力鍋中的好學生 027
擁有一切的孩子是「高危險」群？／父母的期望走調了／成人的競爭轉嫁為孩子的壓力／父母同儕的批評壓力

CHAPTER 2
說得清楚，就能平撫——揭開父母焦慮的根源 049
保護身分地位的焦慮／孩子，你要比我更優秀／為孩子打造個人安全網／誰敢上了高中才努力

CHAPTER 3
重視感的力量——將自我價值從成就鬆綁的關鍵思維 073
「普通優秀」還不夠／你重視小孩的成就還是內在？／不是你說了什麼，而是孩子聽到什麼／條件交換下的虛假自我／父母的自尊心／好溫暖與壞溫暖／發現孩子的優勢而非弱點／用肢體語言說愛／說出孩子在我們心裡有多重要

CHAPTER 4
先照顧自己的需求——為孩子示範自我重視感 107
滿足孩子的需要成了壓力／密集式教養的代價／獨立變成了孤立／犧牲自己其實微不足道／讓朋友成為你的支持者／別獨自擔心

CHAPTER 5
把茶壺從火源上移開——幫孩子有信心不必過度努力 141
成人創造的奮鬥文化／成長性思維的陷阱？／物質主義的緊急出口／頂大不保證幸福感／「盡你所能」太沉重／刻意練習卻忘了休息／適度與平衡才能提高成就

CHAPTER 6
在學校找到連結與支持——應付過度競爭的良好心態 175
你的成功會減少我的機會／至少要有一個好朋友／放下嫉妒，才可能合作／彼此依靠才能更強大／嫉妒也能帶來反思／越競爭的環境，越助長刻板印象／可敬的對手，而不是狗咬狗／她的成功就是我的成功

CHAPTER 7
更宏觀的人生課題——為保護我們的世界做出貢獻 209
聽話又努力的小孩／不只念書還有家務貢獻／找到自己的使命感／比別人好，不如對別人好／讓目標成為健康的動力

CHAPTER 8
連鎖反應——喚醒周圍人的重視感 243
用豐盈取代匱乏／成為一起幫忙的大人／跟老師建立連結／從鄰里開始表達重視感／解鎖他人的自我重視感

致謝 267

附錄 273

◎行動資源1：在家裡可以做的
◎行動資源2：教育工作者與大專院校可以做的
◎行動資源3：社區可以努力的方向
◎推薦書單與影片：自我價值感、被邊緣化的學生、社群媒體、體育運動
◎本書討論問題

資料出處 305

前言

Intro-
duction

閉著眼睛奔跑

寫這本書的某一次前期訪談，我遇到了莫莉。她是一名住在華盛頓州的高二生。一開始，她就告訴我，許多參加大學先修課程的同學要麼是用功到凌晨三點才上床睡覺，要麼是在凌晨三點就起床惡補各科的學習內容。莫莉不好意思地承認，她「不是一個夜貓子」。她告訴我，大多數的晚上她都在「午夜左右」就上床睡覺了；有時候，她也會在凌晨五點左右起床，以便在考試前複習或者為報告作最後的潤飾。當我問她，作為一名校隊運動員，她是如何在僅有五小時睡眠的情況下保持體力，莫莉拉緊了她的高馬尾辮，用毫無諷刺意味的口氣回答我：「那些日子裡，我都是閉著眼跑操場。」

處於「高危險」的年輕一代

三年後，那場訪談仍然在我心中揮之不去。那個影像——閉著眼睛繞圈奔跑的世代，是對當下許多青少年不是在教室，就是在運動場，要不然就是在房間裡挑燈夜戰的新常態生活，展示了一個令人震撼卻貼切的比喻。在類似茉莉居住的社區裡，過去幾十年間已經形成了職業化的童年：孩子生命中的每一分鐘，似乎都想盡辦法把他們的潛力逼到極致。學業、體育和課外活動變得越來越競爭、越來越下重本，也越來越多是由成人所主導。這些孩子在一條為他們劃定的路線上不停地奔跑，沒有足夠的休息，也沒有機會決定這是不是他們想要參加的比賽。

這種趨勢也有著要付出的代價。數十年來，研究人員一直在研究不幸的童年經歷，例如生活在貧困或社區暴力中，會對兒童的健康和福祉增加怎樣的風險。二〇一九年，美國一些頂尖的發展科學專家發表的一份國家報告，把兒童列入全國最具「高危險」的年輕族群之中，令人驚訝。報告指出，就讀於所謂「明星學校」（一般來說，具有高標準化考試成績、具競爭力的公私立學校）的學生「有較嚴重的適應問題，這可能與長期普遍要求在學業成績和課外活動都必須出類拔萃的壓力有關」(1) [1]。一位專家估計，有三分之一的美

1 編按：原書註編號會多加括號標示，註釋內容統一放全書末資料出處。全書的隨頁註則為譯者註，以一般數字編號標示。

國學生可能都受到這種過度追求成就的壓力所影響。(2)

過去十年裡，我一直在撰文報導現代家庭生活的相關議題。我為《華盛頓郵報》（*Washington Post*）寫了一篇文章，談到了越來越多的研究在探討追求成就的壓力，及這個新發現的「高危險」群體。這篇文章很快就廣為流傳。陌生人透過我的網站找到我，想要了解更多的相關資訊；朋友也寄電子郵件給我，告訴我這篇文章張貼在他們學校的穿堂，或者學校通訊裡出現這篇文章的連結。家長互相轉發，老師、校長和教練也是如此。突然間，我發現自己置身於一場迫切的討論之中。這場討論從多年前就已經開始了，以心理學家瑪德琳．勒文（Madeline Levine）二〇〇六年的開創性著作《特權的代價》（*The Price of Privilege*）為起點；勒文談到了她在執業過程中治療過的那些高成就青少年，內心所感受到的空虛、焦慮和憂鬱。現在，有數據支持勒文的經驗了。這個深刻卻令人不安的悖論不容忽視：從統計數據上來看，那些擁有一切機會的學生，以具體標準衡量幸福感時，評測結果反而可能比他們中產階級的同儕更糟。

擔心學霸的幸福感，可能有點尷尬甚至荒謬。畢竟，他們大多數來自不必擔心住房問題或醫療負擔的家庭，因此有能力花錢來緩解他們的問題。這些家庭真的需要我們的關注嗎？這個世界上還有那麼多苦難，美國社經地位前百分之二十的兒童所面臨的困境，真的有那麼重要嗎？毫無疑問的，那些生活貧困且面臨飢餓、暴力和歧視的青少年，比起他們就讀明星學校的同齡人，更有可能面臨逆境。這點是無庸置疑的。但正如學者桑妮雅．盧塔（Suniya Luthar）在我提出這些問題時所說的：「沒有人能把痛苦放在天平上比較——痛苦的孩子就是痛苦的孩子，而且他們都無從選擇自己的處境。」

孩子成功的定義已有了變化，而這種變化是在童年承受強烈痛苦之下所發生的，並且直接促成了這種改變。我們會發現，自己正處在一場真正的國家危機：我們的年輕人出現了壓力、焦慮和憂鬱的毀滅性大流行。

成就壓力正在影響我們

這件事情嚴重到美國聯邦公共衛生署長維偉克・莫西博士（Dr. Vivek Murthy）在二〇二一年發布了一份罕見的公共衛生警告：「最近針對年輕族群進行的全國性調查顯示，某些心理健康問題的發生率出現了驚人的攀升——二〇一九年，有三分之一的高中生和一半的女學生表示，他們持續感到悲傷或絕望，整體而言，比二〇〇九年增加了百分之四十。」[3]莫西指出，年輕人的心理健康受到許多因素的影響，從他們的基因、人際關係，再擴展到更大的社會力量，例如媒體和流行文化中的訊息。這些都可能「侵蝕他們的自我價值感（sense of self-worth），告訴他們：他們不夠好看、不夠受歡迎、不夠聰明，或者不夠有錢。」但結論很清楚：我們大部分的年輕人正因生活在有害的壓力之中而受到傷害，而作為有意識、有擔當的大人，我們有責任做些什麼。

身為記者和三個青少年的母親，我覺得自己有責任更深入地去了解這個問題。二〇二〇年初，我在哈佛大學教育學院一位研究人員的幫助下，做了一次前所未有的全國親職教養調查，藉此來了解孩子和父母所感受到的壓力及原因。[4]這項調查觸動了大眾的神經，在親職教養網站和臉書上不斷出現新的討論。短短幾天內，全國就有六千多位家長填寫了這份調查。

「成就壓力」不僅僅是個別社區特有的問題；它正影響著全國各地的家庭。父母渴望能分享他們的經歷，他們感謝我提供了這個機會，讓大家可以公開討論這個每個人都感受到、但沒有人說出來的問題。這項調查詢問了家長對以下說法的認同程度：

◎在我的社區裡，父母普遍認為進入一所知名大學是日後獲得幸福最重要的因素之一。（有百分之七十三的家長同意。）[5]

◎別人認為我的孩子在學業上的成功，歸功於我的教養方式。（有百分之八十三的家長同意。）[6]

◎我多希望我的孩子現在的童年可以不要有那麼多壓力。（有百分之八十七的家長同意。）[7]

我開始相信，讓這些感受浮上檯面，可能是消除它們的第一步。調查結束時，我詢問受訪者是否願意接受採訪、成為我書中的內容，請他們寄電郵給我，結果我收到好幾百封來信。在接下來的三年裡，我走遍全國，跟俄亥俄州克里夫蘭、緬因州雅茅斯、懷俄明州傑克遜、華盛頓州默瑟島、加州洛杉磯，以及康乃狄克州威爾頓等地的家長和學生進行了深入的交談。

我訪談過的家長幾乎都是接受過大學教育的專業人士；除此之外，本書中的家庭也非常多元：他們來自於不同的族裔，有些是異性戀，有些是同性戀；他們裡面有自由派，也有保守派人士，有單親爸爸，也有全職媽媽；有的來自城市，有的來自於郊區和農村；職業也包括了老師、護士、律師、家長會長、銀行家和心理學家。儘管他們的背景都不一樣，但這些家庭都會盡最大的努力，在複雜的成就世界中前進。

最後，我開始尋找在現代成就文化的壓力下仍然茁壯成長的孩子：他們在生活中有哪些緩衝來應對壓力？他們展現出什麼樣的心態和行為？他們的父母在家裡主要關心什麼？學校對他們來說是什麼樣子？這些健康的成功者之中，有沒有什麼共同點？我進行了各種訪談：焦點小組訪談、家長會後的訪談，或者在媽媽單身聚會上一面喝著瑪格麗特一面聊。但多半還是跟受訪者約在咖啡店、家裡、辦公室、或接送孩子的車程中，以及透過視訊軟體一對一交談。當我回到家後，還會跟他們繼續對話；最常見的，就是一早醒來，讀到他們以「關於我們談過的內容，我想到了更多……」開頭、充滿深刻見解的長篇電郵。撰寫這本書時，我跟很多家庭都保持聯繫，也持續追蹤一些學生從高中進入大學的歷程。

為父母跟孩子找出替代方案

我的調查，以及在過程中認識的人，給了我相當多的素材，既有個人故事，也有在故事間可以追溯的模式。這場調查研究浮現出的事實讓我膽顫心驚：我們的孩子開始相信，自己的價值取決於各種表現——個人的學業成績、社群媒體的粉絲數量、就讀大學的名氣，而不是因為內在核心中真正的自己。他們認為，只有獲取成功的時候，才會被生活中的大人、同儕和更大的社群所重視。

在這裡，我故意用了「重視」（matter）這個詞。從一九八〇年代以來，有越來越多的研究發現，「受重視／重視感／自我重視感」[2]（也就是我們覺得自己有價值，而且對他人來說也有價值）是正向心理健康，也是在青春期和長大後茁壯成長的關鍵。自我重視感提供了一個豐富且近乎直覺的框架，幫助我們理解壓力如何困住我們的孩子，以及如何保護他們不會受壓力的影響。它既深刻又實用，而且不需要花更多的錢請家教或教練，也不用在已經排滿的行事曆上再增加額外的活動。相反地，它為我們這些成年人（包括了父母、老師、教練和導師）提供了一種看待孩子的全新視角，也提供了我們跟孩子溝通的全新觀點，討論他們自身的價值、潛力，以及外部的社會價值。

自我重視感與高成就兩者不必然是互斥的。當我們受到重視，更有可能以正向、健康

2 原文為 mattering，中文翻譯時依上下文語氣的考量混用「受重視」、「重視感」和「自我重視感」。

的方式融入我們的家庭、學校和社區之中。我在研究裡發現，正是因為具有一定的自我重視感，讓這些健康的高成就者與眾不同。自我重視感影響了我們使用的語言、強化的訊息，以及我們處理失敗的方式。它可以幫助所有厭倦了原地打轉模式的大人找到替代方案，既不會讓孩子有藉口不發揮潛力，也不會在孩子的努力過程中毀了他們。

在我開始訪談時，曾經擔心家長和學生可能不願意對這樣私密的主題開誠布公，以及展現他們脆弱的一面。事實證明我大錯特錯。在過去三年裡，有兩百多個人讓我走進了他們的生活；對此，我永遠感激。我跟一些學生交談過，他們非常坦誠，並且相當信任由我講述他們的故事。我跟因自殺而痛失摯愛的家庭見過面。我也訪談努力為年輕人開闢新道路的社區團體。我還跟那些從錯誤中學到教訓、希望提供借鏡的父母談話。這本書的內容反映了我從他們身上所學到的一切。我寫這本書不只是為了你們，也是為了我自己；我很努力地在有著越來越多壓力，迫使我們只能選擇單一結果的文化中，養育出健康而成功的孩子。

我試著站在陪伴父母一起面對困境的角度，誠實地審視我們這一代父母的焦慮。當然，沒有一本書能夠描述所有父母的經驗。成就壓力會因為個人背景和生活經歷而有所不同。儘管我已經努力呈現不同的觀點，但這不是一本社會學、歷史學或公共政策相關的書籍，也沒有深入探討那些值得以學術研究或專書探究的主題。

這本書關注的是那些有能力選擇居住地點和子女學區的父母，以及社區中每天跟這些孩子互動的大人。當然，這些家庭對於學校教育、課外活動和體育的選擇，會影響能力較差的家庭所獲得的機會，進一步擴大社會不平等。我在全書最後列出了一些針對制度性種族主義（systemic racism）、邊緣化（marginalization）、歧視和特權等重要主題的延伸閱讀。這些主題跟成就文化有關，不過超出了本書的討論範圍，若有興趣深入了解的讀者可以參考書末的資訊。

坦白說，我也是明星學校的產物。我是常春藤聯盟的白人畢業生，正在養育我的孩子上這些「明星學校」。這本書試圖利用這種特權，來揭示在眾目睽睽之下被忽略的問題，同時找出解決方案。我希望能改變我們對成就壓力的對話方式，擺脫毫無益處的互相指責，並且更深刻地理解到，這種壓力危害了我們的幸福，嚴重性已經超越單一家庭、學校或社區的所作所為。

這本書首先要探討我們是怎麼走到這一步的，還有社會不斷增加的成就壓力，對孩子產生了什麼影響。接著，我們會討論實際的解決方案，並且指出一條富有同理心、也是我們可以企及的途徑，來培養健康而且成功的孩子。最後，頂尖專家提供了一些洞見和建議，告訴我們在家庭之外可以做出哪些改變，包括學校和社區可以採取哪些措施，來緩和成就文化中的有害壓力。

我在書寫過程中發現，我們馬上就可以在家庭、教室和團體裡採取行動，來對抗年輕人日益嚴重的焦慮、憂鬱和孤立感。這些行動需要思維的轉變，克服社會日復一日不斷發出、似乎無法避免的有害訊息。父母在孩子生命中佔有一席之地，我們必須調整正確的行為方式來保護他們，讓他們能夠準備好應對成年生活的起起伏伏，並且在我們不再能提供指引的時候，繼續茁壯成長。

第一章

Chapter One

為什麼我們的孩子崩壞了？

──壓力鍋中的好學生

亞曼達應該要欣喜若狂：她是高中校隊的運動員、辯論社社長，即將以優異的成績從明星高中畢業。她剛剛收到了心儀大學的提前錄取通知，那是一所錄取率只有百分之十的頂尖大學。經過整整六年的投入和努力，她終於迎來了這一刻。現在她可以隨心所欲了。她成功了。然而她並沒有自豪；她所記得的，只有震驚和焦慮。在收到大學錄取通知單的那個星期六，她帶了一瓶思美洛伏特加到朋友家徹夜狂歡——不是為了慶祝，而是要麻痺一種她無法言說的、死寂的絕望感。

亞曼達在西岸一個相對富裕的小鎮中長大；這個小鎮，讓我想起為了這本書訪問過的美國各地社區，多半是這樣：靠著高額稅收維持的美麗市區，父母是白領階級，工作時間長，孩子也跟父母一樣努力，不僅認真完成他們的功課，週末也投入球隊的練習活動。小時候，亞曼達很喜歡學校。她告訴我，她「很擅長當學生」，而且她很喜歡學習——直到她上了七年級。她說：「人們開始跟我說，為了申請大學，我一定要參加這個活動，或選修那門課。生活完全就是為了進最好的大學提前做準備。」

在高中漫長的四年裡[3]，亞曼達的活動行程一直都是密密麻麻的，其中包括了全年的體育活動、服務社區弱勢族群的課外社團，以及塞到不能再滿的資優課程（honors classes）和大學先修課程（AP classes）。她的父母強烈灌輸給孩子「努力工作是美德」的道德觀。她的爸爸在科技公司擔任律師，每天工作十二個小時；而她的媽媽在家長會中擔任各種領導職位的志工。他們的房子總是維持得井井有條。亞曼達記得，每當有客人來訪，即使只是順路來送個東西，都會引發家中騷動，只為了讓一切都能完美到位。過節更是重要的大事，她的母親會花幾個星期布置，努力為孩子創造童話般的回憶。即使是家庭度假，也會有條不紊地計劃，不容許一絲意外。她說：「對我爸媽來說，生活的方方面面都獲得成就，是最重要的事。」

3 美國高中為九到十二年級，為期四年，與台灣高中三年不同。為了方便讀者閱讀，本書中所指的高一仍為十年級，高二為十一年級，高三為十二年級。

談到亞曼達在學校的表現時，她的爸媽會小心翼翼地避免直接談論成績。取而代之的，亞曼達說：「是更巧妙的話術，打著『你沒有發揮應有潛力』的幌子。」如果從學校帶回一份得到C甚至是B的作業，父母就不發一語、冷眼相待。她說，即使他們沒有直接說出口，所傳達的訊息也是顯而易見的：**我們知道你能做得更好**。

她的很多朋友也有同樣的感覺。亞曼達說：「我們生活在同一個社區，你的成績、你的外表、你的體重、你去過哪裡旅行、你家是什麼樣子——一切都必須是最好、最完美的，而且要看起來輕而易舉。」她回憶高中的學業競爭很激烈，要求也很高。老師在課堂上期待學生有高水準的表現，教練在課後體育練習活動也是這樣。

大多數的時間，亞曼達看起來都能應付這一切；但突然間，她就做不到了。高二結束時，大學申請迫在眉睫，壓力越來越大，亞曼達會挑燈夜戰，然後躺在床上徹夜難眠，被焦慮淹沒。第二天，因為筋疲力盡了，她會蹺課躲進練琴室，去彈奏巴哈或蕭邦的鋼琴曲，暫時逃避一下現實。

雖然當時亞曼達沒有意識到，她其實是陷入了憂鬱。她的生活模式變得僵化，幾乎沒有時間享受簡單的快樂，甚至沒有時間休息。持續不斷的壓力導致了飲食失調，在厭食症和暴食症之間來回切換。每當她放棄自制吃了「禁忌」食物，偷偷狂吃餅乾或冰淇淋，以此來麻痺痛苦，這只會提醒她，她又一次沒有達標。她的自尊會隨著體重計上的數字或測驗分數的高低而波動。「我總覺得自己在家裡、學校和網路上都必須保持這種完美的形象，所以我並沒有跟大多數人有真正的連結，尤其是跟我爸媽。」她說：「那是一段非常孤獨的日子。」

亞曼達的心理健康問題並沒有引起別人的注意，因為儘管她有這些狀況，她仍然設法帶著優異的成績回家。週末給了她短暫的放鬆時光。「我和朋友整週都這麼拚命，我們覺得該放飛一下自我，」她說。他們會喝到爛醉，有時候甚至會喝到斷片。亞曼達說，鎮上有一些青少年的爸媽跟他們的孩子有種心照不宣的默契：只要你在平日裡表現出色，週末你就可以做任何你想做的事情。她告訴我，有些父母會提供酒水，甚至還會跟他們一起喝酒。亞曼達的父母則有不同的看法：「他們認為跟朋友出去玩是浪費時間，所以我每次都必須跟他們大吵一架，才有辦法出得了門。對他們來說，高效能和成功是最重要的，其他的一切，甚至是友誼，都是其次。」

當亞曼達離家去上大學，她已經接受了「工作時拚命工作，休閒時盡情玩耍」（work hard, play hard）的思考模式。在大學校園裡，她發現了一個比高中競爭更激烈的環境。她努力保持優異的成績。她的飲食失調越來越嚴重，酗酒的情況也越來越糟；她甚至用吸毒來逃避自己始終無法達到標準的羞愧感。來自於父母的壓力，從學業成績轉移到了暑期實習。畢業後，亞曼達在廣告業找到了一份夢寐以求的工作，也搬進了舊金山的一間漂亮公寓裡。她很開心。

然而，那種熟悉的驅動力；成就更多、爬得更高、成為同儕中最優秀的人，卻如影隨形。「我沒日沒夜地工作、獲得升遷，但我的生活失去了平衡，也找不到健康的方式來處理壓力，」亞曼達說。她回過頭去依賴不健康的舊習慣。一天晚上，她跟朋友一起狂喝了很多酒，吸食了古柯鹼之後，她坐在公寓大樓旁的馬路邊，想著要不要自殺。「我絕望了，我再也無法忍受這一切，」她回憶道。「我整個人完全被掏空，只想著要結束這一切。」

亞曼達的憂鬱症加重，很快地，她開始在工作日也喝酒。一天晚上，她開車回家時被警察攔下測出酒駕。在近十年的酗酒和吸毒生活之後，這次被捕迫使她正視自己的問題，也迫使她的父母接受這件事：他們的女兒看似擁有一切，內心卻感到空虛。

亞曼達進入了勒戒所。現在，她已經戒酒兩年了。她正在接受心理治療，慢慢地卸下二十年來因為父母的期望所累積的沉重包袱。亞曼達說：「這一生，我一直都覺得自己必須是完美的，否則人們就不會愛我。」這種心態已經根深柢固，以致於她懷疑是不是真的有辦法完全擺脫它：「我還是想要表現出色，我還是想要取得成就；但現在，我會在我做不到的時候，盡量不要去懲罰自己。」

擁有一切的孩子是「高危險」群？

當桑妮雅．盧塔首次研究美國青少年的生活時，她把重點放在市區生活的挑戰。一九九〇年代，她身為耶魯大學的研究人員，要追蹤一群生活受到貧困、犯罪和藥物濫用影響的青少年[8]。由於需要一個對照組，她在鄰近的富裕社區尋找青少年受試者，追蹤相同的變數：憂鬱症、違規行為發生的機率，以及吸毒和飲酒的狀況。

令她驚訝的是，她發現住在郊區的中上階層青少年，在許多研究指標上的表現更差：他們比一般的青少年和市區的孩子更有可能喝酒、抽大麻和使用成癮性藥物；尤其是郊區的女孩，罹患臨床憂鬱症的比例要高出很多，而郊區的男孩和女孩在臨床上的顯著焦慮程度，都比正常程度略高。對於盧塔來說，這項研究的結果似乎違反直覺。對其他人來說，研究結果看起來簡直大錯特錯。盧塔告訴我：「一開始，這個發現引發反彈：這些孩子擁有了一切、獲得了一切機會，竟然還可能比普通美國孩子表現得更差，更別提生活在貧困中的孩子了。」人們無法理解這項研究的結果。盧塔表示，美國人認為財富等於幸福，或者至少能保護孩子不會陷入這類困境。

在這項開創性的研究之後，盧塔和其他科學家發現，孩子會成為臨床高度焦慮、憂鬱和藥物濫用的「高危險」群，原因並不是中上階層的家庭背景，而是處在一個永無休止的壓力環境之中。[9]二〇一八年，羅伯特・伍德・強生基金會（Robert Wood Johnson Foundation，簡稱 RWJF）頗具影響力的公共衛生與政策專家發布了一份報告，[10]列舉出對青少年健康有負面影響的環境條件，前幾名就包括了貧困、創傷、歧視和「過度的成就壓力」。根據 RWJF 的報告，[11]「以極端壓力要求成功或超越他人為特徵的家庭及學校環境——通常但不限於發生在特別富裕的社區——可能會對青少年產生相當大的傷害，包括引起高度的壓力和焦慮，也可能造成酗酒、濫用藥物或藥物成癮」。無論是因為種族、階級、族裔，還是因為身分認同而被邊緣化的學生，都可能受到巨大的壓力，讓他們更難成長茁壯。

這些具競爭力的學校，標準化的平均考試成績都位居全國的前百分之二十五，通常也坐落在大多數家庭收入在全國前百分之二十或二十五的社區（大約在每年十三萬美元以上，具體收入取決於所在的地區）。當然，這些學校和社區中也包括了一些家庭收入排不上前四分之一的家庭，學生可能也承受著同樣持續不斷的成就壓力。換句話說，危害孩子成長、影響整體健康的並不是家庭收入，而是孩子的成長環境。我遇到的許多高成就的學生，儘管擁有種種優勢，但他們對自己的形容，都是焦慮、憂鬱和孤獨。正如一名學生解釋的[12]：「我在高中的時候有嚴重的憂鬱症，大多數的時間都是勉勉強強撐過去的；其中有部分的原因，是我就讀的高中和朋友圈裡都充滿了注重成績和表現成就的有害文化所造成的。」

史丹佛大學附屬的研究組織「挑戰成功」（Challenge Success）針對全國四萬三千名學生進行的一項調查發現[13]，超過三分之二的高中生表示他們「經常或總是擔心」大學申請。當你生活在一個由高成就者所組成、對成功有嚴格定義的社區中，當你的朋友總是在競爭同一個領導職位、進同一個團隊，或者為了被越來越難進的頂尖大學錄取而擠破頭時，你就會在一個期望過高的環境中長大。

你可能會認為，這些學生一旦進了大學，就能解決他們的心理健康問題。但事實似乎並非如此。即使在新冠肺炎大流行帶來的毀滅性影響之前，大學校園裡的心理健康問題就已經越來越讓人憂心。在疫情之前的調查數據發現，有五分之三的大學生表示，過去一年中曾經歷過無法承受的焦慮；五分之二的人則表示，在過去一年裡曾經因為過度憂鬱而無法正常生活。[14]二〇二〇年，哈佛大學特別工作小組進行了一項長達十五個月的調查[15]，發現學生遭遇的問題是「高壓、過勞、擔心自己跟不上同儕，以及沒有保持健康應對策略的能力。課外活動不但沒能提供無條件的放鬆，反而常常成為競爭和壓力的另一個來源。」從高中開始的競爭，會在大學繼續下去。

無論來源是什麼，高壓讓年輕人更容易出現長期的身體健康問題。當我們感覺到危險時，身體就會分泌像是腎上腺素和皮質醇等荷爾蒙，來暫時提高我們的注意力。一旦迫在眉睫的風險過去，我們的身體就會回歸到基本狀態來進行修復。我們的身體無法處理長期的心理壓力，永無休止的那種。生活在這種持續的警惕狀態下，相應的神經化學物質和荷爾蒙會源源不絕地產生，可能導致短期和長期的傷害，包括了心臟病、癌症、慢性肺病、肝病、糖尿病和中風。濫用藥物的風險似乎也會持續到成年時期。一項研究發現，到了二十六歲，就讀過頂尖學校的人更有可能身陷藥物濫用的問題，風險比他們中產階級的同儕高出了兩到三倍。[16]

「這一代常被批評他們被寵壞或被過度保護，但實際上我認為正好相反，」盧塔說：「他們被想要取得更多成就的期望所壓垮。」這些學生在鍍金的壓力鍋裡度過他們的青春歲月——外表光鮮亮麗，但裡層卻嚴格殘酷。每一次的勝利都會帶來更高的期望：難度更高的課程、挑戰更多的比賽。即使像是運動或彈奏樂器這些原本應該是有趣和抒壓的活動，也變成了有目的的手段：為人生履歷錦上添花。跟年輕人交談，讓我清楚地認識到這些壓力的傷害性有多大。一名住在紐約的學生回憶，她小學三年級因為數學考了C而在教室裡放聲大哭，因為她覺得這破壞了她進哈佛然後「過上好日子」的機會。

父母的期望走調了

儘管是出於好意，但我們這些成人可能會放大這種壓力。在過去三十年裡，隨著競爭更激烈、未來更加不確定，父母們孤注一擲，堅信童年的成功——優異的成績、各種獎盃和豐富的資歷，是通往幸福有保障的成年生活最安全無虞的道路。這樣的賭注，重新定義了童年、家庭的優先順序及日常生活的節奏。人們常認為，把每天醒著的時間都用來栽培孩子成為人上人，這樣的父母太不尋常；但全國無數的父母會發現，自己也都在努力搞清楚究竟該付出多少，才能跟上不斷增長的期望。

本能會驅使我們為孩子做正確的事，但「正確」是從什麼時候開始變質的呢？是從把超過家庭收入的百分之十花在孩子的運動上開始？是從為孩子聘請數學家教開始——不是因為孩子學習上有困難，而是因為想讓他們比同學有更多的優勢？還是從藉著獲得不實的醫療診斷，讓孩子在標準化的考試中獲得額外的答題時間開始的？

根據《華爾街日報》的一篇文章所述，在康乃狄克州威斯頓和麻薩諸塞州牛頓市，有百分之二十五到三十的學生被診斷出患有學習障礙，他們因此能延長考試時間。(17)同地區的家長對此又該怎麼做？（相比之下，低收入社區中被診斷患有類似病症的比例是百分之一點六。(18)）那些「玩得起」的父母會想知道，他們的孩子是否真的更快樂；而那些不想參與或負擔不起的父母也會想知道，要怎麼克服對他們孩子既不利、又不公平的競爭？

身為家長，我自己也陷入了這種成就陷阱。有時候，我的內心充滿了對孩子的驕傲。我會驚嘆於他們現在和即將成為的獨特樣貌，願意付出一切來幫助他們找到快樂、幸福和目標。但有些時候，我則會被焦慮所淹沒。就像定時炸彈一樣，每年八月我幫孩子安排課後活動時，這些憂慮就會襲上心頭：我幫他們報名的是不是正確的活動和運動，或者還有更好的選擇？我會不會讓孩子們太忙了？還是不夠忙？我做得夠多了嗎？還是太多了？

在我家老大升上六年級的時候，不知道為什麼，我深信要趕快發掘他的「熱情」，否則就來不及了。我認識的很多家長，好像都已經搞清楚自家孩子有哪些特長：小提琴神童、足球之星，或者嶄露頭角的西洋棋迷。我聽說有個孩子三年級就參加了全國拼字遊戲冠軍賽。我還認識一個男孩非常著迷古文物，因此他媽媽幫他報名了一整個暑假的考古挖掘活動。我不禁想問，我的三個孩子身上有哪些潛在興趣和才能，會不會是我忽略了？

我家老大威廉一直都很喜歡建築和設計。在他小時候，會用積木在自己房間的地板上蓋滿「城市」，建造出類似希臘神殿的建築物。漸漸長大之後，他會花整個下午的時間，用樂高打造出想像中的新世界。旅行的時候，他總是會四處張望，留意到我們造訪的城市裡有哪些外觀很特別的建築物，並且指給我們看。培養他對建築的熱愛，難道不是我身為家長的責任嗎？

在一頭熱之下，我搜尋了紐約市的建築和設計課程，然後真的開始從搜尋結果一個一個詢問起來。我打電話給坐落在上東區博物館大道的庫柏．休伊國立設計博物館（Cooper Hewitt, Smithsonian Design），這裡曾是美國實業家安德魯．卡內基的故居。當我認真地問他們有沒有開給六年級學生的課程時，他們說沒有。我發現他們回答的時候在偷笑。我順著名單繼續往下找。其中一所學校有提供建築的入門課程，問我兒子有沒有CAD（建築師、發明家和工程師用來做橋樑、摩天大樓、火箭等設計的電腦輔助設計軟體）的基礎知識。我說沒有，他還沒有學過。

這些都嚇不倒我。我鍥而不捨地繼續找。終於，有一個課程吸引了我。接電話的人告訴我，如果我兒子想要旁聽開設給高中高年級學生和大學生的建築入門夜間班，而且如果我可以坐在旁邊陪著他，那麼他就可以報名。當我興高采烈地跟威廉分享這個消息時，他直勾勾地看著我。

他說：「媽，我很喜歡建築，拜託妳不要毀了它。」

■■■

過去幾個世代裡，像我的孩子一樣，擁有兩名受過大學教育及全職工作的父母，通常意味著你的家庭即使在經濟上還沒有很穩固，也正在向上流動。但我逐漸了解到，我為了確保孩子不會「落後」的親職焦慮，並非只是一種個人怪癖；它是一種全新且更普遍的文化潮流所帶來的症狀，而且這樣的文化潮流主要出現在我們這種受過大學教育的專業人士所組成的社區。在我們的成長過程中，父母可能會鼓勵我們，或者幫我們買一雙運動鞋，但他們通常就只是在一旁看著我們成功。如今，有很多現代的父母覺得自己有責任讓他們的孩子成功，必要的時候甚至會一路推著他們走到最前面。但這種趨勢伴隨著代價——對父母和孩子而言，都是如此。(19)

孩子被推著走，可能會讓人覺得不太人道。紐約布魯克林一所明星公立高中的某位高年級學生，把他為校刊寫的一篇社論寄給我。他寫道：「我們之中，有很多人都不得不靠著虛假的人設和虛假的熱情，才能在『社會地位』和大學申請過程中不落人後。」他說，要脫穎而出的壓力讓他這一代人陷入矛盾，學生被迫要偽裝成不像自己的那種人，假裝對某些事物充滿熱情，來獲得頂尖大學的青睞。學生變成了厭惡學習的學習者，追求的只是好成績和榮譽，而不是對學科真正感興趣。他的結論是：「他們原本希望看到我們真實的樣子，卻讓我們活成了不像自己的樣子。」

心理學家艾瑞克・艾瑞克森（Erik Erikson）指出，青少年最重要的任務，是獲得個人身分認同感。然而，當青少年覺得自己必須表現出色或完美才能被愛時，這個過程就會受到破壞。青少年會變得過度依賴他人來了解自己應該成為什麼樣子，以及自己有多少價值。當個人價值似乎只取決於是否超越同儕時，孩子們可能就沒辦法培養出對於內在意義和內在目標的感知。這可能會讓成就無法帶來滿足感，反而導致倦怠和憤世嫉俗。

這種艱苦的競爭不僅讓學生陷入困境，我訪談過的很多家長也表示，他們覺得自己被過度競爭的社會規範困住了。在我訪談的六千多名家長裡，有高達百分之八十以上的人同意，他們所在社區的孩子「承受了過多的成就壓力」。當被問到這種壓力的來源時，超過百分之八十的人指出**其他家長**是主要原因。其中一位家長寫道：「我們住的地方，在各個方面的競爭都很激烈。很多人都有無窮無盡的資源可以『超越』你的孩子，只是他們想不想、要不要這麼做而已。你的孩子回家會告訴你每個人都在做什麼、吃什麼、穿什麼、參加什麼、去哪裡度假等等，而你會覺得你必須跟上大家，提供同樣的機會，因為這就是他們所知道的一切。這就是他們成長的環境。」

我請這些家長為他們最希望孩子擁有的東西進行排序：[20]幸福、成功、人生有意義，以及成為富有同情心的社會一份子等等。我還請他們說出他們認為社區中的其他家長覺得最重要的是什麼。有將近百分之八十的人認為「學業和事業成功」是其他家長覺得最重要的兩件事；但只有百分之十五的人把這兩樣列為自己第一或第二重要的事情。這種差異，可能反映了父母之間感受到的競爭。儘管很多父母可能感受到壓力，也擔心孩子所承受的壓力，但沒有人願意成為第一個退出比賽的人，或者甚至沒有想過自己要怎樣退出。

我訪談的家長裡，沒有一個說希望孩子成為橄欖球隊隊長、成績優異的學生或者羅德獎學金學者。他們只是希望孩子能過著快樂、豐富又充實的生活。即使是《虎媽的戰歌》（*Battle Hymn of the Tiger Mother*）的作者蔡美兒（Amy Chua）也說過[21]：「如果我能按下一個神奇的按鈕，為我的孩子在幸福或成功之間選擇一樣，我會毫不猶豫地選擇幸福。」

但是，神奇的按鈕並不存在，通往幸福的道路越來越常被理解成一場通往「成功」的高風險競速比賽。對父母來說，僅僅是那些日常事務，就足以讓最穩固的婚姻變得緊張。有時候，我們根本無法兼顧這一切——週六和週日同時被足球比賽、學校功課和西洋棋比賽重疊塞滿。頂著冰冷刺骨的雨水站在足球賽場旁邊，我環顧四周，想知道：其他人是怎麼樣日復一日、年復一年地帶著好幾個孩子完成這一切的？我們究竟是為了什麼，要做這些事情？

成人的競爭轉嫁為孩子的壓力

「當父母問我，這些孩子身上的壓力是從哪裡來的，」盧塔喜歡這樣說：「我會問他們：哪裡沒有壓力呢？」她說，曾經保護著學生，並且讓他們安心踏實的關係——包括了父母、教練、老師、同儕，現在都可能成為他們額外的壓力來源。個別來看，這些人都沒有錯。盧塔表示，從老師到學校管理人員再到教練，成年人也都感受到了成就壓力，想要在自己的領域取得頂尖地位，並在擔任這些要職後證明他們的才能。

舉例來說，教練現在屬於價值近二百億美元競技性青少年運動體系的一部分。[22]這種體系迫使孩子在很小的時候就必須常年專攻某一項運動，甚至冒著運動過度導致受傷的風險好能維持團隊的人數。有位學生運動員在投稿社論中，為超過二十萬名紐澤西州青少年運動員發聲，懇求該州的高中教練重新考慮對他們施加的高壓要求。他們的請求簡單得令人心疼：在運動賽季期間，每週能強制休息一天，讓他們可以充電、「睡覺」、「完成學校功課」，還有「跟家人相處」。[23]

與此同時，由於房價跟公立學校的排名息息相關，學校管理者會有壓力要維持學校的州排名，而這種憂慮可能會轉嫁成為學生的壓力。紐約州艾爾伍德哈雷大道小學的校長，在一封給家長的信中[24]直截了當地指出，幼兒園的才藝表演取消了，原因很「簡單」：「我們有責任幫助孩子掌握寶貴的終身技能，為他們的大學和職業生涯做好準備；我們也知道，達成這個目標的最好辦法，就是讓他們在閱讀、寫作、團隊合作和解決問題上更優秀。」一為此，取消才藝表演，讓老師可以花更多時間為孩子做好職業生涯的準備——即使他們才五歲而已。

私立學校的管理者也可能受到董事會和校友的壓力，要求他們保護好學校的品牌和市場佔有率；這會增加當前學生必須維持高水準的壓力，即使在各地爭奪榮譽和頂尖大學名額的競爭早已非常激烈。心理學家大衛・葛里森（David Gleason）在他的著作《付出什麼代價？在激烈競爭的學校中捍衛青少年的發展》中[25]，講述了一位校長私底下告訴他的情況：「如果我們真的屈服，制定出一個合理的發展時間表，就可能讓我們的學生在各方面達成健康的平衡，但代價卻是我們學校的表現；我們可能會失去卓越的優勢，變成平淡無奇的學校。誰會想要進一所平淡無奇的學校呢？」

無所不在的消費文化又強化了這個觀念：我們的孩子是一項投資，應該儘早進行預期回報的評估。長期以來，大學一直透過優異文憑、院長嘉許名單，或斐陶斐榮譽學會這類的榮譽學會來表彰頂尖的學習者[4]。高中則有美國國家高中榮譽生會。二〇〇八年，美國

4 整體課業成績若達到一定標準以上，就能夠拿到「優異」文憑（diplomas with distinction）。每個大學對於優異文憑的規定不同，不過基本上都是以課業成績優異或特殊表現為標準。院長嘉許名單（dean's list）是由各學院院長頒發給有傑出學術成就學生的一項榮譽。榮譽學會（honor societies）是由美國大學推選出的優秀大學生及研究生所組成的全國性組織，能夠提供各種職能資源，建立社交網絡。其中斐陶斐榮譽學會（Phi Beta Kappa）是美國最古老也最具盛名的一個。

國家小學榮譽生會（National Elementary Honor Society）[26]首次成立，以表彰最優秀、最聰明好學的小學生。體育運動在本質上就有競爭性，但也無法倖免於成就攀比。例如，籃球的全明星排名現在連全國最頂尖的四年級學生也包括在內，半職業的專業培訓早在六歲就已經開始。音樂比賽、舞蹈比賽、藝術比賽，甚至是高中樂隊，即使沒有要求全力投入，也變得越來越嚴苛。很難找到有哪個興趣嗜好不能被轉化為對卓越的極致追求，就連Minecraft、越野自行車、編織也無法倖免。我兒子和我曾經開玩笑地在網上搜尋「魔術方塊比賽」——沒錯，也有這種比賽。

忙碌的行程安排吃掉了所有的閒暇時間，也佔滿了課後和週末那些原本跟朋友和家人共度的時光。一整天的西洋棋比賽或在別州舉行的長曲棍球比賽，讓孩子錯過了重要的生日派對。我還記得，我兒子因為參加曾祖母的九十歲生日派對而錯過了一場比賽，之後他的足球教練向我提出嚴重的警告。住在阿拉斯加的凱蒂寫信給我，提到過去八年裡，她的孩子因為足球比賽而錯過了跟家族一起共度節日。她寫道：「我的孩子不知道，跟家人圍坐在桌邊共享傳統感恩節大餐，是多麼開心的一件事。」

在這種文化中長大，會讓孩子認為某些類型的人更重要——參加校隊的人、成績最高的人，最受歡迎的人，或者那些符合「理想化標準」的人。這可能會讓學生經常懷疑自己的價值和重要性。對於現已戒酒的亞曼達和她的父母來說，多年來不斷增加的壓力，不切實際且無法達成的期望，自己永遠不夠好的感覺，都產生了毀滅性的影響。她的父母也尋求了諮商治療，並且對於為亞曼達和她的手足帶來的壓力負起了責任。亞曼達說：「我爸媽正在努力重建我們的關係。」但這需要時間。「他們認為自己沒能做好稱職的父母。」

父母同儕的批評壓力

我透過共同的朋友認識了凱瑟琳。她住在紐約市郊，是兩個男孩的媽媽。凱瑟琳做了我的親職調查問卷，並且想要更深入地談談這些問題。於是，在把孩子送到學校以後，我開著車出城去見她。

凱瑟琳在家門口迎接我，並熱情地邀我進了客廳。我坐在沙發上，留意到茶几上有她準備好的餅乾和茶。凱瑟琳選擇在沙發另一側的扶手邊坐下來，深吸了一口氣。在喝了一口茶之後，她說起她的故事。

「我和先生都知道，我們的兒子很聰明，」凱瑟琳說著，她的棕色眼眸柔和起來，臉上浮現出一絲淡淡的微笑。「我沒有跟風社區中普遍的壓力——要時刻盯著孩子們、操心哪些活動對他們最好，確保孩子的才能一直都獲得栽培。」相反地，孩子放學後的下午都在玩大富翁，或者在家附近騎腳踏車。

凱瑟琳住的小鎮，充滿了殖民時期風格的美麗老房子；這些房子彼此都離得很遠，坐落在佔地兩英畝的區域裡。精心維護的草坪上有超大的足球球門，車道上有籃球框，這些都是基本配備，就像在鎮上巡迴接送的休旅車一樣。每個小時都會響起通勤火車經過的微弱轟隆聲。但大多數家庭搬到這個小鎮來，並不僅僅是為了它的古典優雅。他們是被這個社區的學校所吸引，因為這裡幾乎一直都是紐約州排名最好的公立學區之一，也是美國一些頂尖大學的學生來源。

凱瑟琳跟我後來遇到的很多媽媽一樣，為了帶兩個孩子而中斷了自己的事業。她在社區中很活躍，總是自告奮勇擔任班上的志工媽媽或校外活動的隨行家長。凱瑟琳告訴我，一開始，她對大兒子採取了放養的態度。直到他小學畢業，她才開始覺得自己有責任確保他能發揮自己的潛力。她的先生曾經就讀耶魯大學，而照她兒子的表現來看，應該很有機會能進耶魯。不過，現在耶魯大學的錄取率[27]是百分之四，跟四十年前的錄取率[28]大概是百分之二十五大不相同。如果要滿足這些越來越高的期望，她就得在教養方式上做些調整。

「我兒子說，在中學的某一天，就好像某個開關突然打開了，」凱瑟琳說：「我從單純做他的媽媽，變成全神貫注在他的表現上——這讓他非常反感。」隨著兒子進入高中，凱瑟琳照顧他的擔子就越來越重。她說，從九年級開始，資優班孩子的媽媽就極盡所能要讓孩子充分發揮才能。她們會確保孩子課後的生活也很充實：週末都在唸書，暑假則盡可能去參加技能培訓營。「我開始認真思考我所知道關於做父母的真理，」她說。「我想，嗯，或許我應該對他的學業插手更多；或許我應該替他做所有的家事，這樣他就可以專心把注意力都放在唸書上；或許應該讓他去參加電腦夏令營，而不是整個暑假都泡在泳池裡面放鬆享受。」凱瑟琳說，如果你沒有盡一切努力幫助孩子成功，其他家長就會質疑你、批評你。

我一面聽凱瑟琳說話，一面忍不住點頭表示贊同。「我對自己教養方式的擔憂和焦慮，變成了我最在意的事，」她說：「我必須很遺憾地說，這甚至超過了關心兒子的幸福。」凱瑟琳說，一直到兒子高二的時候，他們大多數的互動和對話都是圍繞在他的學業表現和大學申請上。焦慮不斷地困擾著她。在一天結束時，她沒辦法只是單純地因為看到兒子而高興，「他一進家門，我就會連珠炮地問他：考得怎麼樣？這個週末有哪些功課？你打算怎麼安排時間？你看過我幫你做記號的那本大學指南了嗎？」

凱瑟琳對兒子緊迫盯人，以此來抑制自己的焦慮。凱瑟琳說著說著，聲音明顯變小了：而且她無法滿足兒子真正需要的：緩解他在學校裡感受到的課業壓力。直到一切徹底停擺時，她才看清楚真相。隨著高三的壓力越來越大，她的兒子「不再上學、不想起床，完全逃避現實」。她說：「我們甚至都不知道他高中能不能畢業。」凱瑟琳曾經跟兒子相處地親密無間，如今母子關係已經支離破碎。

在藥物和深度治療的幫助下，兒子還是成功地按時畢業，而且成績足以進入隔壁州的一所小型文理學院就讀。但剛進大一沒多久，他的憂鬱症和焦慮症又變嚴重了。他又回到高三的樣子，不去上課，整天待在房間裡打電動。最後因為成績太差被退學了。凱瑟琳為了幫助兒子成功所做的一切，都產生了反效果。

凱瑟琳告訴我，接下來的幾年，日子很煎熬。現在，她的兒子已經快三十歲了，馬上就要從當地一所大學的經濟系畢業，而且已經找到了一份工作。她說，回想起來，她幾乎變成了一個自己不認識的人，一個執著於兒子學業表現的人，執著到差一點毀了他。

在她說出這些過往時，我忍不住想要靠過去安慰她。每個父母都希望他們的孩子發揮潛力；這不就是我們的責任嗎？感受到我的同情，凱瑟琳坐近了一點，握住了我的手。然後，她直勾勾地看著我的眼睛，就像是一個媽媽對另一個媽媽的警告。「我本來以為，身為一個媽媽，我的工作就是督促兒子做到最好，」她說：「我後悔得不得了。」

我感到背脊發涼。我想到了威廉，當時他正準備要上高中。我對這位媽媽告訴我的訊息感同身受：想要讓我們的孩子擁有我們所擁有的，想要引導他們發揮潛力所造成的焦慮和渴望。這不僅僅是一種渴望，而是作為父母的職責；我們自認應該要盡力幫助他們過上充實、成功、有意義的生活。正如凱瑟琳所指出的，不僅僅只有我們在評判自己；如果我們不盡一切所能幫助我們的孩子，其他人也會批評我們。但是什麼時候該推一把，什麼時候該退一步——在健康的高度期望和過度壓力之間的模糊界線該如何拿捏？凱瑟琳身上沒有一點不討喜。她溫柔善良、富有愛心、體貼入微。這位女士大方地分享了她最大的遺憾和最深的羞愧，希望能夠幫助我的家庭和其他人不要步上她的後塵。

第二章

Chapter Two

說得清楚，就能平撫

——揭開父母焦慮的根源

除了經濟上的回報之外，
社會地位似乎是社會行為中最重要的動機和動力。
——諾貝爾獎得主經濟學家約翰·海薩尼（John Harsanyi）(30)

在我還沒來得及看到頭條新聞之前，朋友的訊息就蜂擁而來：

「天啊，你信嗎?!」

「真的假的？現在體育特招名額可以用買的喔？」

「太可怕了吧！」

這則大新聞具備了 Netflix 真實犯罪紀錄片的所有要素——最後也確實促成了一部紀錄片作品。就在二〇一九年的高中畢業生們焦急地等待大學錄取結果時，美國司法部宣布，對數十名涉及密謀影響全國大學招生結果的人提出刑事指控。[31]該項代號為「校隊藍調行動」（Operation Varsity Blues）的調查，起訴了美國東西岸的家長，包括了知名人士和商業富豪在內。參與這項非法計劃的家長和共犯，被控涉及詐欺相關罪行，他們竭盡全力確保自己的孩子能夠被耶魯大學、史丹佛大學和南加大等頂尖大學錄取。其中涉及的交易金額估計有兩千五百萬美元，而當中一些刑事指控的刑期最重可以判到二十年。

公眾對被指控的家長一致表達了不齒。這些人是知名的演員、金融家和掌權者，都已經擁有傲人的財富和影響力。然而，他們是那麼迫切地想要為自己的孩子爭取一個知名大學的資格，不惜以身試法。《歡樂滿屋》（*Full House*）的女演員羅莉．洛夫林（Lori Loughlin）和她的丈夫付給大學顧問威廉．「瑞克」．辛格（William "Rick" Singer）五十萬美元，為他們的女兒爭取南加大賽艇隊的招生名額，儘管他們的兩個女兒都不會划船。主演《慾望師奶》（*Desperate Housewives*）的費莉希蒂．霍夫曼（Felicity Huffman）則花錢請美國大學入學測驗（SAT）的監考人員幫忙修改她女兒的答案，以獲得額外的分數。據新聞報導，辛格利用了霍夫曼的教養焦慮，暗示她的女兒「錄取機會不樂觀，因為她不是運動員，也不是校友或主要捐助人的子女，而他們可以努力幫孩子創造公平的競爭條件。」在霍夫曼的認罪聲明裡，描述了她的擔心是如何把她推入絕境的：「我拚了命想成為一個好媽媽，於是我說服自己，相信我所做的一切只是為了給我女兒一個公平的機會。」這些父母的孩子大多對父母的所作所為一無所知——至少在事情曝光之前是這樣。當霍夫曼的女兒知道以後，她傷心地對她媽媽說：「妳為什麼不相信我？」(32)

人們很容易把「美國名校入學弊案」歸類成極端的例外事件，但事實上，那些父母的絕望卻讓人熟悉到有些不安。我遇過的很多家長都坦誠，他們對孩子的大學申請感到焦慮（儘管這種焦慮從來沒有轉化成非法賄賂或被聯邦法院起訴）。一位住在中西部的家長告訴我，他們聘請了一名中學數學家教，但不是因為孩子有學習困難，而是為了確保孩子在七年級時能考進高等數學班，然後在高三時進入微積分BC大學先修班（AP Calculus BC），來增加申請到好的工學院的機會。另一位家長談到他們的女兒參加了暑期化學先修班，好讓孩子下個學年度在學校能夠名列前茅。還有一對夫婦告訴我，兒子對足球失去了興趣，但他們利誘兒子繼續踢足球，因為在高二退出球隊會不利於大學申請。他們對他進入阿默斯特學院（Amherst）寄予厚望，因為那是他媽媽的母校。另一位媽媽坦言，她在女兒的大學申請過程中必須服用百憂解，來控制她的焦慮。

這種焦慮不僅僅是萬中選一的偏執，也不僅僅侷限於少數幾所超級頂尖的大學。我遇到的一些家庭之所以會非常在意孩子的成績和課外活動，並不是因為他們想要進入頂尖學校，而是因為出類拔萃可以換取獎學金。一位填寫我調查問卷的女士寫道：「我的孩子、我先生和我感受到的大部分壓力，都來自於大學昂貴的學費。」她解釋，隨著私立學校的學費越來越高，有越來越多家庭把目標轉向公立大學，使得能夠負擔得起的州立學校競爭也越來越激烈。這一切都導致了更多的課業壓力、運動壓力和同儕壓力，而父母也被各種活動、家教和大學參觀的花費所困擾。她說：「這一切永無止境。」

對大學的狂熱甚至蔓延到了學前教育階段。紐約有一些家庭覺得有必要聘請顧問，來幫助他們的孩子進入「好」的幼兒園，好讓孩子能夠進入「好」的小學，然後送他們上「好」的高中……。布魯克林有一位二寶媽，描述了她為她八週大的寶寶選擇托兒服務時，去參觀一家日托中心，看到在嬰兒床上的牆壁掛著頂尖大學的旗幟。當她向日托中心的主任詢問起這些旗幟時，主任回答說：「我們這裡堅持非常高的照護標準。」

壓力是會傳染的。在一次學校的募款活動中，我坐在一位素未謀面的女士對面，她跟我們整桌人講述了她為兒子進入賓州大學所付出的努力。為了避免犯錯，她在兒子八年級的時候就為他聘請了一名大學顧問。她警告我們：「別等到高中才開始準備。」她強調，一定要找到我們孩子的「優勢」，才能讓他們脫穎而出。他們會是明日的自然科學家嗎？如果是的話，就讓他們去當環保組織的志工，寫信給國會反映當地河川的水污染問題，在學校組成他們自己的海洋社團。

這番談話讓我非常焦慮，焦慮到當晚徹夜難眠，想著我的孩子們有什麼「優勢」，或者更確切地說，他們是不是缺少這樣的東西。我的小兒子詹姆斯對希臘神話很感興趣，能夠背出所有奧林匹克的眾神和他們的故事——這可能會是某種優勢的苗頭嗎？接著，我的思緒開始飛快運轉：也許他是一位正在萌芽的古典學家？詹姆斯對於說故事和寫作很在行。也許他可以從撰寫並出版自己的現代神話開始，然後在高中時成立一個古典文學社團，並透過學習拉丁文和希臘文來培養他的優勢？

然後我恢復了理智。詹姆斯才九歲。這太荒謬了。在美國名校入學弊案成為頭條新聞的六個月後，我參加了一個朋友兒子的十歲生日派對。家長為派對租了一個體育館。當我們看著孩子們玩躲避球時，我跟壽星從外地來訪的祖父聊了起來。他問我是做什麼的，我告訴他，我正在寫一本關於成就壓力的書。他問：「這本書會提供實用建議嗎？就是在說要怎樣給孩子施加壓力，好讓他們能進入好的大學那種？」

這位祖父是用半開玩笑的語氣說這些話的。但是，談到現今為人父母的壓力比他養育孩子的時候要大得多時，他就變得比較嚴肅了。壽星的爸爸一直站在我們旁邊，這時也加入了話題，向我拋出了一個挑戰：「我希望在這本書裡，你能夠跨過刻板印象，不只是談論父母透過孩子實現他們未竟的夢想，而是實際上深入探討我們這些父母為什麼都會這樣做的根本原因。」

保護身分地位的焦慮

這是個讓人不安的真相：對我們的大腦來說，身分地位很重要。(33)這個真相可以追溯到我們最早的祖先。在社群中，一個人的地位越高，獲得重要優勢的機會就越大——最棒的食物、最棒的住所、最棒的伴侶。這些優勢確保了他們自己與子女長期的成功。時至今日，這種對成就的深層渴望仍然像木偶師一樣，在背後操縱著我們。

當孩子在下課時間爭奪人氣和選擇組隊時，現代對於身分地位的追求就登場了。這也表現在約會的場合和雞尾酒派對上，成年人透過穿的衣服、做的事情和認識的人來展示他們的身分地位。像 Instagram 這樣的社交媒體，就是利用了這種對身分地位的熱愛；有些用戶拚命打造完美的形象，希望藉此獲得更多的讚和更多的粉絲。儘管社會地位在我們的心中根深柢固，但每一個人在意的身分地位的表現方式不見得相同。你的鄰居可能在意的是開豪車，而你一心想要贏得家長會長的位置。羅瑞塔．葛蕾吉亞諾．布魯寧在《我，哺乳動物》（*I, Mammal*）這本書中寫道：「你可以說我們不應該在乎身分地位，但如果你讓一群聲稱『反對地位』的人待在一起，他們很快就會根據他們反對地位的程度，創造出一個社會階級。」(34)

布魯寧向我解釋，我們雖然過著現代生活，卻還是使用我們無法輕易改變的舊有腦迴路。我們的本能被設計成一個用來確保生存和繁殖的系統。無論我們有沒有意識到，我們對身分地位的敏感度決定了我們的教養方式。我們會關注各種身分地位的象徵，留意任何會讓我們的孩子排名高於或低於他們同儕的條件，就算是最小的地方也不放過。即使是地位的些微上升（看到兒子進球，或者女兒擔任學校舞臺劇的主角），也會在生理上以多巴胺、血清素、催產素和腦內啡這些令人愉悅的混合物來獎勵我們。相反的，當大腦認為我們正在做的事情不利於繁殖，即當我們處於「地位下降」的狀態時，我們就會感到焦慮和壓力。我們的大腦透過釋放諸如皮質醇之類造成痛苦的神經化學物質來懲罰我們。這就是為什麼地位下降（無論是 Instagram 的貼文沒有得到讚，或者你的孩子被密西根大學拒絕）會讓我們感到痛苦的原因。這些地位下降的痛苦，可能會造成我們為了止痛而做出或說出一些長期來看對我們不利的事情，例如在賽場邊跟孩子的教練起爭執。「父母雖然不是直接考慮這些，但提高或維持孩子的地位是繁衍成功的基本方法，」布魯寧說。

在紐約市一家熙來攘往的餐廳裡，我跟哈佛大學教育學院的心理學家理查・韋斯伯德（Richard Weissbourd）見了面。他是我採訪工作中經常的消息來源。當我問他是什麼讓父母以爭取大學錄取之名鋌而走險時，韋斯伯德笑了笑，說：「當然，我們很容易就把箭頭指向那些走極端的父母——像是為中學生聘請大學入學測驗的家教，或者為孩子創立非營利組織以便在大學申請中脫穎而出的那些人。但他們並不是真正的問題所在。」韋斯伯德真正擔心的，是那些整個親子關係都圍繞著孩子成就的父母。孩子的成就這個隱藏課題，成為他們親職教養不言而喻的主要焦點。根據韋斯伯德的說法，這就像是你告訴孩子，你所關心的只是他的努力，然後接著問起其他人考了幾分；或者你可能告訴孩子上不上頂尖大學無關緊要，然後卻稱讚起某個進入布朗大學的表哥有多優秀。韋斯伯德接下來說的話，讓我恍然大悟：他說，真正的問題是，高成就現在被許多父母當成是不可預測未來中的救命稻草。

在美國，我們被灌輸活在一個菁英制（meritocracy）的社會，成功是透過努力和才能獲得的。美國神話告訴我們，只要再加上一點運氣，任何人都可以一步步走向成功。這是一個吸引人的承諾，特別是對那些生活在富裕白人社區的人來說，他們的起點已經比別人高出了幾個台階。當然，就像任何階級制度一樣，頂層只能容納少數人——這正是激發父母地位焦慮的時候。

當你想到身分地位的時候，可能想像不到一位媽媽犧牲自己的睡眠，來幫孩子及時完成一項科學專題作業，或者在網路上搜尋可能發掘她孩子潛力的私人課程。但是這樣的行為，正是研究學者梅莉莎·米爾契（Melissa Milkie）和凱薩琳·華納（Catharine Warner）所謂的「地位保護」（status safeguarding）；這個專有名詞描述了我們為了確保後代不會因為世代交替而失去身分地位，做出長達數十年的規劃。正如米爾契所描述的，地位保護包括了在親職中規劃出最佳的學校活動和興趣愛好，以及培養孩子的社交和情感技能，來擴展孩子的機會和最終幸福。

地位保護的責任通常會落在媽媽身上，由她負責為每個孩子打造出獨一無二通往成功的道路。當然，很多爸爸對地位保護也有貢獻，但研究學者指出，媽媽才是持續為孩子肩負起大部分認知和情緒勞動的角色。這些無形的勞動包括了生活中的各種細節——確認足球鞋仍然合腳（還有你最後一次看到它們的地方）、堅持在下一堂鋼琴課之前規律練習（並且留意練習了夠長的時間），還有預防可能會發生的各種問題。[35]米爾契在她的研究中寫道，當孩子犯錯時，「不管是成績沒有高於平均、沒有獲得老師適當的關注，還是和朋友相處得不愉快」，地位保護型的媽媽可能會透過請家教、要求親師會談，或者找治療師來幫助孩子加強社交和情緒技能。諷刺的是，米爾契指出，母親為了讓孩子成功進入競爭激烈的勞動市場做出的所有犧牲，往往會在她自己的職業生涯和薪資報酬上付出高昂的代價，從而影響她自己的社經地位。

在我們最冷靜、最理性的時刻，我們都相信自己會抵抗追求地位的教養衝動。我們告訴自己，我們的孩子很聰明也很有才華。即使他們沒有被選進球隊或考得不好，也能過得很好。然而當我們感受到對我們或孩子的生存產生的威脅時，大腦就會發布警報。這種生理上的引信可能是假警報，特別是在快節奏、競爭激烈的環境中最容易發生。密西根大學心理學和精神病學榮譽退休教授藍道夫．內斯（Randolph Nesse）巧妙地將這種敏感性稱為「煙霧偵測器原理」。就像是在我們烤焦麵包的時候煙霧偵測器的警報會響一樣，即使我們的生存實際上並沒有受到威脅，演化的設定也會讓我們感受到壓力，因為不做出反應可能會付出的代價太大了。我們的大腦並不擅長區分真正的威脅（例如拿槍的人），和感知上的威脅（例如孩子從球隊先發名單中除名、申請獎學金被拒，或者沒有申請到最想進的大學）。

這種強烈的保護意識，不符合當今的現實狀態。但這就是為什麼在那個晚上，當我聽到有關「我們」需要做什麼才能讓孩子進入頂尖大學之後，會輾轉難眠的原因。這就是為什麼我的一個好朋友坦承知道女兒沒有進入足球隊先發名單後，忍不住發火的原因。「我發現自己對她越講越大聲，因為我覺得她沒有盡力，」她告訴我：「然後，整個晚上我都一直在後悔，自己為什麼要這樣做。」這就是為什麼我們對孩子在場上的比賽時間，或者他們在某次小考中的表現大驚小怪的原因。這也是為什麼我們會為六年級的孩子報名參加高中建築課程，並提議坐在他旁邊，來確保他會專心的原因。

孩子，你要比我更優秀

可以說，美國自詡為機會之地的自我認知，是建立在經濟大餅不斷變大的前提上。每個人都可以分到一塊，而且只要餅繼續變大，每一代人的經濟狀況都可以比上一代更好。但我們需要修正我們的集體自我形象。如今，有三分之二的美國人已經不再相信，一代比一代進步是理所當然的。美國父母擔心孩子的資源變得越來越匱乏，而數據也支持了他們的想法。一九四〇年出生的中產階級白人子女，收入有百分之九十的機會能夠超過他們的父母。[36]然而，一九八〇年代出生的孩子，收入能超越父母的機會就下滑到了百分之五十。在過去幾十年裡，情況變得更糟。千禧世代的平均收入、資產和財富，都比其他世代在他們這個年齡段的時候要低。[37]

匱乏跟地位一樣，用複雜的方式刺激著我們的想法。當我們感到沒有足夠的資源可以供應時，大腦就會陷入「匱乏心態」[38]——一種對我們所缺乏的東西一頭熱的偏執，這可能導致我們看不見大局。在基本資源（像是食物和住所等）受到限制的情況下，匱乏心態會成為進化優勢，把我們的注意力集中在對生存最重要的事物上。而當我們感受到不確定性時（例如，當我們認為孩子可能不太有機會上一所好的大學時），也會觸發同樣的專注力。我們變得更保守、控制欲更強，更容易陷入其他保護性的衝動，例如地位保護之中。

因此，儘管當代的極端教養行為可能看起來很神經質，但這些行為實際上就是對不安全感的本能反應，無論是實際上的威脅，還是感知上的威脅。金錢對匱乏感的影響，在某些方面是顯而易見的：金錢決定了我們住在哪裡、送孩子上什麼學校，以及我們能夠為他們提供多豐富的生活。但正如研究學者所發現的，會影響教養決定的，不僅僅是個人的收入，還有他們身處的宏觀經濟環境，例如他們國家內部的不平等。這就是為什麼表面上看似生活富足的中上階層，會感到不安而徹夜難眠的原因。

● 大學教育的投資報酬率

為了更理解金錢對教養方式的影響，我聯絡了西北大學的經濟學教授馬蒂亞斯・德普克（Matthias Doepke）。德普克出身於一九七〇年代的西德中產階級家庭，他的父親是公務員，母親當過老師，但孩子出生後就辭職照顧孩子，並且在家裡的農場幫忙。他說：「我爸媽和當時大多數的父母一樣，不太插手我的學業。」他們從來都不過問他的功課和成績，也不會試圖干涉他放學後的時間。放學後，他最大的壓力來源，就是決定該去哪個朋友家玩。

德普克輕鬆的童年時光，是當時大多數工業化國家的常態。在西德，孩子幾乎不會想要花上好幾個小時寫功課，父母也幾乎不會投入自己的時間來打造孩子的履歷，因為這些做法不會有太大的效果。德普克告訴我：「如果你想上大學，就去離你家最近的那所。那個年代沒有拚上頂尖大學的概念。如果你想申請在學區外某所大學的學程，只要你高中有畢業——我的意思是最低標準的那種畢業，你就可以去註冊。」事實上，上大學甚至不會提供明顯的優勢。學生還有很多其他的選擇，例如去當學徒，這些管道同樣受人尊敬，有時甚至可以帶來比大學學歷更高的薪水。由於經濟報酬是旗鼓相當的，因此選擇最終是取決於個人的才華和興趣。

德普克現在是三個孩子的爸爸，定居在伊利諾州埃文斯頓的一個富裕社區裡，離芝加哥很近。他的家庭生活跟他自己成長的狀況截然不同。身為家長，德普克比他的父母更親力親為。他花了更多時間安排孩子們每天的生活，從規劃跟同伴一起出遊、報名音樂課和體育課，到監督孩子按時寫完功課。他告訴我，他的爸媽從來都沒有做過這些事。這讓他忍不住想：為什麼自己的教養方式會變得這麼不一樣呢？

為了探討這個問題，德普克在二〇一七年跟法布里奇歐・茲里波提（Fabrizio Zilibotti）合作。茲里波提是耶魯大學經濟學教授，也是一位注意到世代之間教養差異的父親。兩個人一起研究了數十年來不同國家整體的經濟和社會趨勢，並勾勒出一個理論：在任何特定的時空中，主流的經濟誘因是否會直接影響到父母的行為——從他們的子女數量，到他們的教養風格？首先，德普克和茲里波提爬梳了兩個大型資料樣本——美國人的時間利用調查及多國的時間利用研究。這兩份樣本都使用了以十五分鐘為間隔的日誌，來準確記錄成年人如何使用時間。

他們發現，自一九七〇年代以來，美國一般父母跟子女互動的時間增加了一倍，其中增加最多的是「學術」活動，例如唸故事給小孩聽，或是幫忙孩子寫功課。在像是課外活動和為了大學申請而聘請家教這類資源上，現代父母花費的金錢也比他們的上一代多得多。值得注意的是，這些趨勢跟經濟不平等變嚴重的情況同時發生，特別是受過大學教育和高中畢業雇員之間的收入差距逐漸擴大。德普克指出，數據顯示，在一九七〇年代，大學畢業生的平均收入只比沒有大學學歷的美國人高出百分之五十左右；但四十年後，差距則變成了兩倍。

德普克和茲里波提發現，跨越了國界和世代，一個國家收入不平等的程度、社會的流動性和教育投資的報酬率，都影響了父母的行為。為了對這些行為進行分類，經濟學家們藉助了心理學家戴安娜．鮑姆林德（Diana Baumrind）開創性的教養方式框架，其中包括了三種主要教養方式：寬容式（permissive，允許孩子自由和自我探索的空間）、獨裁式（authoritarian，限制孩子的自主權，要求服從和尊重）和權威式（authoritative，試著透過溝通和明確的限制來鼓勵良好行為）。他們發現，一個國家的基本經濟狀況跟所採取的教養方式息息相關。例如，在北歐地區，教育的投資報酬率不高，目前普遍流行的風格是寬容式教養。而在工業革命後的幾年裡，給孩子有保障的未來，意味著培養出服從的工廠工人，因此獨裁式教養成為許多已開發國家的主流。

從一九八〇年代開始，在一些高收入國家（包括美國、英國和加拿大），父母開始將教養的重點轉向培養受人青睞的白領階級——取得大學學位，具有創新思維，因此教養方式逐漸轉向權威式風格。對於因為經濟不穩定而感到壓力的父母來說，寬容式教養是他們承擔不起的風險。

令德普克和茲里波提感到驚訝的是，權威式教養風格的崛起，在生活較富裕及受過良好教育的父母中最為強勢。他們的孩子不是最有可能上大學的嗎？為什麼這些父母這麼緊張？他們找到了兩個原因。首先，富裕且受過良好教育的父母有時間和方法進行密集式教養、聘請家教，以及花時間開車載孩子去上加強的課程。但第二個、也是更重要的原因，是「潛在社會地位下降的斜率，在頂層是最陡峭的。」德普克解釋，有錢的父母可能覺得特別有必要防範他們孩子社經地位的下降。

在伊利諾州埃文斯頓的家裡，德普克試圖給孩子一些他小時候擁有過的自由，例如非結構性的自由遊戲時間，以及更多在沒有大人監督的情況下跟朋友一起玩的時間。但他仍然是位積極參與的家長，部分原因是為了回應當前的經濟環境。他和妻子正在養育的孩子們，很可能會活在一個越來越不平等的社會裡——這也是身為父母的他們，會繼續在每個週末的足球比賽場邊為孩子加油的原因之一。

為孩子打造個人安全網

德普克和茲里波提的研究，清楚地展現出在短短幾十年內，世界對父母來說發生了多大的變化。在一九六〇年代和一九七〇年代初期，中產階級的白人父母有能力讓孩子快樂，而不需要那麼注重技能成就，這是因為當時的生活開銷多半便宜——更容易買到房子、負擔得起醫療保險，也更容易接受良好的公立教育。第二次世界大戰後，很多家庭藉著更大範圍的經濟擴張、聯邦政府補貼房屋貸款，和退伍軍人大學免學費等政府政策，以及可以保障足夠退休金等福利的強大工會獲得了安全感。父母即使犯了一些錯誤，也能期望他們的子女過上安全的中產階級生活，因為社會系統中有一些轉圜的餘地。但是從一九八〇年代開始，隨著科技發展、全球化、工會的衰落以及政府政策改變（降低稅收、私有化和放鬆管制）的綜合影響，導致社會的不平等變本加厲。(39)正如一位女士所說的，現在只剩下一種感覺，就好像是有一部直達電梯正在向上移動——如果你的孩子不能及早搭上電梯，就會永遠留在原地。

在社會服務（social service）比較健全、所得分配不均沒那麼明顯的國家，父母比較不會因為這些強烈的焦慮而失眠，因而像德普克成長時所享受的生活方式仍然是可行的。挪威的貧富差距比美國小得多，我有個朋友在那裡養孩子，他女兒的生活方式跟我的小孩大相逕庭。她不必在七歲的時候就加入聯盟足球隊，或專攻一項運動。非結構化的自由遊戲被視為必需品，而不是奢侈品。儘管挪威的生活成本不斷上升，競爭也日益激烈，但感覺上風險仍然比美國低得多，可能是因為挪威有政府保障的社會安全網。

正如研究學者米爾契和華納所說，在美國，由於缺乏那些有保障的安全網，父母就會努力為每個孩子「打造一張個人化的安全網」，來確保孩子未來的社經地位。父母在日常決策中，會試著盡可能提高孩子的個人成就和幸福，同時還要不斷預測任何可能會影響成功和幸福的潛在障礙。舉例來說，一位媽媽跟我分享，她把孩子的教育視為「特約醫療」（concierge medicine）——不是一式通用，而是量身訂做的。她的孩子不是跟班上同學做一樣的作業，而是在媽媽的要求下，在週末獲得額外的功課。在額外課業輔導的幫助下，他們的數學能力比其他同學領先了好幾年。當然，這會讓班上的標準拉得很高，高到讓沒有獲得額外協助的學生，實質上處於不利的地位。

建立一張個人化的安全網，需要大量的金錢、勞力和腦力，無論是帶著孩子進行一項又一項的活動，或者不斷在腦海中進行計算，評估哪個興趣、課程或運動最有前途。這很累人。當我女兒想學鋼琴時，我花了些時間和精力，面試了好幾位老師，來挑選最合適的人選。然後，我又花了些時間和精力，鼓勵她認真練習。幾個月後，她想要放棄，我花了更多的時間和精力，說服她堅持下去。《虎媽的戰歌》作者蔡美兒的話(40)，總是縈繞在我心頭揮之不去：「想要做好任何事情，你都必須付出努力，而孩子從來不會自動自發地努力，這就是為什麼千萬不要考慮他們的喜好。父母通常需要很有毅力，因為孩子會抗拒；萬事起頭難，這也是西方父母往往會放棄的地方。」最後，在提高聲量、哄騙和利誘之後，我讓步了。我讓卡洛琳放棄了，就像我在她這個年齡的時候，我父母讓我放棄鋼琴一樣。

雖然父母一向都有責任培養下一代，但這份責任從未讓人這麼焦慮和孤獨。我們覺得孩子能有的保障越來越少。正如倫敦政治經濟學院的研究學者湯瑪斯．柯倫（Thomas Curran）所指出的，我們已經將社會和宏觀的經濟條件納入我們的教養方式之中。父母採用了焦慮、控制、過度參與的教養方式，例如讓八歲的孩子在足球比賽中進行排名，訓練五歲的孩子應付標準化考試以進入資優班——因為我們已經成為「社會流水線」（social conduits），將我們的孩子社會化，讓他們做好準備，迎接即將到來的貧富不均和殘酷的競爭。

我們覺得自己被困住了。一方面，我們希望能給孩子一個快樂的童年，讓他們有更多自由的遊戲空間；如果他們想要的話，可以放棄練鋼琴——就像我曾經擁有過的童年一樣，一個讓他們在未來回顧時會感到懷念和安慰的童年。但我們也感受到巨大的壓力，應該幫他們為競爭日益激烈的世界做好準備。正如一個媽媽告訴我的，她大部分的焦慮，來自於試圖教孩子成長所需要知道的一切；然而她真正想做的，只是享受跟他們在一起，以及享受為人父母的樂趣。

由於美國存在著顯著的種族貧富差距，一些少數族裔家庭所承受的壓力更大。財富既可以在困難時作為緩衝，也可以作為代代相傳的安全網。[41]一份報告發現，亞裔美國人的財富中位數是九萬一千四百四十美元，而白人家庭的財富中位數則是十三萬四千零九美元；[42]位於收入分配底部的亞裔美國人，比白人家庭擁有的財富更少，也有更高的貧窮率。聖路易斯聯邦儲備銀行的研究人員發現，白人家庭的財富中位數是十八萬四千美元，而西班牙裔家庭是三萬八千美元，黑人家庭則為兩萬三千美元。

據布魯金斯學會（Brookings Institute）的一份報告指出，典型的白人家庭和典型的黑人家庭之間的淨資產差距非常大。這是因為「累積的不平等和歧視所造成的影響」，例如幾個世代都不被允許擁有財產，以及其他「可以追溯到這個國家創建時」的機會差異。跟同個世代的白人相比，黑人父母面臨著更加嚴峻的現實：即使是在擁有相似教育的富裕社區中，他們的孩子也可能因為歧視而比白人同儕更容易從經濟階梯上跌下來。[43]

非營利機構「兒童趨勢」（Child Trends）的資深研究科學家克莉珊娜．洛伊德（Chrishana Lloyd）解釋，無論擁有怎樣的社經地位，很多黑人父母總是會有匱乏感。洛伊德同時也是住在紐澤西州北部三個青少年的媽媽。對於洛伊德來說，「嚴格的教養是為了生存。我希望我的孩子們能夠安然無恙——不用成為了不起的人，也不需要站上世界的頂峰。我在乎的是，他們能成為完整的人嗎？能不能完好無損？有沒有處在一個不會摧毀他們的空間？」

誰敢上了高中才努力

或許沒有什麼比競爭激烈的大學入學申請，更能說明地位和匱乏的關係了。在公民課，我們可能會談到教育是一種公共財，目的在於培養知識型公民並強化民主。但實際上，高等教育已經成為經濟學家所謂的「地位財」（positional good）。意思是，高等教育的價值不在於提供實際教育，而在於不是每個人都能獲得。阿默斯特學院或波莫納學院（Pomona College）[5]的錄取通知書，是比名牌包更強而有力的地位象徵。

獲得這些地位象徵的機會越來越少了。我參加了一場在康乃狄克州舉辦給家長的「安撫大學瘋」（Taming the College Frenzy）演講，主講人是身為母親兼心理學家的蘇珊．鮑爾菲德（Susan Bauerfeld），以及身為母親兼大學諮詢顧問的維多莉亞．赫希（Victoria Hirsch）。她們用數學來闡述這一點：這個國家大約有兩萬七千所高中。單單這些學校的第一名和第二名加起來就有五萬四千人，已經超過了全美前二十名大學招生人數總和的兩

5　阿默斯特學院是麻薩諸塞州第三古老的高等教育機構，也是全美排名最高的文理學院之一；波莫納學院是美國前五名的文理學院，也是美西最佳的文理學院。

倍。這個讓人深思的數字，讓一些家長倒吸了一口氣，因為他們從來沒有想過，機會的匱乏有這麼嚴重。

學校明白，匱乏可以做為吸引力的指標。擴大招生來滿足不斷增加的需求，只會損害他們的地位。相反地，一些學校不惜重金、不遺餘力地吸引他們知道自己最終會拒絕的學生，這種手段被稱為「為拒絕而吸引」。一個學校拒絕的申請者越多，它的錄取率排名就越高。二〇〇六到二〇一八年間，美國最具競爭力的五十所大學錄取率下降了百分之四十五，從錄取率超過三分之一，變成不到四分之一。在前十名大學中，錄取率下降的幅度更大，從大約百分之十六，下降到低於百分之三。

如今，人們普遍認為，如果等孩子上高中才開始建立大學申請履歷（這是上一代人的標準做法），就已經太遲了。社會學家希拉蕊・李維・佛萊德曼（Hilary Levey Friedman）在她的著作《為贏而玩》（*Playing to Win*）中指出，現今的孩子如果等太久才打磨自己的才能，就會面臨真正的「認證瓶頸」（credentials bottlenecks），因為他們得要跟那些整個童年都在上網球課、做數學練習和參加聯盟足球隊的孩子競爭。這種競爭，就是為什麼家長可能會（在這裡我不會指名道姓）為了找一個願意收小六生的建築課程，而瘋狂地搜尋個不停的原因。

有些父母認為，不是任何一所好的大學都能算數——為了維護自家地位，孩子必須獲得特定學校光環的加持。也許是常春藤盟校，也許是家長的母校。我遇到的很多家長，心裡都有自己的一份清單。在準備寫這本書的早期研究階段，我打電話給我的一位老朋友，他是波士頓地區的運動心理學家，也是兩個青少年的父親。來他這裡看診的患者，很多都是有情緒困擾的孩子。他告訴我，父母的壓力源自於養育孩子的長期目標不再對他們有吸引力。擺在你面前閃閃發亮的東西，也就是地位，吸引了所有的目光，即使是用意最良善的父母也難以抗拒。他說：「可悲的事實是，如果可以選擇用盡一切手段把孩子一路推進入哈佛，但同時也會讓孩子患上憂鬱或焦慮症，有些父母會說『我願意』。」

哈佛大學的理查．韋斯伯德告訴我，我們會這麼執著於孩子的成就，有部分原因，是我們擔心孩子無法進入我們曾就讀的那種大學。在父母心中，無論是有意識還是無意識，這都會被視為地位的下降，觸發我們內心煙霧偵測器的警報。很多父母沒有選擇努力自我反省，反而認為激勵孩子功成名就是他們唯一的使命。韋斯伯德說，教養的目的變成了把孩子硬塞進少數幾所頂尖大學，而不是以培養善良又有道德的成年人為首要目標。

地位保護可能會讓父母採取讓人瞠目結舌的極端行為——即使沒有誇張到像「美國名校入學弊案」的醜聞那樣極端。我採訪過一位住在納什維爾的父親，他們家有一個高一的女兒。這位爸爸追蹤了女兒班上每一個學生的情況：他們的預估排名、每位家長畢業的大學、值得注意的課外活動，以及家庭的捐款狀況。這位爸爸告訴我：「你不會浪費精力，去跟大筆捐款者的孩子一起競爭大學名額。」

二〇一九年，華盛頓特區著名的西德威爾友誼中學陷入了危機。據報導，有家長傳給學校的大學諮詢顧問匿名語音訊息(44)，抹黑高年級班上的競爭對手，顯然是希望提高自己孩子進入特定大學的機會。學校的兩名大學諮詢顧問因此辭職，校長布萊恩・加爾曼（Bryan Garman）也向家長發出了一封措辭嚴厲的信件。他寫道，大學諮詢辦公室將不再「考慮針對學生行為的匿名或未經證實的舉報電話；不會回應從封鎖的電話號碼所撥出的電話；除非學生或經批准的家庭成員或監護人提出請求，否則也不會回應任何對學生記錄的查詢。」

無論我們的努力是出於善意，還是神經化學物質的作用，都會讓很多孩子認為自己就像是商品一樣。他們的生活變成了高預算的生產過程，目的在吸引招生委員、獎學金委員會和橄欖球探的注意，而非展開屬於自己不完美但獨一無二的人生故事。在青少年發展的關鍵階段，當他們努力尋找「**我是誰？**」這個身分認同問題的答案時，會質疑自己在社會中所處的位置。他們開始覺得受到重視，但並不是因為他們的內在價值，而是外在條件的吸引力、或他們的履歷。在成就文化的包圍下，他們會開始質疑：這個世界上，難道只有某些人才是重要的嗎？

第三章

Chapter Three

重視感的力量

——將自我價值從成就鬆綁的關鍵思維

瑞貝卡一面緊握著方向盤，一面用力眨掉模糊視線的淚水。她把車停靠在路肩上，努力在回家之前整理好自己的情緒。她剛剛在女兒學校參加了一場激烈會談，聆聽學校主管安撫家長的憤怒情緒。

當時，瑞貝卡一家住在丹佛。那個星期，她和女兒幼兒園班上的其他家長都收到學校寄來的一封電子郵件，公布了孩子的智力測驗成績。這些結果將用來確定哪些孩子可以進入小學的資優課程。但有些家長並不滿意。他們質疑測驗的可信度，並且普遍認為入選資優課程，不僅會影響小學階段，還會影響之後的人生。被選中的幾個孩子將會踏上成功又快樂的人生大道，而其他人則會遠遠落後。

或許沒有家長會想得那麼極端。但在瑞貝卡身處的高等教育社區，就像我在全國各地訪談的其他社區一樣，家長會因為任何一件可能讓孩子處於劣勢的事情而失去冷靜。

瑞貝卡告訴我，她的女兒的測驗成績在中等範圍內。「這當然沒什麼問題，」她很快補充說。但這個不太完美的成績引發了她意想不到的崩潰反應。這是她第一次遇到對孩子能力如此直接的評估，讓她措手不及。這感覺就像是她內心的一座水壩徹底崩毀，讓她在成長過程中感受到的所有壓力（獲得全優成績、跳級、需要時時刻刻表現出色）一股腦地湧上心頭。然後她對自己的反應又內疚又羞愧。就在這時，瑞貝卡意識到，如果她不能控制自己的教養焦慮，這些焦慮就會控制她的孩子——這是她的親身經歷。

瑞貝卡是位臨床心理學家，曾在全國各地的社區為青少年提供治療，包括了舊金山灣區、洛杉磯、丹佛，以及現在的芝加哥。她的病患通常是因為身體有嚴重症狀而就醫，例如偏頭痛或胃腸問題，而這些症狀源自於加諸他們身上的特別期望。作為一名心理學家，她知道標準化測驗的侷限性，也明白我們不應該對測驗結果過度執著。但身為三個孩子的母親，她幼兒園孩子的「中等」成績直接衝擊了她。

如今，大量的指標、測量、追蹤和分類，逐漸佔據了年輕人在校內校外的生活。對於瑞貝卡的女兒來說，這場雪崩從幼兒園就開始了，但中學通常才是每個人累積排名的戰場。伊利諾州的一位媽媽告訴我，她女兒的學校把六年級的榮譽榜分成三個等級——最高榮譽、高級榮譽和普通榮譽，「以便儘早加快分類進度」。在高中，這種分類不僅僅是根據成績，還包括課程的難度和上了幾堂先修課程，以及你如何將平均成績維持在超過4.0[6]。在課外活動上，你不能只當一個樂在其中的優秀運動員，或者當一個熱愛演奏的音樂家。如果你要爭取大學錄取通知或獎學金，就必須是最頂尖的運動員和最有成就的音樂家。

在學校和課外活動中被打分數似乎還不夠，現在的孩子還需要應付第三輪的挑戰：打理他們的社群媒體。雖然青少年一直以來都想知道自己在同儕中的地位(45)，但社群媒體現在成為一個公開客觀的受歡迎程度評估工具：你被標記在多少張照片中、你的追蹤比（你追蹤多少人和有多少人追蹤你）、你的貼文獲得多少讚和留言，甚至連這些指標湧入的速度有多快也都算在內。我採訪的一位媽媽很擔心她大二的女兒，女兒在Instagram上使用了很多濾鏡，以至於她的媽媽幾乎認不出她來。這位母親拿出手機，向我展示她女兒的真實樣貌和在網路上形象之間的區別：Instagram版本的女兒擁有更長更瘦的雙腿、更小的鼻子、更大的眼睛，以及一張經過美顏濾鏡修飾的臉龐。

當然，追蹤和排名並不是什麼新鮮事。在成長過程中，我知道班上誰跑得最快、誰臂力最強、誰最擅長數學，以及誰網球打得最好。但時至今日，排名感覺更逼人，也更無所不在。現在，孩子在五歲的時候就必須在標準化測驗中取得九十九個百分點的成績，五年級時必須成為足球隊的甲組球員，十三歲的時候必須像個品牌經理一樣打理自己的社群媒

6 美國高中成績GPA 4.0就是全A的成績，而有些學校會把A+算成4.3（有些則維持4.0），因此文中會提到要把平均成績維持在4.0以上。

體帳號。我們這一代只需要考美國大學入學測驗（SATs和ACTs），留意我們的平均成績，但我們的下一代卻生活在各種評量指標的暴政之下。

「普通優秀」還不夠

不僅是孩子需要表現「優秀」的領域更多了，「優秀」的標準也不斷提高，讓我們的孩子在越來越多的方面覺得自己不夠好。孩子從我們的成就文化裡不斷接收到訊息，告訴他們需要苗條、富有、聰明、漂亮、會運動和有才華，才值得被讚美、被愛和被關注。就像盡責的士兵一樣，我們的孩子無條件服從這些瘋狂的要求。久而久之，他們把這些要求都內化了。我訪談過的一名學生，在一所競爭激烈的高中獲得幾乎全A的成績，但他卻不當回事，說自己「只是普通優秀」而已。

對於現今的孩子來說，要求不再只是要「達到標準」，而是得「超過標準」。每個人都需要脫穎而出。這就是為什麼丹佛的父母對幼兒園測驗成績會如此不滿的原因。

在過去的十年裡，倫敦政治經濟學院的研究學者湯瑪斯．柯倫和英國約克聖約翰大學的安德魯．希爾（Andrew Hill），一直致力於深入了解導致人們更容易或更不易受到心理健康問題影響的因素。他們發現，過去四十年裡，年輕人的完美主義成長的幅度相當驚人。他們的報告指出，社會及出於善意對孩子施壓的父母把不切實際的期望加諸在孩子的程度，

在這段時間內大幅增加了百分之三十三。(46)

柯倫和希爾都立刻澄清，他們並不是在指責父母；父母對孩子寄予過多的期望，是因為他們認為這是社會的要求。問題出在孩子的實際能力，跟父母或社會對他們的期望之間，可能存在著差距。柯倫解釋，父母對這個競爭異常激烈的世界感到焦慮—學業壓力格外沉重，社會嚴重不平等，加上社群媒體等新興發明，助長了我們對外表和表現產生不切實際的理想。

家長的壓力可能會表現在對孩子的成績過度反應、干涉孩子的行程安排，或者嚴厲批評孩子的失敗。親子之間的連結，是孩子具備心理健康最重要的關係。當孩子無法滿足父母的高度期望時，這種連結就受到威脅。被批評就像是被拒絕，也像是失去了愛。親子關係從安全的避風港變成了危險區域。害怕自己不被愛的恐懼，可能會迫使孩子去追求或展現自己理想化的完美樣貌，來贏得他們渴望的安全感和關愛。

久而久之，年輕人會將這些過高的期望內化，並開始依賴它們作為自我價值和獲得親情的指標。在孩子眼中，這些指標是他們必須達到的目標，才能贏得自身的價值。沒有達到這些目標——不論是遇到不可避免的挫折，還是因為標準高不可攀，都可能成為他們自我譴責的理由。

當我們討論到孩子的壓力、完美主義、焦慮、憂鬱和孤獨時，我們實際上談論的，是一種未被滿足的需求——在離開了獎盃、大學錄取通知書、點讚數和讚美之後，能夠無條件地被父母看重珍惜。當我們說「壓力」不利於孩子（及父母）時，這裡的「壓力」，指的是讓孩子誤解他們的價值取決於成就的各種情況。當青少年認為自己必須維持一定水準的成功，才能贏得父母的愛和關懷時[47]，就會覺得自己不夠好；這會妨礙到他們建立健康且穩定的身分認同。

你重視小孩的成就還是內在？

一九八〇年代，傳奇性的社會心理學家莫里斯．羅森伯格（Morris Rosenberg）在研究青少年的自信心時，首次提出了「重視感」這個概念。[48]羅森伯格發現，讓這些高中生覺得幸福的關鍵，是覺得受重視：那些覺得被父母看重的人，相比於那些覺得自己不那麼重要的同儕，具有更高的自信心，罹患憂鬱症的機率也比較低。

加拿大多倫多約克大學戈登．弗雷特（Gordon Flett）教授是完美主義和重視感的研究先驅。他解釋說，當你被看重，就會感到放心，因為你知道自己擁有穩固且有意義的連結，而且你不會孤獨地度過這一生。美國布朗大學社會心理學家格雷戈里．艾略特（Gregory Elliott）也指出，重視感顯示了每個人對於被周圍的人看見、關心和理解的深層需求。艾略特這樣描述受到重視：人們對你或你要說的話感興趣嗎？有沒有人可以在你成功後跟你分享快樂，在你遇到挫折時支持你？人們是否依賴你，指望你提供指導和幫助？[49]只要我們活著，這種想要被看重、出於本能的需求就永遠不會改變。[50]

你可能從來沒有聽說過「重視感」的具體框架，但你一定感受過。重視感發生在人生的重大時刻，例如來自朋友們衷心的舉杯慶祝。它也存在於日常生活中，例如在你生病時，朋友為你送來一鍋自己煲的熱湯。在你打開門那一刻所感受到的，就是**重視感**——你深深地被朋友珍惜，值得被愛和被支持。當老師指派一件像是替植物澆水的教室任務給孩子時，孩子會覺得自己受到重視與信任，相信自己能為自己的小世界增加重要的價值。

重視感有很多層次。它始於父母對我們的重視，然後向外擴展到我們的社區，以及更廣大的世界。[51]社區心理學家埃薩克．普利洛頓斯基（Isaac Prilleltensky）指出，我們被人重視的程度越高，就越有可能產生價值，做出貢獻；反之亦然——相互依賴的良性循環可以不斷增強我們受重視的感覺。[52]他將重視感描述為一種「衍生需求」（meta need），或者是一種概括性術語，捕捉「有所價值」的感覺，例如歸屬感、社群和依附，以及圍繞著「有所貢獻」的感覺，例如自主、嫻熟和有能力。他說，把這些結合在一起，就能體驗到重視感。

沒有人天生就知道自己的內在價值。隨著時間的累積，我們會逐漸根據生活中的人（最重要的是我們的主要照顧者）如何看待和對待我們，來形成自我價值。換句話說，自我價值並不是在與外界隔絕的狀態下發展出來的。它的作用就像是社會的晴雨表，是種追蹤我們在他人眼中表現的方式，也是我們告訴自己，身邊的人有多重視我們。[53]當我們因為自己的核心本質而受到重視時，就會建立起穩固的自我價值感。我們學到了我們之所以被重視，單純是因為我們真的很重要。重視感是回歸我們內在價值的途徑。它告訴我們，我們已經夠好了。弗雷特說，重視感雖然不能解決所有問題，但對於解決當今青少年面臨的很多情緒和行為問題大有幫助。高度的自我重視感可以作為緩解壓力、焦慮、憂鬱和孤獨的保護屏障。重視感之所以如此吸引人，是因為它是可以做得到的。身為家長、教師、教練及值得信賴的成年人，我們可以提升並培養孩子受到重視的感覺，讓他們能夠應付未來的挑戰。

另一方面，當我們長期不受重視，當我們被虐待、被忽視或被邊緣化時，我們可能會逼著別人注意我們，例如執著於打造完美形象、過度操勞、飲食失調，或者是極端行為（校園槍擊案是其中最明顯也最悲慘的例子之一）。不受重視是憂鬱、焦慮、藥物濫用和自殺的重要因素。當我們覺得自己不受重視時，可能就會變得很退縮：半途而廢、借酒逃避，甚至自我傷害。弗雷特表示，自我重視感很低的人往往會以偏概全和災難化他們的想像，讓自己相信，他們現在沒有受重視，將來也永遠不會受重視。弗雷特的研究顯示，在美國和加拿大，有高達三分之一的青少年認為，自己對社區中的其他人來說並不重要。

我們的世界充滿了各種衡量標準和難以達到的高標準，折損了孩子被人重視的感覺。我必須澄清，我為了寫這本書所採訪過的每一位家長，都深愛和重視他們的孩子。然而，我發現問題在於太多孩子都認為他們的價值是取決於他們的成就（他們的成績、社交媒體點讚數，或者他們大學的名氣），而不是取決於他們深層內在核心真正的樣貌。格雷戈里·

艾略特在他的著作《家庭很重要》（*Family Matters*）中寫到，如果孩子只有在他們聽父母的話、或者達到父母的標準才會被「重視」，那麼他們就不會體認到真正的自我重視感。

我們正處於自我認同的危機之中。在身心發展期間，孩子將為成年後的身分認同打下穩固基礎、建立長久安全感。然而，我們實際上正在無意間傳遞一個毀滅性的訊息：為了被重視，你必須不斷嘗試、付出努力，並持續去爭取。只有這樣，在這個家裡、在這個學校、在這個世界上，你才會有價值。

弗雷特在他的《重視感心理學》（*The Psychology of Mattering*）一書中，指出了讓你覺得自己很重要的七個關鍵要素：(54)

1. **關注**：感覺自己被別人注意
2. **重要性**：感覺自己很重要
3. **依賴**：因為別人依賴你而覺得自己很重要
4. **自我的延伸**：認識到有人對你投注情感，並關心你身上發生的事
5. **被留意到缺席**：感覺有人想念你
6. **欣賞**：你和你的行為舉止受到重視
7. **個體化**：讓自己感覺獨特、特別，並以真實的自我被人認識

不是你說了什麼，而是孩子聽到什麼

儘管我們付出了充滿愛的努力，但卻無意中剝奪了孩子們在鍍金高壓鍋中釋放壓力的關鍵：親密、呵護、關懷的親子關係；這樣的關係能夠帶來被重視的感覺。我在研究中發現，光是做到無條件愛孩子是不夠的。重要的是，孩子必須感受到我們的愛是無條件的。這種感覺不是由於我們說了什麼話，而是由孩子聽到了什麼而形成的。孩子天生就擅長解讀我們表裡不一的言語；例如，我們嘴裡雖然說著成績不能代表一切，但當他們一踏進家門，我們問的第一句話就是：「今天考得怎麼樣？」

弗雷特告訴我：「很多爸媽都認為他們的孩子感覺受到重視，但實際上他們的孩子並不這麼認為，或者他們不確定自己是否受到重視。」他提到了某間學校的董事會做了一項調查，調查顯示，只有百分之八的父母認為他們的孩子覺得不受重視，但實際上卻有高達百分之三十的學生說他們有這種感覺。你可能以為你自己的孩子知道他們對你有多重要，但我對學生做的問卷調查卻得到了不一樣的結果：

◎ 令人驚訝的是，在我調查的年輕人中，有超過百分之七十的人認為，當他們在工作和學業上有所成就時，父母會更「重視和欣賞」他們。

◎ 有超過百分之五十的人甚至表示，他們認為自己越成功，父母就會越愛他們。其中，有百分之二十五的學生說，他們「非常」相信這一點（「非常」是調查選項中最高的程度）。

◎當我要求受訪者對「我覺得我之所以被重視，是因為我真正的樣子，而不是我取得了什麼成就」這個說法表示同意或不同意時，令人驚訝的是，有百分之二十五的學生表示「只有一點同意」或「一點也不同意」。

換句話說，在我的調查中，有四分之一的學生認為，在他們父母心中最重要的是成就，而不是他們身為一個人真正的樣子。一個朋友問她兒子，是不是覺得當他成績好的時候，會得到更多的愛和喜歡？孩子告訴她：「嗯，每次我拿著A回家，就感覺家裡的每個人心情似乎都比較好。」

我在問卷裡還問學生：「你在高中感受到的壓力中，有哪些是你希望跟你一起生活的成年人知道的？」[55]身為家長，這些回答讓我感到心痛：

◎我希望爸媽能理解，成績不代表一切。他們要求我取得優異成績所施加的壓力，是我憂鬱和焦慮問題的催化劑。

◎我的價值跟我的成績是綁在一起的。

◎我希望我的爸媽能了解，有時候我的成績沒有那麼完美也沒關係。我不需要樣樣都拿第一。

有個學生寫道，他們希望爸媽明白，他們施加的壓力與其說是「幫助」，更像是「精神虐待」。其他人則描述了更微妙的批評方式：「我媽會拿我跟我的朋友比較，而我朋友的爸媽也會拿他們跟我比較。這種比較很傷人，也影響了我看待自己的方式。」心理學家說，當你批評孩子的時候，他們不一定會停止愛你，但他們會停止愛自己。

我們都知道這些刻板印象：挑剔或保守的媽媽，過度參與運動的爸爸。大多數人知道這會破壞家庭關係，會有意識地試著避免。儘管如此，當我們的孩子表現出色時，我們會自然而然地感到自豪；而在壞消息傳來時，我們則會保持沉默，以免火上加油。但這些反應可能傳遞出微妙的訊息，也可能深入人心。紐約市的一個學生辛酸地為我解讀了這些訊息：「當我收到成績單，而我爸媽花了好幾天的時間跟我討論，我就知道，他們不滿意。」他說：「他們認為不批評我就是在幫我，但他們的沉默一樣傷人。」當他說這些話時，我臉紅了，因為我知道，自己可能曾經在不自覺中對孩子做過類似的事情。我曾經為他們的勝利而歡呼，但在他們考不及格的時候卻保持沉默。我為他們感到失望，而不是對他們感到失望——但他們怎麼會知道呢？我對他們的愛不會改變。但我的孩子是這樣想的嗎？從這名學生的角度來看這件事之後，我想趕快回家，跟孩子好好解釋清楚。

當我向耶魯大學情商中心的副主任、精神分析學家羅蘋・史騰（Robin Stern）提到這個故事時，她告訴我，她自己的孩子也有類似的經驗。史騰恩之前常常會在孩子的便當盒裡附上手寫的便條，寫下「好想你」或者「希望你今天過得開心」之類的話，並在簽名時附上她常掛在嘴邊的勵志小語：「追求個人卓越」。最近，她跟她的孩子（現在已經成年）聊起那些便當盒裡的小紙條。她的女兒對她說：「是喔，媽，那些便條最好是一點壓力都沒有啦。」

羅蘋聽了很尷尬。「我根本沒有那個意思，」她告訴我。「我希望他們能走自己的路，不要擔心身邊的其他人在做什麼。但我的孩子把我的鼓勵解釋成了壓力。」

我們說的話，跟孩子聽到的話之間本來就會有差異，而這種差異在青春期會被放大。[56] 跟我們所有人一樣，青少年天生帶有一種負面偏誤（negativity bias）。簡單來說，就是負面的事情所引起的神經反應，會比正面的事情更強烈。研究顯示，批評對我們的影響比正向回饋要大得多。[57] 此外，心理學家也告訴過我們，青少年的負面情緒比其他年齡層的人要高，[58] 這使得青少年對環境中的威脅高度敏感，即使這些威脅只是他們想像出來的。這種偏誤也意味著我們的孩子接收到關於成就的微訊息，例如揚起的眉毛、問他考得怎麼樣，都可能會被認為是過度的壓力。父母可能會以微妙的方式利用批評來塑造和控制孩子的行為，但**感受到**父母的批評，可能會導致孩子不良的心理健康狀態。[59]

感覺受到控制和經常被批評，可能會讓青少年覺得自己不太被父母接受，這會削弱親子關係。當親子關係變得脆弱時，孩子就會覺得自己沒有那麼重要。把愛跟成就聯繫在一起的影響，可能會一直持續到童年時期結束之後很久很久。這可能會讓我們的孩子建立一種要有附加條件，才能接受自己的終身模式：**當我拿到全A、減掉十磅、擁有十萬粉絲的時候，我才有價值。**[60]這個世界已經很重視成就了，孩子不需要生活中的大人再去督促他們變得更優秀。他們需要聽到的反而應該是：他們絕對很重要，而且對我們來說，他們的價值永遠很高。

條件交換下的虛假自我

正如格雷戈里．艾略特對他的學生們所說的：「早期的印象會深植於心。」[61]當父母批評孩子（**為什麼你不能像你哥一樣？**）或者當愛是有條件的（**我希望你這學期全都拿A**），孩子就會開始覺得自己有缺陷。為了應付這些痛苦的感受，他們學會隱藏自己真正的樣子，他們的真實自我，以便成為他們認為父母希望或需要他們成為的那種人。換句話說，孩子在潛意識中進行了交易：為了在青春期這段漫長而脆弱的時光中跟父母保持連結，他們放棄了真實的自我。這可能導致孩子發展出心理學家所謂的「虛假自我」（false self）[62]——一種人造的人格面具來作為應對策略，讓脆弱的孩子獲得生存所需要的愛與支持。

儘管受到壓力的孩子可能會表現得很出色，但他們內心卻由於自己真實的樣貌不被愛而感到羞愧。久而久之，虛假自我可能會導致他們選擇錯誤的朋友、伴侶或職業——基本上就是過著別人的生活。在這樣的情況下，人們內心深處會感到不被愛和不被了解。而在最極端的情況下，虛假自我所帶來的沉重負擔，可能會導致年輕人產生自殺的念頭。一位曾因自殺未遂而住院的學生告訴我：「我甚至不覺得我在自殺。我是在殺死這個我創造出來的假人，一個我完全不認識的人。」

貝絲是住在洛杉磯的一位單親媽媽，養育著兩個青少年。在她成長過程中，她的父母提供了她想要的一切物質需求，即使有時候這意味著要花光他們的銀行帳戶。她就讀於一所競爭激烈的女子學校，是個運動員，在高中生涯的大部分時間裡，她的全國排名都在前十名。儘管貝絲擁有美好生活的種種外在條件，但她始終無法從家裡獲得安全感。很早以前，她就直覺地知道，想要得到父母的愛，她就必須過著他們想要的生活，即使這意味著背叛自己。貝絲在潛意識中理解到，她的任務是「成為模範兒童」——贏得勝利、看起來很完美，成為「父母可以向朋友炫耀的驕傲」。

當貝絲追求她父母不重視的興趣，或者在努力表現時遇到挫折，她會覺得被父母排斥，甚至瞧不起。她說：「我是會想要聊一聊自己感受的那種孩子，我也很敏感，但我爸媽會阻止我這樣做。」另一方面，當貝絲遵從父母的指示，在比賽中表現出色時，她就會得到愛和認同。為了應付這種情況，她盡力讓自己顯得完美，但這卻讓她的內心越來越疏離和孤單。呈現完美的形象妨礙了用健康的方式示弱。她告訴我：「這會阻止你伸手求援。」

貝絲一直想成為一名兒童心理學家，但她的父母督促她唸法學院，並且願意幫她付學費作為獎勵。她告訴我：「當律師不符合我的個性，也不是我想成為的樣子。」在法學院期間，她一直飽受恐慌發作之苦，靠著藥物勉強支撐著。畢業後，她在洛杉磯一家客戶都是知名人士的頂級律師事務所找到了一份工作，這讓她的父母興奮不已。但是每天走進公司的時候，她都覺得自己像是「穿著一件又大又笨重的大猩猩扮裝服」一樣。

「有條件的關懷」（conditional regard）是個心理學上的術語[63]，指的是父母對孩子的愛取決於孩子是否達到某些期望——不論是學業、運動或者行為方面的期望。研究人員將有條件的關懷區分成兩種：有條件的正面關懷，像是自己滿足了父母的期望時，父母給予的溫暖和關懷會比平常更多；有條件的負面關懷，則是在沒有達到期望時，他們覺得關懷會被收回。心理學家已經證明，有條件的關懷會損害兒童的自尊心。青少年會專注於取悅他人，而不是努力弄清楚自己真正的樣子。

需要澄清的是，有條件的關懷和無條件的愛並沒有互斥。有條件的關懷是由父母的行為和孩子對這些行為的解釋所決定的。例如，如果孩子考得不好，或者在大學球探面前表現不佳，你仍然會無條件地愛他們。但是你可能會稍微保留一點。你失望的表情可能暗示了有條件的關懷。對於我們的孩子來說，這種冷漠的感覺，就像是愛變少了一點。

這種教養方式可能會代代相傳。在一項追蹤三代教養風格和幸福感的研究中，[64]研究人員招募了一百二十四位有大學學齡女兒的母親來填寫問卷，以了解她們父母在學業成就方面出現有條件關懷的情況。這些母親回答了關於她們自己的自尊心、她們如何應對壓力，以及教養子女態度的問題。與此同時，她們的女兒也填寫關於母親有條件關懷的問卷調查，評估像是「作為兒童或青少年，我經常覺得我的母親對我的愛取決於我成績好不好」這類敘述的同意程度。

研究人員發現，如果祖父母使用有條件的關懷來鼓勵學業成就，那麼母親就會繼續把同樣有條件的關懷用在女兒身上，即便是這種策略對她自己產生了負面影響，引起了焦慮、羞愧、自尊低落、應對能力差，也讓她對父母產生怨恨。而女兒們同樣表示，她們感受到有條件的關懷——一種情感上的家族傳承。

當然，無條件的正面關懷並不代表父母不能對孩子的行為抱有期望。心理學家表示，我們要注意的是，我們怎麼表達這些期望。當孩子的行為跟我們的價值觀或期望不一致時，即使在表達失望的同時，我們也需要表達溫暖。換句話說，我們需要將行為與人分開。你不喜歡這個行為，但仍然愛這個人。當我們能夠清晰地區分這兩者時，孩子不會將自己的價值跟行為（無論是「好」還是「壞」）聯繫在一起。這為孩子創造了犯錯的空間，也讓他們可以不怕失敗地成長。

父母的自尊心

在回顧自己的童年時，貝絲意識到，她的父母把自尊心跟孩子的成功綁在一起。研究人員將這種現象稱為「依附子女的自尊」（child-contingent self-esteem）。親子之間的連結錯綜複雜，複雜到足以互相影響——父母影響孩子的自我價值，也根據孩子的成就調整自己的自我價值。心理學家開發了一套評估的方法來衡量依附子女的自尊，其中包括了要求參與者評估他們對於「我孩子的失敗讓我很丟臉」這類陳述的同意程度。

父母把自我價值投注在孩子表現上的傾向，會受到他們的個性和對社會環境認知的影響。(65)我在調查中詢問家長，在他們的社區中，「成功」把孩子教好意味著什麼。他們的回答反映出了一些共同點。一位家長簡潔有力地表示：「孩子在學業和體育方面的成就，就是你被評判的標準。」另一名家長則寫道，在他們的社交圈中，成功意味著「孩子在各方面都是最優秀的」。

即使是年輕的父母，也會對「成功」應該是什麼樣子有感。一位十一個月大寶寶的家長寫道，她的同儕非常注重特定時間點的成就，把這些視為衡量父母成功的標準；當孩子沒有達到發展目標時，父母就會覺得自己失職。

住在緬因州中部海岸、兩個男孩的父親比爾同意，認識到日常教養壓力影響了自己的自尊心，是很有啟發性的。比爾說：「有好幾年，《紐約時報》每個星期天都會有一篇文章，講到父母的做法是錯的。每次讀到這些文章，都會讓我感覺很糟糕；而當我感覺很糟糕的時候，就會真的變成更糟糕的爸爸。」他對孩子失去耐心，對他們的行為雞蛋裡挑骨頭。媒體所傳達的期望，觸發了他童年遺留下來、深埋在心裡，覺得自己不夠好的感受。

比爾回憶起某個建議，(66)幫助他改變了做法：教養是關於孩子，而不是父母。比爾解釋，例如他可能會想：**如果我是個更好的爸爸，孩子考大學的分數就會更高一點**。他甚至沒有意識到自己這樣想。這種下意識的想法，有時會導致他反應過度，或者說出一些他原本無意說出的話。比爾說：「（孩子們）從我聲音裡的沮喪或憤怒所聽到的，並不是我是個糟糕的爸爸，而是**他是個糟糕的人**，即使我沒有這樣說。」在養育孩子的日常瑣事中，我們似乎一直肩負著很多的重擔，因此可能很難做出這樣的反思。比爾逐漸意識到，認識腦中自我批評的聲音，就足以去挑戰並控制這些想法，而不是讓情緒控制他。比爾說：「我有意識地去處理自己的心理狀態和情緒，這樣一來，我的孩子就不必替我處理。」

而對於貝絲來說，只有透過治療去儘量克服她的成長經歷，她才慢慢脫掉了那套笨重的大猩猩扮裝服。成年後，她重新回到學校，成為一名心理治療師，其實這才是她一直以來真正想做的工作。她說：「為了讓我的女兒擁有我想要的那種父母，我意識到我必須回顧過去，重新養育自己。」

在家裡，貝絲刻意創造了一個環境，把所有面對公眾的面具留在門外，讓她的女兒可以做她們自己，無論看起來或感覺是多麼混亂或不完美。她告訴我，她的女兒知道，在家裡，她們會無條件地被接受。她們知道，她們真正的樣子——不論是她們的情緒、她們的希望和夢想，對媽媽來說都很重要。晚餐時家人間的閒聊，通常都是關於她們日常順心和不順心的事。為了示範怎麼示弱，貝絲會開誠布公地談論她自己的掙扎。例如，她曾經跟女兒聊到她對要接受我採訪這件事有多麼緊張，但她會努力克服這種感覺。而在我們的訪談結束時，貝絲也說，她迫不及待地想在當晚的餐桌上分享這件事。

貝絲親身體會到，與自己的過去和解，並且修復自我價值，可以提高整個家庭的自我肯定。貝絲告訴我：「我知道，如果我想讓女兒在成長過程中實現自我價值，真正認識到自己是誰，我就必須先做榜樣。」

好溫暖與壞溫暖

數十年來的研究都顯示，孩子在充滿愛與溫暖的環境中能夠茁壯成長。然而，在心理學家瑪德琳・勒文所謂的「好溫暖」以及更具控制性的「壞溫暖」之間是有差異的。(67)勒文在《特權的代價》中寫道，「好溫暖」是父母在孩子的變化和成長過程中，向孩子傳達愛、理解和接受；這種「好溫暖」，是花時間、並且以親密且具體的方式去了解孩子培養出來的。另一方面，「壞溫暖」大概就是過度介入孩子的生活，替孩子做他們自己就能夠做的事情。對孩子來說，「壞溫暖」感覺上是有條件的。例如，對孩子的成績或表現給予過度的讚美，好讓孩子投入父母認為重要的事情。「壞溫暖」可能很方便又立即見效，因此讓人躍躍欲試，筋疲力盡的父母可能會用這種短期策略，讓孩子能照著他們的期望去做。

好吧，你可能會想，**但如果我的孩子沒有發揮潛力，的確需要推他一把**，我該怎麼辦？

勒文認為，大多數的孩子都希望在學校裡好好表現，所以父母對於表現不好的背後究竟發生了什麼事，應該要感到好奇，而不是生氣。與其對孩子發脾氣，不如花點精力去找出問題的根源。聽聽孩子說什麼，提出一些試探的開放性問題，並且花點時間弄清楚為什麼他們沒表現好。勒文寫道，當孩子無法避免地讓我們失望時，父母面臨最大的挑戰之一，就是如何處理自己的情緒：「儘管在失望和憤怒時，我們會傾向於批評的方式，但研究非常清楚地顯示，如同溫暖和連結是教養的靈丹妙藥，批評和排斥是教養的致命傷。」(68)

換句話說，我們表達擔憂和期望的方式，會影響我們與孩子之間的關係。莉是一個住在紐約的媽媽，她向我講述了她如何跟十五歲的兒子傑克建立起良好關係的故事。幾個月來，莉和她的丈夫不斷因為傑克的成績時好時壞而跟他發生爭執。有時傑克會用功唸書，考得很不錯；但有時他則會打混，花太多時間打電動，然後拿個C回家。他九年級的第一張成績單上全是B。「我知道B是可以接受的，」莉告訴我：「我的兒子有偉大的夢想，而且也有能力實現，但這樣的成績不足以讓他申請到他想要的大學。」這種緊張的關係，演變成每晚的爭吵。

這些摩擦讓傑克變得更不願意用功。他變得悶悶不樂、沉默寡言，嚴重到莉找了一位心理治療師尋求建議。治療師要求她記錄下她跟兒子的互動。莉說：「我們大部分的對話，都是要說服他去做他不想做的事情，就好像推著一塊大石頭上山一樣。」治療師告訴她，他們有太多互動都帶著目的性。治療師警告她，生活在高成就社區、整天都在承受壓力的孩子，需要從家中得到溫暖和療癒。

儘管如此，為孩子設定某些標準仍然是父母的責任。重視並不意味著我們要放任孩子。一個實際且可以達成的標準，可以傳達我們對孩子成長投注的心力，並顯示出對他們的看重。莉的治療師建議她避免執著於特定的成績，而是聚焦在她兒子的學習習慣，看看他的作業是什麼時候、用什麼方法完成的。莉和傑克達成了一項協議。如果他在放學後稍做休息就坐在書桌前做功課，而且桌上沒有像手機這類會讓他分心的東西，她就會停止嘮叨。他們會先嘗試幾個星期，看看效果怎麼樣。與此同時，莉也積極努力扭轉他們日常生活中負面和正面互動的比例。她每天都會專注地跟傑克進行幾次沒有目的性的互動，像是一起散步、一起做飯，或是在走廊相遇的時候慈愛地摸摸他的頭。藉著有意識地對待親子互動，莉能夠把母子情感存摺裡的餘額由負轉正。

「一切並不順利，」她告訴我：「在某些日子裡，我還是會有比較多的負面感受，但我真的很努力把這個比例牢牢記在腦子裡。」在她能讓正面多於負面的那些日子裡，當他們一起做著沒有特定目標、只是好玩的事情時，她發現：「對我們來說，整個家裡的氣氛都變得更好了。」

莉還學習了在親子關係中表現出「好溫暖」，即使是發生爭執的時候。如果在平日上學的晚上出現了緊張氣氛，她都還是會在睡前走進孩子的房間擁抱他，提醒他：「**不管怎樣，我都一樣愛你。**」當親子建立正向關係時，父母就會是孩子在發生任何問題時第一時間想到要求助的人，也會是孩子心理健康的安全網。而當這種極其重要的親子關係茁壯，孩子就會感受到他們的內在價值，也會在心理和生理上都感到安全，知道他們並不孤單。親密且具有支持力量的關係，不只是驚滔駭浪中的救生艇，也能有效提供向上提升的力量和建立韌性。當莉放鬆控制，並專注於維持家庭溫暖；傑克對自己的功課更有責任感，而且他的成績也變好了。莉的父母是用批評來表達愛，而現在，莉已經學會了不一樣的教養方式。我問她，傑克對這種變化有什麼看法？她告訴我：「他說，他很高興能夠找回自己的媽媽。」

當我們不再用力把孩子塑造成我們周遭人認為「傑出」的樣子，而是多多去看見、與喜愛他們當下的模樣，認識他們美好且「平凡」的真實自我時，我們的孩子就能夠更自由地表達真正的自己。身為父母，我們的責任不是要把孩子死推活拽地達到卓越，而是要糾正社會灌輸給他們的謊言：只有在表現出色、取得成就時，他們才會被重視。我們的任務是讓他們知道，此時此刻的他們，就已經夠好了。

發現孩子的優勢而非弱點

儘管批評和壓抑的問題是顯而易見的，但研究人員也發現，讚美也可能造成「壞溫暖」。跟批評一樣，讚美也是一種評價方式，讓孩子在達不到標準時容易羞愧。正如在我的問卷調查中一位學生所解釋的那樣：「每當有人告訴我，我特別擅長某件事的時候，就好像我必須很努力去保持水準，甚至應該超越我已經達到的水準……（不然）我的價值就會變低。」

父母可能會覺得，他們怎樣做都不對：我們想為孩子設定高標準，但批評和讚美都有可能會造成傷害。值得慶幸的是，表達無條件的愛和正面關懷的效果，遠比你想像的要大得多。正如哈佛大學的理查．韋斯伯德所指出的：「讓自我變得更強大、更成熟的不是讚美，而是被了解。」[69]當我們深入了解他們的獨特性時，孩子就能體會到他們對我們很重要。

這個建議一直縈繞在我心中。然而，有時候父母（即使是充滿善意和愛的父母）很難真正了解他們的孩子。在我們之中，有些人可能希望孩子繼承我們的事業。例如，熱愛運動的父親可能會因為發現兒子不喜歡運動而受到打擊。曾經在舞台上表演的母親可能會因為發現女兒太害羞，害羞到甚至不敢從人群裡站起來而感到失望。這種失望會蒙蔽了我們看孩子的眼光，讓我們只看到他們不是誰，而忽視了他們的獨特性。

為人父母的精力，常常會花在找出孩子的弱點並設法補救，例如看看誰在社交技能、數學或寫作方面需要幫忙。但我在緬因州遇到的一位母親，卻採取了一種不同的策略。她告訴我，她如何透過成為一個「優勢發現者」[70]，留意孩子什麼時候會處於最佳狀態，去真正了解孩子本來的樣子。她告訴我，與其著眼於孩子的缺點，她更願意強調他們的優點，並找到利用這些優點來驅動他們成長的方法。

有趣的是，研究人員估計，我們之中有三分之二的人都不知道自己的優勢在哪裡。(71)我們往往對於自己能夠為世界貢獻的天賦缺乏認識。這位緬因州母親告訴我，她曾經跟孩子們一起參與了一項線上問卷調查，幫助他們了解自己的「性格優勢」，也就是他們最突出的正向人格特質。這項名為「行動價值觀」（Values in Action，簡稱VIA）的調查，(72)是由著名的心理學家馬丁・塞利格曼（Martin Seligman）、克里斯多夫・彼得森（Christopher Peterson）及五十五位科學家組成的團隊，花費了三年的時間所創立的。這份問卷調查可以上VIA的網站 https://viacharacter.org 進行填寫，大約只需要十分鐘就能完成。對於想要了解孩子或自身天生優勢的父母來說，這可能會讓他們大開眼界。

雖然我們很愛自己的孩子，有時候卻會對他們的優點視而不見；一部分是因為負面偏誤，一部分則是這些優點就是他們人格特質的核心，所以很容易被忽略。這就是為什麼留心別人對你孩子的評價會很有幫助。例如，我開始逐字閱讀老師在孩子成績單上寫的評語，標出其他人對他們看法的重點。我會用螢光筆標記他們的優點，例如「能支持同學」和「很努力」，然後在空白的地方寫下註解，例如「我也看到了這一點！」或者「完全同意！」然後我會把這些註解過的成績單放在孩子裝滿重要紀念品的箱子裡。每隔幾年，我們就會重新翻閱這些成績單；看到老師從幼稚園開始就能夠看到他們的優點，真的很有意思。

艾美是耶魯大學三年級的學生。她告訴我，她的父母從她十歲生日開始，每年都會寫一封「優勢信」給她，幫助她認識自己的優點。最近，他們開始在生命裡的重大日子之前寫信，例如：送她進大學當天、離開家的第一個暑假、空檔年[7]的開始。她告訴我，現在這疊信已經厚到要打開抽屜時都會卡住。多年來，她經常重讀這些信件，「這可以提醒自己，在生命中的那個階段我是什麼樣的人，那時我熱愛什麼、有什麼習慣，以及有什麼樣的性格怪癖。」值得注意的是，這些信件很少聚焦在個人成就上，而是專注於她表現出好奇心、恆毅力或同情心的方式。她補充說：「即使沒有帶獎牌回家或得個A來展現我的努力，我爸媽也注意到我是怎樣的人，而這些信件向我證明，他們看到了完整的我。這種程度的關注，證明了他們對我的愛。」

用肢體語言說愛

為了讓孩子知道我們多重視他們，我們必須在溝通時調整自己情緒和身體上的細節。重視感可以透過戈登．弗雷特所謂的「微實踐」（micro-practices）來傳達：當你的孩子走進房間時，你有沒有在臉上露出開心的笑容，還是你會連珠炮地問一堆問題（例如「你考得怎麼樣？」），來緩解自己的焦慮？而對於身兼母親和心理學家的蘇珊．鮑爾菲德來說，

7　空檔年（gap year）是歐美非常盛行的一種概念，通常是在高中畢業後上大學之前，或者大學畢業準備上研究所之前，學生會休學一段時間（幾個月到幾年不等），去參與各種探索發展的活動，例如旅行、工作、志工等。

重視孩子，意味著每天至少要像家裡養的小狗一樣迎接孩子：帶著毫不掩飾、全心全意的喜悅。這包括跟孩子在身體上的親密接觸，以及跟他們一起玩。

戈登．弗雷特在他的著作《重視心理學》中，提供了幾個技巧，讓父母表達重視孩子：(73)

◎以溫暖且善解人意的方式回應
◎明確告訴孩子，他們對我們有多重要
◎表達無條件的接受，特別是在孩子失敗之後
◎透過親密的舉動傳遞溫暖
◎從事親子互動的活動

弗雷特警告，父母可能會無意間傳達出孩子是不受重視的：

◎過度關注自己
◎比較重視或不重視家裡的某些孩子
◎在孩子達成某些期待時，用讚美和表達溫暖來獎勵孩子
◎嚴厲的批評孩子

◎跟別人比較並且貶低孩子

◎否定情緒

身體的接觸和愛的表達強調了孩子對我們有多重要。正如紐約大學教授史考特．蓋洛威（Scott Galloway）談到他慈愛的母親時，深刻地寫道：「對我來說，愛是『期待有人認為我很棒、很有價值』，以及『知道有人確實這樣認為』之間的差別。」(74)事實上，童年時期父母溫暖的愛跟長大後的身心健康有關。聖母大學所做的一項研究發現，在一個充滿愛的家庭中長大的兒童，成年後比較不會罹患憂鬱症和焦慮症，同時有更高度的同情心。(75)

身為父母，我們大部分的時間都在讓孩子做他們不想做的事情、教導他們應該學會的，為他們未來的成功做準備。但是，當親子關係中沒有足夠的時間，讓我們單純享受彼此、欣賞孩子本質上可愛的地方時，就會少了點什麼。這就是為什麼全家人一起遊戲的時間有這麼重要。我們不留出時間玩耍，就失去了機會，跟孩子進行最有品質的互動——平起平坐，一起沉浸在某件事情裡。遊戲沒有特定目的，為孩子提供了一個不需要被評價的空間，讓他們可以表現、學習，並且成為樸實無華的自己。當然，要保有這段時間可能有點難。我的丈夫彼得制訂了一條家規：每週，我們所有人必須至少參加一次被他標記成NOFA的活動，NOFA就是「必選家庭活動」（nonoptional family activities）的縮寫。這是在告訴孩子，遊戲和家庭時間是我們家優先考慮的事情：是的，我們重視努力工作，但也重視一起遊戲。孩子需要學習並培養在休閒中為自己和人際關係充電的技能。我們做過的NOFA活動，包括了遊戲之夜、海灘野餐、騎腳踏車和拼完一千片的拼圖。

彼得很懂得策略思考；他將NOFA跟OFA（optional family activities，任選家庭活動）配對起來，讓孩子有一些自主權。區分兩者有助於獲得孩子的支持，讓孩子參與選擇也有同樣的效果。有時候，如果某個孩子選擇電玩，我們甚至會全家一起打電動。在你猶豫該不該去學打線上射擊遊戲「要塞英雄」之前，可以參考一下最近一項研究發現：家庭成員越常一起玩電動，他們回報的家庭滿意度和家庭親密度就越高。[76]重點不在於做什麼活動，而是在於一家人在一起時的親密感。

要維持這種親密關係，特別是跟大孩子之間的親密關係，需要父母排除青少年身上負面且不公正的刻板印象：他們很難搞、老是臭著一張臉、情緒不穩定，而且不希望我們在身邊。沒錯，從發展的角度來看，青春期的孩子正在脫離父母，形成自己的身分認同；但這並不意味著父母也應該跟他們保持距離。研究發現，在這個關鍵的時期，父母仍然是青少年最重要的支持力量。有時候，這需要我們敲開孩子關著的房門，提議一個必選的家庭活動。維持牢固的親子關係，不僅為孩子提供當下的支持，這種溫暖的關係，還可以成為他們未來可以複製的榜樣。(77)

說出孩子在我們心裡有多重要

當然，我們會希望孩子努力做到最好。但我們需要留意的是如何傳達這種願望，來確保孩子的內在價值（他們的重要性）永遠不會受到質疑。弗雷特告訴我，父母不能假設孩子明白自己有多重要；他提出，父母必須「主動宣傳重要性」——明確告訴我們的孩子，他們對我們有多重要。

這是我從訪談過的一個媽媽那裡學到的「重要性課程」。一天晚上，她努力用功的青春期孩子非常擔心即將到來的考試。這位媽媽從錢包裡拿出了一張二十元鈔票。她把鈔票揉成一團，放在地板上，誇張地壓扁它，再泡到一杯水裡。然後，她拿起髒兮兮、濕漉漉的錢，對兒子說：

「記住，我們就像這張鈔票，即使髒兮兮、濕漉漉或遍體鱗傷，就像我們考得不好、被球隊踢出來，或者以其他成千上萬的方式搞砸事情，我們的價值也絲毫不會改變。」

了解到這一點，改變了我在家裡談論成就的方式。我發現，父母必須保持對孩子無條件的重視，來蓋過我們文化中的有害訊息。舉例來說，有天晚上，卡洛琳在睡前談到了她和朋友都很擔心即將到來的成績單。聽完後，我花了一點時間舉出她的優點。我告訴她，我看到她每天在功課上投入了多少時間和精力，她是多麼有條有理，對學習又是多麼投入。我知道她已經盡力了，所以我並不特別擔心成績單。我跟她說，如果即將到來的成績沒有反映出她在學業上投入的時間和努力，那麼我們可以一起來解決這個問題。她似乎鬆了一口氣，緊繃的肩膀也稍微放鬆了下來。

然後，我從她的書桌抽屜裡拿了一張便利貼，潦草地寫下：

我把便利貼遞給她，然後說了一段不常說出口的明確想法：「我對妳的愛永遠不會改變。我的愛不會取決於妳表現得怎麼樣、妳看起來是什麼樣子，或者妳考得好不好。」

對抗「永遠都不夠好」的文化，需要我們持續不斷且始終如一的提醒。這個問題不是靠一次睡前談話就能解決的，也不是用一張便利貼、甚至一百張便利貼就能化解。但我希望這個訊息能夠慢慢深入人心，而且我認為已經有所進展了。我幾個月前給卡洛琳寫的那張便利貼，現在貼在她筆記型電腦的鍵盤上，不斷的溫柔提醒著她。

第四章

Chapter Four

先照顧自己的需求

——為孩子示範自我重視感

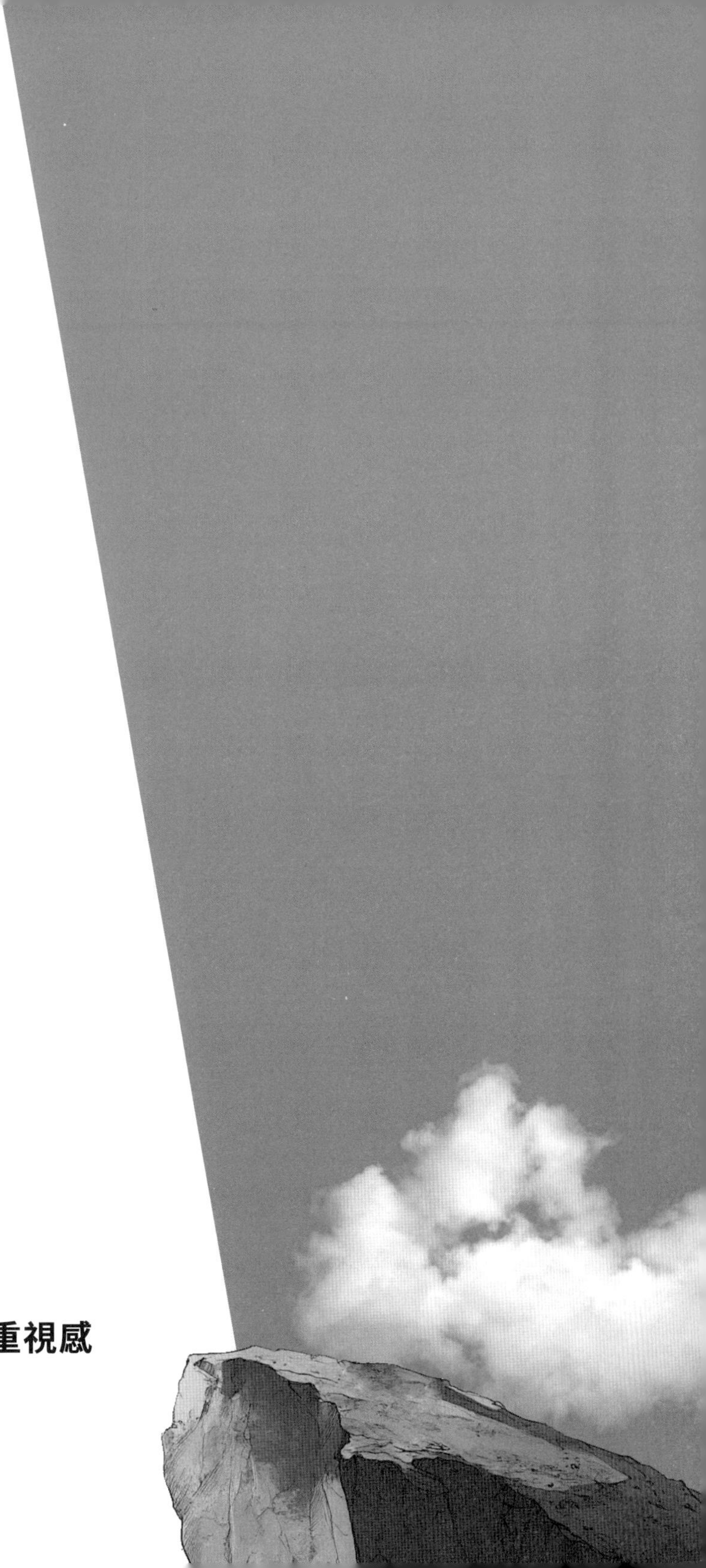

那天早晨，就好像電視的情境喜劇。過去的整整兩個星期，我一直在凌晨四點這個不合常理的時間醒來，好趕上迫在眉睫的截稿期限。我記得自己跌跌撞撞地走進廚房為孩子們做早餐，輕手輕腳地把雞蛋打進鍋子裡，把鍋子放在爐子上……然後我就忘了它。大約一個小時後，家裡的每個人都被刺鼻的煙味和尖銳的火警警報聲驚醒。

到了早上七點十五分的時候，我已經像是過了一整天。所以當我八歲的兒子要我放學後去看他練習籃球時，我沒有立刻答應。感應到我想拒絕之後，詹姆斯使出渾身解數。「所〔有〕有人的媽媽都會來，」他一面哀求我，一面把泡得濕濕的早餐麥片塞進嘴裡。**所有的媽媽都會坐在那裡看孩子練習？真的嗎？**或許是睡眠不足，又或許是他引發媽媽的罪惡感，在我意識到之前，這些話就已經衝口而出：「好喔，沒問題，我會去的。我不會錯過的！」

於是，那天我提早停下手邊的工作，抹上厚厚的遮瑕膏遮住我的黑眼圈，然後老老實實地（儘管有些不情願）前往體育館，去看孩子**練習**。體育館裡擠滿了非常多小孩，教練將體育館一分為二來容納所有人。我待在冷冰冰的鋼板看台上，盡可能讓自己坐得舒服一點。接下來的兩個小時裡，我跟其他十幾個媽媽一起盯著體育館正中央的分隔螢幕。當然，詹姆斯就在螢幕的另一邊，在遠處的球場上練習。但我什麼都沒看到，也沒有因為到場為他的**練習**加油打氣而獲得任何讚許。然後我現在必須要趕工，補上那些浪費掉的時間。

請容我做一個小小的思想實驗：想像你的孩子正在經歷像我那天一樣的生活。他們在凌晨四點前起床，拚命完成作業，竭盡所能地討好老師、朋友，甚至是你。你會對他們說什麼呢？是提醒他們，無論他們做了什麼或沒做什麼，都不會影響他們的價值？還是告訴他們，他們理應被關懷和同情？沒錯，這些都是知道要怎麼讓孩子覺得自己很重要的家長會說的聰明話。但他們也會看到你實際上**做了什麼**。

孩子們不僅吸收我們說的話來學習和內化重視感，也會透過我們的行動，也就是我們怎麼**樹立榜樣**來學習。採取「要孩子聽話，但自己也做不到」的方法，會適得其反。當我們竭盡全力為孩子爭取最好的一切，孩子就會看到我們的言行不一。想想看：我們希望孩子明白，成績並不能代表他們，但我們自己卻在孩子的生活和自己的生活中都把好的結果看得最重。我們希望孩子在面臨崩潰時來依靠我們，但我們卻獨自承擔一切。當我們把每個家庭成員的需求都放在自己的需求之上，認為這就是「好」爸媽、尤其是好媽媽應該做的，這就是表現出我們認為自己並不重要——即使我們認為，這是在表達我們的愛。

我從跟專家的交流中了解到，為了把孩子教好，我們必須檢視我們做的事，而不只是我們說的話。我是不是表現出我的價值是無條件的？我有沒有經常練習善待自己？我有沒有表現得像我跟他們一樣重要？

你的孩子需要你這樣做，而你自己也需要。因為你也很重要。

滿足孩子的需求成了壓力

在走下火車時，我沒戴帽子、沒戴手套、也沒圍圍巾；在寒冷的新英格蘭秋天裡，我穿得太少了。那天早上稍早的時候，我匆匆忙忙地離開家，把裹得嚴嚴實實的孩子、一把巨大的大提琴和一個超大的科學專題作品送到學校——但我卻忘記穿暖一點，來抵擋刺骨的寒風。

這是我幾個月以來，第三次來到康乃狄克州西南部的威爾頓，一個擁有美麗的房屋、蜿蜒的街道和綿延數英里石牆的郊區小鎮。我來這裡見一位名叫吉娜維芙．伊森的三寶媽。吉娜維芙在一九九九年搬到這個小鎮，動機跟很多家庭一樣：社區景緻像童話般的魅力、靠近紐約市通勤很方便，還有在康乃狄克州名列前茅的學校。在一家熱鬧的義大利餐廳裡，吉娜維芙跟我對坐著，回憶起當她跟丈夫羅勃發現威爾頓這樣的地方時，有多麼興奮。

每天早上六點，羅勃就要出門趕火車去紐約上班，而吉娜維芙則留在家裡操持家務。身為加州大學洛杉磯分校的畢業生，她放棄了從事野生動物保育工作的抱負，轉而承擔起賢內助的角色。她認為自己很幸運。她說：「我曾經想像過，自己坐在比人還高的草叢裡或者躲在灌木叢中觀察野生動物，記錄牠們的行為。」但現在，她全心投入給予孩子們她所希望的「完美童年」，盡可能遠離生活中的種種挫折。居家生活很適合她：她很快就發現，自己以一種她所謂「瑪莎．史都華」[8]的方式來生活，為自己的廚藝以及擁有裝潢精美、井井有條的家而自豪。

照顧三個孩子的繁複工作佔滿了她的每一天：她的時間和精力都花在開車接送他們去參加各種活動、督促他們寫功課、在他們有交友問題的時候提供情感支持，還有確保他們

8　瑪莎．史都華是美國生活大師及家政女王。

在家的需求得到滿足。「我跟孩子之間的聯繫已經夠多了，我不想生活都只是繞著他們轉，」她回憶道：「但我也希望他們健康快樂，發現自己獨特的才能。」在她看來，她的角色就是要支持她的孩子，讓他們能夠發揮自己的潛力。她解釋：「如果他們想要放棄一項活動，我的工作就是確保他們不會這麼做。」她督促孩子練習樂器、耳提面命他們把數學補充作業帶回家，還要確保孩子有充足的運動和吃得健康。甚至她的朋友圈也圍繞著孩子和孩子的生活；因為這樣比較容易維持社交生活。

然而，當孩子的朋友在上中學後發生轉變，她自己的大部分社交圈也都被拋在了一邊。她和羅勃沒有足夠的時間培養自己的人際關係。不過她並沒有執著於放棄的一切，無論是事業或是跟朋友相處的時間。每個人都有自己的任務，而她的任務只需要做到這些犧牲。她也提醒自己，這些責任不會永遠持續下去。現在，母親是她的職業，她應該趁現在享受；有些時候——像是當孩子在舞蹈表演中自信地閃耀著，或者興高采烈地揮舞著全A的成績單時，她感覺自己彷彿也達到人生的巔峰。

隨著孩子們越長越大，他們的活動行程也變得更加緊湊。吉娜維芙竭盡所能地維持每個人生活的平衡，但在她的大女兒薩凡娜即將升上高一的那個夏天，她驚訝地發現，在威爾頓當一個成績優異的學生，要付出的努力竟然這麼多。除了體育課和合唱團，她女兒想選的每一門課，都是資優課程或大學先修課程。吉娜維芙擔心薩凡娜的負擔會太重，建議她向學校的輔導老師諮詢意見。但她的女兒卻以自己的學業成績優異自豪。六年級時，她就曾經受邀參加一個超前兩年的數學先修班。她不想在高中錯過類似的機會。因此，吉娜維芙就由她去了。她向我解釋：「我不想讓她認為我不支持她，或不相信她。」

儘管生活依舊忙碌，有時候甚至充滿壓力，但一切似乎都很好——直到那天，事情幾乎在一夜之間全變了樣。薩凡娜高一開學的第十天，她在半夜躡手躡腳地走進父母的房間，輕輕搖醒了媽媽，低聲說：「媽媽，我需要妳幫我。」薩凡娜淚流滿面地告訴媽媽，她的課業壓力太大了，讓她動了自殺的念頭。吉娜維芙陪著她度過了下半夜。第二天一大早，她立刻打電話給小兒科醫生求助。醫生派了一名危機處理社工去了他們家。

社工給了指示：他們應該讓女兒卸下學業重擔。吉娜維芙曾經希望薩凡娜自己做出選擇，但社工說得非常明確。薩凡娜自認必須承擔這些挑戰的壓力，而她也不允許自己退縮。於是，第二天，吉娜維芙去了趟學校，幫薩凡娜退出了壓力最大的進階課程。「現在這麼說聽起來有些荒謬，」她告訴我：「但當時，這麼做似乎很冒險，就好像我們放棄了對她未來非常重要的東西一樣。」

吉娜維芙現在肩負著一個新的、艱鉅的教養責任，既需要全身心投入，也耗費心神。除了照顧薩凡娜之外，她還得打理家務，以及努力滿足其他兩個孩子的需求——老二現在也出現學業壓力過大的早期跡象。為了找到解方，她去做了心理治療。「我總是問我的心理治療師，處理這個問題或那個問題的『正確』方法是什麼，」她告訴我。她經常脾氣暴躁，特別是面對丈夫羅勃：「他在我身邊真的是如履薄冰。」她既要確保女兒不會承受壓力，還要確保其他兩個孩子也受到重視。這兩個壓力開始對她的身體造成傷害。她覺得身體劇烈疼痛，從下巴一直延伸到背部。她的牙醫告訴她，她罹患了顳顎關節症，也就是下顎關節周圍疼痛和僵硬。這種病通常是因為緊張而引起的，因此醫生建議她報名瑜伽或皮拉提斯的課程。她覺得這很可笑。她哪來的時間？「這就像是在說，太棒了，還要再把『自我照顧』加到我滿滿的待辦事項裡，」她告訴我。

除了學校老師和行政人員之外，她幾乎沒有告訴任何人她們家正在經歷的事情。薩凡娜不想讓任何人知道她過得有多辛苦——她很在意自己在朋友與朋友父母眼中的形象；為了尊重她的隱私，吉娜維芙把這些難題都留給了自己。她會獨自一人在半夜醒來，暗自擔心。她說：「我知道某些事出錯了，這意味著我做錯了什麼；而做錯了什麼，就意味著我某種程度上是個糟糕的媽媽。」

密集式教養的代價

人們很容易相信，犧牲自己是我們確保孩子過著體面生活的唯一方式。如今，成為「好」父母，就是成為全心投入的父母；而這個標準，主要是由有錢有權有閒參與「全方位教養」的白人富裕家庭所定義的。有些父母為了孩子搬家、換鄰居、換城鎮，甚至如果有能力的話，還會轉行或者完全放棄自己的事業。就像吉娜維芙一樣，我有了孩子之後，就暫時擱置了自己的事業；這是很多媽媽得不到的選擇。對我們家來說，是合理的經濟考量。如果我繼續工作，我的薪水只能支付托育費用，其他的支出就無法負擔了。而我先生有更高的薪水，可以支持我們過更好的生活。

我辭掉工作，不僅是為了帶孩子，也是為了支持彼得：他得到了一個在倫敦工作的機會。當他在新的國家建立人脈時，我就負責打理我們的生活。我下定決心，如果我沒有全職工作，就會全心投入家庭生活讓一切變得完美。卸下了研究故事的專業，我開始研究理想的睡眠作息、向家人介紹新的飲食方式，還有不同教養方式和學前教育理念。我把我的學歷和才能都奉獻給我的孩子，以及他們成功的未來。親師會對我來說，就像是年終考核一樣。

身為父母，我們是孩子的聆聽者、司機、監護人、教練、啦啦隊、功課的家教，並且陪著他們比賽甚至練習。每一項努力、每一次犧牲，看起來似乎都是值得的；但當我們把它們放在一起的時候，就可以看到一種讓人筋疲力竭的模式：社會學家所謂的「密集式教養」（Intensive Parenting）。密集式教養是一種把孩子的需求放在家庭生活核心和最優先位置的教養方式。當然，成為父母就意味著把自己的需求放在次要的位置。但這種教養方式要求我們做出過度的犧牲，讓自己的基本需求無法滿足。它還設定了非常高的標準，除了那些條件最好的父母，有時間和資源可以這麼做，幾乎所有人都辦不到。

雖然我們的社會在性別平等上已經進步了，但研究顯示，養育一個「成功」孩子的責任仍然更加沉重地落在母親身上，不論她們在職場的表現如何。自從一九七〇年代中期以來，儘管現在有百分之七十一的母親都出外工作，但媽媽花在照顧孩子的時間，卻增加了百分之五十七。[78]這意味著現在的職業婦女花在照顧孩子上的時間，比一九七〇年代的全職媽媽更多。此外，長期追蹤同一組人的固定連續樣本研究發現，受過大學教育的母親，花在孩子活動上的時間增加了最多，超過了同樣教育程度的父親，或者教育程度較低的母親。[79]社會學家莎朗・海斯（Sharon Hays）認為，我們的社會對於女性在家庭生活中有不切實際的期望，這是由於我們對女性發展職涯的自我重視感到不安而矯枉過正。[80]隨著越來越多的白人女性進入職場，美國人越來越難定義母親對家務與工作同樣在乎應該是什麼模樣，因此這些期望也隨之產生。

研究發現，雖然媽媽特別容易陷入這種密集式教養風格，[81]但也有越來越多的爸爸採用了這種教養方式。根據皮尤研究中心的調查，自一九七〇年代中期以來，爸爸花在照顧孩子上的時間增長了三倍。[82]現代的爸爸知道他們對孩子的幸福很重要。這種現象社會學家稱之為「好爸爸效應」，[83]也就是參與孩子生活越多的父親，對孩子能產生更多正面的影響，而且這種影響會持續很多年。住在紐約市有兩個兒子的全職爸爸，同時也是親職支持網絡「城市爸爸團」的共同創辦人麥特・史奈德（Matt Schneider）說，我們對自己的期望、我們的伴侶對我們的期望、社會對我們的期望正在改變和擴展，而這是令人興奮的現象。作為社會整體，我們開始重新考慮父親和母親傳統角色之間的界限。「但爸爸比媽媽慢了三十年，才試著搞清楚這一切，」史奈德說。

一旦有了孩子，同性伴侶也可能面臨分工的問題。[84]來自奧勒岡州波特蘭的林恩是兩個孩子的媽媽。她剛跟妻子結婚的時候，在家務分配上「相當平等」。然而，當他們有了第一個孩子之後，林恩很快就扮演起孩子主要照顧者的角色，承擔了百分之八十的家務和教養工作，而她的妻子則把更多的時間和精力放在工作上，賺錢來養家。美國克拉克大學心理學教授艾比．戈德伯格（Abbie Goldberg）告訴《紐約時報》的記者：「事實上，同性伴侶跟異性伴侶會面臨同樣的困境。」[85]她補充：「原本一切順利，直到你生了或領養了一個孩子，突然之間，就有數也數不完的事情要做。」

與此同時，父母過去能夠依賴的支持網絡（像是親戚或可靠的鄰居）已經不復存在。人們為了工作，離開自己的原生家庭和熟悉的鄉里，同時也拋下了重要的支持來源。我訪談過的一位女士，跟我講述了她和家人搬到一個新城市的情況。她告訴我，她剛搬來的時候，不得不在孩子的學校表格上把房地產經紀人列為緊急聯絡人，因為她在新家附近沒有認識什麼人。

這些單打獨鬥的狀態增加了父母的負擔，他們必須一肩扛起家裡的所有事情，並擔負起所有的角色。我們也感受到了這種壓力。接受我訪談的媽媽們一次又一次分享他們為孩子做了多少努力。對某些人來說，這意味著失眠的夜晚與用厚厚的遮瑕膏遮住黑眼圈的白天。另一些人所承受的，則是對生存有更大影響的犧牲。住在紐約的維多利亞是位五寶媽，她每天都要管理孩子們繁忙的行程，忙到她無意間練出了整天憋尿的功夫。她解釋，並不是她抑制了尿意，而是她根本就沒有感覺到。維多利亞已經把自己訓練成不會有任何需求，因為「沒有需求意味著即使這些需求沒有被滿足，我也不會感到失望」。

另一位三個孩子都不滿十歲的媽媽，也表達了類似的感受。她告訴我：「之前，我每天都會努力留給當媽之前的自己一點生存空間；但現在，我決定就此放棄，認命地當個媽媽就好。」我問她，有因為這樣做而比較開心嗎？她回答：「沒有，但這樣壓力比較小，因為我不用再去想如何擠出屬於自己的時間。」一面聽她這麼說，我腦海裡一面浮現出一個畫面——她當媽之前的自己，被埋在堆積如山的衣服底下，一副生無可戀的樣子，眼巴巴地等著被發現。

研究學者桑妮雅・盧塔稱呼父母為孩子日常困擾的「第一線急救人員」，而持續關注孩子情緒的高低起伏、社交壓力和學業壓力，可能會帶來一些傷害，尤其是當下一個問題來臨之前，沒有時間好好喘口氣的時候。例如：女兒沒有被選進足球隊、兒子數學考不及格、其中一個又沒受邀參加星期五晚上的派對。我們希望、也應該永遠對孩子保持同理心；但日常生活中源源不斷的麻煩的確會越積越多，甚至會反應在生理層面上：一項研究發現，母親越富有同理心，就越有可能出現慢性低度發炎，而這也會增加癌症和心臟病等嚴重健康問題的風險。(86)

密集式教養也會讓父母感到更加孤立，以及負擔更沉重。(87)最近，盧塔發現，受過大學教育、操勞過度的媽媽特別容易有慢性壓力和過勞的症狀。事實上，在這些競爭激烈的社區中，最容易罹患焦慮和憂鬱症的父母，是中學生的媽媽；這個時期的孩子開始跟父母疏遠，而父母犧牲自我所帶來的情感回報也越少。在《充滿喜悅但毫無樂趣的親職生活》這本書裡，記者珍妮佛・席尼爾（Jennifer Senior）詳細描述選擇留在家裡的母親，以及那些沒有培養嗜好或不能從工作中實現抱負的父母，此時會特別脆弱，心理健康每況愈下。她寫道：「就像孩子離開了舞台的中央，聚光燈重新回到父母自己，把生活中哪些很充實、哪些很空虛，都照得一清二楚。」(88)

順帶一提，青春期也是高成就壓力開始真正起作用的時候。盧塔和她的同事共同進行的一項研究，分析了針對全國超過兩千兩百名受過大學教育的母親所做的問卷調查。盧塔發現，家有中學生的母親，具有的「壓力、孤獨和空虛程度最高，而生活滿意度和成就感最低」。(89)

「好媽媽會把自己的需要放在最後面，對吧？」吉娜維芙微笑著這麼問。我不禁想起訪談那天早上，我出門的時候沒有圍圍巾，而我的孩子們卻可能因為我幫他們披上的好幾層外衣而汗流浹背。我們逐漸認識到，自己的教養方式、在一天裡做了什麼或沒做什麼，都會直接影響到孩子的幸福和成功；而我們所做出的犧牲，就是對孩子的愛隱而未顯的衡量標準。不過，這會為我們帶來什麼樣的後果呢？

獨立變成了孤立

在薩凡娜遇到危機之後，吉娜維芙轉移了自己的注意力；她和羅勃開始努力打造讓孩子擺脫感覺自己「不夠好」的家庭環境。吉娜維芙幫女兒找了一名心理治療師，更主動地幫助她處理外界的壓力。吉娜維芙告訴女兒，她已經花了夠多的時間準備考試了，參加課外活動可能會佔據她所剩不多的空閒時間，而睡得飽比挑燈夜戰更能夠幫助她完成作業。

吉娜維芙自認很幸運，也感激有機會用看起來很健康的方式來支持女兒；但她也偷偷在想，其他家庭是不是也有面臨類似的困境？她沒有人可以問。當時，在威爾頓，心理健康不是人們討論的話題。她告訴我：「維持面子是很重要的。」

儘管薩凡獲得越來越多的支持，但在高中最後一年的那個除夕夜，羅勃發現薩凡娜在她的房間裡拿起剪刀，對著手腕比劃。她把申請大學過程中遇到的挫折和高中最後一年的壓力都獨自吞了下去。薩凡娜非常憂鬱，她的父母不得不把她送到醫院去。「我擔心在家裡沒辦法保證她的安全，」吉娜維芙說。

為了保護女兒的隱私，吉娜維芙幾乎沒有告訴任何人發生了什麼事情。她把這一切埋在心裡，因此更加孤獨。直到一個平常的下午，當她和一個幾乎不認識的媽媽一起走到學校停車場，那位媽媽突然聊起她擔心自己的孩子在學業和社交上都比不上別人。然後，那位媽媽猛然住了嘴，不好意思地羞紅了臉。她對吉娜維芙說：「哎呀，妳的女兒這麼漂亮、這麼聰明，又這麼受歡迎，妳是不會懂的啦。」

突然之間，吉娜維芙意識到，她並不孤單。他們都盡力給孩子最好的一切——雖然不知道為什麼，這樣似乎還是不夠。他們之中，沒有人知道怎麼樣幫助孩子是最好的。但站在停車場上，吉娜維芙能想到的只是說：「噢，事情並沒有像看起來的那麼完美。」

不久之後，她跟威爾頓的一位心理健康顧問講到這件事，確認了薩凡娜的遭遇在社區中越來越普遍。吉娜維芙不但沒有獲得安慰，反而很憤怒。她想知道，**如果我們知道這種情況正在發生，為什麼不採取行動呢？**薩凡娜在服藥治療後情況好轉，她們母女決定不再保密。如果別人不談論心理問題，吉娜維芙就來成為第一個。透過教會，她組織了一個心理健康的急救課程，培訓成年人應對心理健康危機。

凡妮莎・伊利亞斯（Vanessa Elias）參加過某一晚的課程。她是三個青少女的母親，大女兒同樣因為學業壓力而威脅要自殘。凡妮莎也一直謹守秘密不談自家面臨的困境，而她也筋疲力盡：她算了一下，接送孩子去上學、參加活動和運動，每週總共要跑三十七趟。她告訴我：「我覺得自己是個失敗的媽媽。」但那天在教會裡，她聽到薩凡娜講述自己經驗的時候，她覺得有了希望。終於——終於有人說出了她的困境。課後，凡妮莎找到吉娜維芙：「我想我們應該認識一下。」

我在一次去威爾頓的時候認識了凡妮莎。當時她開著小貨車來接我，帶著我在城裡轉一圈。她說話自嘲且犀利，卻有著讓人立刻放鬆下來的溫暖和親切。在車上，她說起剛搬到這個城鎮的故事。大約在五年前左右，一個鄰居打電話來跟她要一杯麵粉。「這讓人心裡暖暖的、很溫馨，因為我能幫得上忙，」她說：「我覺得自己跟這裡有連結。」第二天，凡妮莎在家門口停好車時，看到了一袋麵粉就放在門前。鄰居很快地還了借麵粉的人情，但凡妮莎有不同的解讀。「那感覺就像是一巴掌打在臉上，」她告訴我；「你不能欠別人什麼，不能靠別人做什麼——就好像她的心裡容不下那一杯麵粉一樣。」

這只是件小事，對凡妮莎來說也許是件有趣的小事，卻呈現出我在全國各地的訪談時一再聽到的：如今的父母必須要獨立，一切靠自己。這種心態滲透到我們生活中的每個角落，甚至是你沒有意識到卻能感覺的事物——就像凡妮莎提到的麵粉。凡妮莎說，人們對於自己很能幹覺得驕傲，沒有人願意表現出需要依賴他人。就在她緊握方向盤，轉過一個大彎的時候，她補充說：「我把這叫做活在自己的孤立地獄中。」

富裕社區中缺乏親近關係，這一點可能會讓有色人種覺得更疏離。我訪談過的一些亞裔母親，談到了她們承受著有害的刻板印象。她們都被認為是「虎媽」，會傷害孩子的心理健康，也被指責讓學校裡的競爭加劇。而我所採訪過的幾位黑人母親則表示，她們在以白人佔多數的社區中感到被孤立；例如，向學校反映種族問題，引起了部分家長之間的緊張關係。

職業婦女提到，很心痛自己沒辦法像全職媽媽花那麼多的時間陪伴孩子。與此同時，一位全職媽媽告訴我，她因為沒有去賺錢而覺得不受重視；在她的社區，待在家被視為一種「生活方式」的選擇，會被指責缺乏事業心。很多媽媽都談到有著充分機會所帶來的負擔。一位女士告訴我：「我們應該全職工作，同時做個全心付出的媽媽，保持好身材，住在豪宅裡，教育出優秀的孩子。」

然而，這些相對富裕的媽媽都有一個共同點：一種不言而喻的假設，認為物質上的富足在某種程度上能免除煩惱，受過高等教育應該能讓她們不會擔心和孤獨。擁有那麼多的資源，就誤以為自己**不應該**需要幫忙。「作為一名管理顧問，我以解決問題維生，」一位住在華盛頓特區的媽媽告訴我：「當我不知道該怎麼解決自己家裡問題的時候，我覺得自己很沒用。」

我們那種惡性的菁英思維——成功是靠自己的努力得來的，已經把我們推向一種過度努力、過度生產的生活方式。這種生活方式，佔據了我們過去對其他事物投注的能量和注意力，例如我們的友誼。幾十年來，社會學家詳細記錄了從教會、公民團體到保齡球聯盟等社會結構的沒落。(90)他們記錄了我們是怎樣脫離社群，一個人打著「孤單保齡球」。我們沒有花時間在球隊聯盟、宗教機構、在地社團裡一起建立信任與合作，而是在自己與世隔絕的球道裡打著保齡球。

犧牲自己其實微不足道

在搬到倫敦後不久，我就懷孕了。我花了幾個月的時間，為我們的兒子安排完美的出生過程。在醫生的建議下，我寫了一份分娩計劃，明確地列出了我希望分娩過程要如何進行。我想要把無痛分娩的麻醉延遲到最後一刻，這樣我就可以在分娩時自由活動。但分娩並沒有按計劃進行：威廉來得讓我措手不及。我的羊水破了，於是我只好緊急坐著計程車穿過海德公園，才勉強地及時趕到聖瑪麗醫院。我穿著運動褲，拖著疲憊的身體爬上醫院的臺階——這正是幾十年前盛裝打扮的戴安娜王妃抱著她的威廉王子被拍到的同一個地點。在羊水破了的兩個小時之內，我就到達產房，子宮頸已經全開，根本沒有時間看分娩計劃書，更別提打無痛分娩了。

這並不是我想像中為人母的序章。我決心彌補這個糟糕的開始。我們小心翼翼地抱著幼小嬌嫩的威廉，就好像他是玻璃做的一樣，心中充滿了愛和驚嘆。我下定決心要為這個孩子成為最好的自己。我讀了我所能找到的每一本教養書，甚至考慮重新回學校唸書，成為兒童心理治療師——不是為了執業，只是為了「證明」我可以靠著最新的研究和理論，當一個好媽媽。在威廉的成長過程中，我花了無窮的精力陪伴他、跟他頻繁地眼神交流、常常帶他去遊戲場玩，也幫他建立了可靠的日常作息。我買了性別中立的玩具給他。我知道我跟他說多少話會影響到他的詞彙量，所以我整天都不停地跟他講話，鉅細靡遺地敘述我們的生活：「現在，媽媽正在幫威廉做漢堡喔。」

我在倫敦和紐約認識的其他媽媽，也都以各自獨特的方式展現了她們的完美主義傾向。身為新手媽媽，我驚訝地發現，在倫敦有很多嬰兒車（平躺式推車）都裝了剛熨好的嬰兒床單，而且上面從來沒看過有任何吐奶的痕跡。而在紐約的富裕社區，更「完美」的媽媽，就是在產後幾天就能重新穿上緊身牛仔褲的那些人。

扮演「完美母親」的角色，可能會讓人筋疲力盡。我們漸漸相信，「好」媽媽不僅要盡力做到最好，還必須隱藏自己外在面具的任何裂縫。我們擔心讓別人知道我們的需求會暴露出我們的弱點，而弱點會使我們容易受傷。這會讓我們的地位——我們家庭的地位岌岌可危。因此，一個「好」的、地位保護的媽媽，必須為了家庭，維持一個看似井然有序的外表。「妳不能隨便邀請朋友來家裡喝杯酒聊聊天，因為妳家裡亂得一團糟。妳必須準備美味的小點心、換上鮮花、穿上漂亮的衣服才行，」吉娜維芙說：「客人來的時候，妳不能只穿著運動褲。」

所以，我們把自己累壞了。我們化了夠濃的妝去看孩子練球，來掩蓋我們有多疲憊。因為，最終這一切都是值得的，對吧？我們做出這些選擇，並自願付出代價，是因為我們非常非常在乎孩子。這些付出一定會有回報的，對吧？

我向多倫多大學社會學家梅莉莎・米爾契提出了這個問題。米爾契自己也是媽媽。過去三十年來，她一直在研究密集式教養的興起。她說：「這很複雜。」關於母親花在孩子身上的時間越多，結果就會越好，這一點幾乎找不到有力的證據。相對的，研究發現，相處時間的品質和活動類型更為重要。而且提供高品質活動的人不一定要是媽媽。我跟很多有能力承擔的媽媽，都為了孩子放棄了事業、社交生活，和自己的需求和欲望。然而，米爾契告訴我，我的犧牲所產生的**效果可能微不足道**。我驚訝到差點把電話掉在地上。

米爾契解釋，情況還可能更糟：一些研究顯示，密集式教養實際上可能會對孩子產生**負面**影響。「媽媽筋疲力盡和過勞的情況，不太可能對孩子有好處，」她說。我想到了威爾頓，這座小鎮充滿了像吉娜維芙一樣充滿愛心、以孩子為主的父母。當社區的家長邀請研究學者桑妮雅・盧塔對威爾頓的學生進行調查時，她發現其中有百分之三十的學生正在經歷「內化症狀」（internalizing symptoms），包括臨床上顯著程度的憂鬱和焦慮；與之相比，全國的平均只有百分之七。此外，威爾頓的學生中，有百分之二十的人這些症狀的嚴重程度「遠高於平均值」，全國的平均則只有百分之二。[91]盧塔強調，威爾頓的數據並不獨特，跟全國其他明星學校的數據是一致的。這裡我們所談的，不僅僅是偶爾的情緒低落。我們談論的，是飲食失調、自殘習慣、焦慮、憂鬱，以及有自殺的念頭。

盧塔感同身受地說，這不是說我們做父母的沒有盡力而為。我們並沒有忽視孩子或者不愛孩子。她解釋，讓我們過度消耗的各種事情——工作期限、財務焦慮、情緒混亂、滿足孩子的每一個需求，都會妨礙我們成為善解人意、積極回應的父母。我們更容易變得情緒化、挑剔和控制欲強，也更不容易接收到孩子的情緒暗示。焦慮、憂鬱和疲憊會損耗我們的洞察和耐心，讓我們無法保持一致性，不能為孩子訂下有益身心的界限、限制和生活作息，也會讓我們還未達到目標，就已經缺少力氣重新開始。

最讓人擔心的是，我們的孩子可能會誤解我們的壓力和不耐煩：他們可能會深信，一定是**他們**出了什麼問題。研究學者戈登・弗雷特指出：「認為自己不被重視，通常源自於日常所累積的小舉動或得不到回應。」[92]覺得自己不重要，或者覺得自己沒有父母的事業或社交生活重要，可能會造成孩子對自己有負面的看法，覺得自己不值得被重視。孩子能分辨父母因為經濟需要而做兩份工作，跟寧願工作也不願意花時間陪伴他們之間的區別。不受重視可能會讓孩子在家裡感到孤立無援，即使是在關係親密的家庭中也是如此。心理學家把這種現象稱為「近距離疏離」（proximal separation）[93]——「父母雖然在身邊，但受到太多工作壓力或其他煩心事而分心，因此無法在情緒上給予支持」。

弗雷特告訴我，感覺到自己對父母有多重要，是青少年最早獲得幸福感、也通常是最重要的來源。研究發現，對男孩來說，這甚至比朋友對他的重視更重要。弗雷特在他的著作《重視心理學》中寫道，讓孩子感覺被父母重視最有影響力的其中一個因素，是「父母在心理上支持與陪伴的程度」。[94]當我們全心投入於盡可能為孩子爭取每一分利益時，反而剝奪了這種關鍵支持與陪伴。

孩子不需要自我犧牲到極致的父母。他們需要的是對於令人擔憂的高成就文化有所洞察的父母。我們的孩子需要有足夠智慧和精力的父母，能夠指出成就文化中不健康的價值觀所帶來的威脅。孩子需要聽到跟這種文化相反的一致性訊息：關於他們的內在價值、他們帶給父母的喜悅，以及身為更廣大世界的一分子，人生有什麼意義和目的。

以前，致力幫助有風險的孩童的心理學家，會專注某些干預措施上。他們會告訴父母應該做什麼、不該做什麼：設定堅定但合理的界限；表達愛意，但要用孩子需要的方式去表達；了解孩子的朋友和朋友的父母，但不要把手伸得太長；鼓勵孩子在學校盡力而為，但不要要求太多；給孩子誠實的回饋，但不要批評。盧塔表示，為人父母就像在走鋼索一樣。但事實證明，並沒有一張「該做和不做」的神奇清單，可以教導孩子安然度過生活中的風暴。最大的差別是，孩子生活中有沒有心理健康的成年人——父母、老師、教練和導師不會因過度憂鬱、焦慮而需要治療，或處於高壓之下。幾十年來的復原力研究清楚地顯示：孩子的復原力，取決於他們主要照顧者的復原力。[95]在家裡，主要照顧者通常是母親。盧塔表示，這項指導徹底顛覆了兒童發展的順序。要幫助孩子，就要先幫助照顧者。

當媽媽是一項艱巨的工作；而當我們必須在社會規範的強勢潮流中逆向而行時，這項工作又變得更加困難。為了好好愛孩子，在支持孩子和尊重他們的自主權之間找到平衡，父母當然在身心上都需要足夠的資源。你需要一種心理上的平靜和沉著，但除非你自己先覺得受到支持，否則不可能保持這樣的心態。要成為好父母，我們需要照顧好自己。但是**首先和最重要**的，就是照顧好自己？這一點可能很難理解。畢竟，這直接違背了社會告訴我們（特別是女性）如何為人父母。

我和盧塔在亞利桑那州的鳳凰城一起吃鮮魚塔可餅時，討論到這個矛盾。盧塔身材嬌小，有著一雙會說話的棕色眼眸，以及一種業界頂尖人士特有的權威風範。她坐在我對面，詳細闡述了母親自身心理健康比任何事都重要。她一面說，我一面在我的黃色筆記本上快速地記錄，一面點頭。但很快地，我就感覺到她正在盯著我，並且猜到我的疑惑。我抬起頭的時候，看見她瞇起了眼睛。

「為什麼媽媽們對這樣的訊息會這麼抗拒呢？」她問我：「為什麼她們不瞭解先照顧好自己的重要性呢？」

「妳說的是『先幫自己戴上氧氣面罩』這類的概念嗎？」我問她，心裡想著，我終於明白她的意思了。

「不，」她斬釘截鐵地說。她俯身向前，靠在桌子上：「我**不是**要女性在長長的待辦事項清單上再加上一筆。我所說的是，找到那些會**幫**你戴上氧氣面罩的人。」

我靠在椅背上，喝了一小口瑪格麗特，試著理解她的話。盧塔盯着我看。她像是被我惹火了，加了這麼一句：「如果妳沒辦法為自己這麼做，就為妳的孩子這麼做吧！」

讓朋友成為你的支持者

盧塔解釋，我們所需要的，不是數十億美元產值的自我照護產業，向疲憊女性推銷的那種「個人專屬時間」（me time）。祕訣不在於每週洗兩次泡泡浴、美甲、瑜伽，或者啟開閒置已久的靜坐引導應用程式。相反的，關鍵是優先考量建立豐富的人際關係，讓我們能深刻感受自己獲得愛和關懷，就像我們用心照顧孩子、讓孩子感受到的那樣。

友誼可以緩衝日常壓力對於身心的損耗，降低焦慮，並調節情緒。研究發現，社會支持可以消除身體對於威脅的自然反應；(96)實驗顯示，當有同伴在場時，我們的壓力就會減輕。雖然這聽起來有點做作，但人際關係就像避震器，能夠減緩大腦對於疼痛的反應。一項研究發現，如果兩個人站在一起望著一座山，那麼山的坡度就不會如同獨自一個人看的時候那麼陡峭。(97)

那麼我們在家長會能不能結交真心且支持我們的朋友？我們的婚姻關係呢？這種連結的要素究竟是什麼？盧塔是個科學家，還是個媽媽，對這個問題也很感興趣。為了幫助女性充分運用人際關係，她研究了支持小組對於日常生活中面對高壓的母親會產生什麼效果。盧塔以先前針對貧困母親的成功計劃為基礎，為受過大學教育的職業婦女制定了一項為期十二週的計劃，稱為「真實連結小組」。[98]盧塔在亞利桑那州的妙佑診所跟醫療從業人員（包括醫生、護士和醫生助理）一起測試了這個計劃。在每週一小時的會議上，[99]盧塔追求兩個目標：在小組內部的女性之間、以及跟外部選定的「可靠支持者」之間建立親近的連結，並介紹有效教養的新技能。十二個星期後，報告顯示，參與者在心理健康和幸福感上都有顯著的改善，甚至「壓力賀爾蒙」皮質醇的濃度也降低了。在「真實連結小組」計劃結束後，這些成效不僅持續了三個月，而且還在繼續改善中。令人驚訝的是，儘管大家的行程繁忙，但沒有任何一位退出。在研究結束後很長一段時間裡，有很多人還是持續見面。盧塔和她的合作夥伴後續的研究也顯示，在全國各地進行的「真實連結小組」，不論是實體或虛擬的，都有同樣的模式。[100]盧塔發現，媽媽們不需要花很多時間在一起，才能建立起那種增強我們的重視感和復原力的真實友誼；我們只需要深度交流的時間。在盧塔的研究中，女性每週只需要花一個小時在有意義的交流上就能受益。一名參與者描述了讓她大開眼界的發現：「竟然可以在這麼短的時間裡，建立真正的連結。」

一名住在馬里蘭州名叫瑪歌的二寶媽解釋，在她成為媽媽不久時所建立的親近關係拯救了她。十二年前，當她的兩個女兒年紀還很小時，她跟其他三個年齡相仿孩子的媽媽變成了朋友。從那時起，這群人就一直保持著密切的關係，隨著孩子進入青春期，她們也會彼此交流。她說：「每當我分享跟孩子相處上的一些困難時，她們總是能理解和認同我，同時分享她們也在處理類似的問題。」光是知道自己並不孤單，就能讓她放鬆下來，不會太過自責。她告訴我：「這讓我不會再擔心這擔心那，能夠更專心地陪伴孩子。」

這些關於真實連結的分享聽起來都很棒。但實行上可能會讓人覺得不切實際。一天就只有那麼多時間，父母的精力也只有那麼多。如果你每週四天都要開車接送孩子去練體操、輔導他們寫作業、監控他們使用3C的時間，還要匆忙煮好一餐，似乎不太可能有時間約朋友去喝咖啡，或特地找時間分享你的煩惱。

我在富裕社區遇到的家長並不是沒有朋友。問題在於，他們沒有足夠的心力來加深彼此關係，讓友誼成為彼此的慰藉。[101]當生活忙碌時，很容易會把友誼先放在一旁。在我自己的調查中，有百分之六十的父母同意：「為了育兒，我沒辦法如我所願地常常跟朋友見面。」或者，就像一個媽媽所說的：「每個人都很忙，忙到沒人有時間聽我哭訴。」

有很多不同的方法可以解決這個問題，其中我想推薦兩種關鍵的做法，幫助我採訪過的家長保持了牢固且健康的友誼。這兩種做法看上去可能太簡單，但在我們過度忙碌的生活中，你會驚訝於它們的力量。

● 第一種做法：把跟朋友見面排入行事曆

友誼是我們送給自己的禮物。友誼具有深刻的療癒力量，但我在二十多歲的時候並沒有完全意識到這一點；那時，我們更在乎的是一起吃喝玩樂。研究發現，跟朋友相處的時間會讓我們最開心，[102]可能比跟其他任何人在一起的時候都要快樂，包括我們的孩子、親戚、父母，甚至配偶。然而，一旦生活忙碌起來，朋友往往是第一個被擺在一邊的。我們把他們視為理所當然，認為他們永遠會在那裡，直到有一天，也許他們就不在了。如果沒有特意去留意和關心，即使再親密的友誼，也可能隨著歲月流逝而逐漸消失。

想想你在家庭活動安排和需求方面有多用心——例如你會記下某位空手道教練的上課時間，或者查看日曆幫孩子安排遊戲聚會。如果你對你的友誼也同樣用心？我們願意花時間來維繫我們的婚姻關係與親子關係，為什麼不用同樣的方式來對待我們的友誼？你能把你花在家長同意書、閱讀作業和課後社團報名的心思，用在培養友誼上嗎？有一種假設認為，真正的友誼會自然而然地發生，不需要努力和關注。但這種假設是錯誤的，而且還阻礙了父母（特別是女性）更積極用心地追求並建立深厚持久的關係。請記得：我們不必花很多時間，只需要訂下約期。

凡妮莎已經意識到這一點。她說：「除非我們把自己也放進行事曆裡，否則就像在月底才想要存錢一樣：最後什麼都不剩。」她自己建立了一個可靠的支持小組：她每週三都會跟她在賓州的朋友珍視訊通話（凡妮莎稱這天為「珍的專屬日」），然後每週五都會跟一位高中時代的老朋友吃午餐。她解釋：「以前，我們可能四個月都見不到對方。」但她們新的規律約定為她們帶來了更深的連結，也幫助她們對日常生活有更深刻的見解。凡妮莎說：「我覺得更開心了。我感到自己被聽見、被看見、被理解。」

專注於家庭以外的人際關係，是為了家庭成員著想，這可能會讓人覺得很違反直覺。

但我訪談過的很多媽媽都證實，這些刻意經營的人際關係，是她們日常生活的救命稻草。一位住在紐澤西州郊區、家有兩個青少年的媽媽告訴我：「我跟我朋友的生活都忙得不得了；我們大多數人都是通勤上班，回到家全都是孩子和家務，吃掉了我們所有的時間和精力。」她接著說，生活可能會讓我們很難找出時間聚在一起，但她答應她的朋友每個月至少共進一次晚餐，而這項約定是不容更改的。「我也開始意識到，花時間跟哪些朋友在一起，確實會對我的教養方式有影響，」她說：「我會設法把時間投資在那些讓我相處起來很愉快的友誼上；在這些朋友身邊，我能展現出自己最好的一面，而這樣我就能把我最好的一面展現在教養孩子上。在這些晚餐聚會後，孩子們看到我回家時很開心、很放鬆，也充滿活力，而我也更容易跟他們分享我的心情。我有了一些可以給他們的東西。」

凡妮莎問我：「你知道『你的快樂程度，是由你最不快樂的孩子來決定的』這句話嗎？」她說，這曾經是她的教養風格：如果把女兒青春期的情緒當成是雲霄飛車，她會坐在女兒身邊，陪著她一起體驗大起大落。當女兒敞開心扉聊起她的社交困擾或學校壓力時，她會吸收到孩子的痛苦，然後在第二天花上一整天消化情緒。「我的孩子不需要我坐上他們的情緒雲霄飛車，」凡妮莎說：「他們需要我成為他們遇到困難時的支柱。」她跟朋友的定期聚會，幫助她成為了這樣的支柱；朋友讓她感到踏實。現在，在孩子遇到困難時，她成為了更用心的傾聽者，也是他們更好的支持者。

•第二種做法：表現脆弱，而且願意接受支持

我們很樂意告訴別人，我們正在找新工作或試著減肥；但在這個高度個人主義的社會裡，我們往往不願意承認我們需要支持。精神科醫生愛德華・哈洛威爾（Edward Hallowell）是三個孩子的父親，他在《在童年播下五顆快樂種子》（*The Childhood Roots of Adult Happiness*）中寫道，在談到擔心孩子或其他任何事情的時候，他一定會把這條規則放在第一位：「千萬不要獨自擔心。」(103)這是個簡單卻深刻的建議，我已經把它當成我自己的家庭座右銘了。

如果說新冠疫情有任何值得寬慰之處，那就是它讓我們意識到，我們的生活有多麼需要人際關係，有多麼需要互相依靠。盧塔的「真實連結小組」之所以會那麼成功，一部分的原因就在於它們讓求助變成常態化。這些小組是憑著給予和接受支持的原則所建立的。根據盧塔的說法，我們可以把這種想法擴展到支持小組之外；關鍵就是要明確表達自己的需求。她說：「你必須明確地請求對方成為你的可靠支持者，成為當你心煩意亂需要支持的時候，可以打電話給他的人。」如果這讓你感到尷尬，你可以這樣想：說出你的需求，意味著你很信任對方，同時也讓你覺得有責任在自己有需要的時候依靠他們。盧塔指出，不要選擇你的伴侶當可靠支持者——由於傳統的村莊互助方式已經式微，我們跟伴侶的關係往往已經不堪負荷。

我們可以另外建立起一個可靠支持小組。盧塔給了以下的建議：選幾個讓你感到安心並且可能願意敞開心扉的朋友。建議最好每週在固定的日子和時間見面，並預留那段時間。然後設定期望：目標是在充滿關懷的環境中被傾聽、理解和安慰（而不是提供建議）。每週大家輪流來帶領小組，從簡單的提示問題開始，例如「你這週過得怎麼樣？」或「你有什麼事情要分享？」這個空間，應該是你可以分享煩惱的地方，同時也是慶祝喜悅的地方。聚會以正面的話語結束，每個人都分享他們感恩的事情，或者他們打算在這一週中牢記的箴言。

來自奧勒岡州一個富裕社區的瑪格麗特告訴我，她的朋友們陪她度過了婚姻的困難時期。瑪格麗特說，在她跟伴侶意外結束長達二十三年的婚姻時，「我特意向我的朋友們求助，因為我知道他們將會是幫助我度過那段困難時期最好的人選。一旦我能夠度過這段時光，就能夠成為更專注、更投入陪伴的家長。」瑪格麗特的朋友每天都會來陪她散個步或喝杯咖啡。在她跟伴侶剛分開的頭四個月裡，每天都會持續收到簡訊、電話和視訊的關心。受到朋友們的支持和鼓勵，瑪格麗特在手機上建立了一個名為「朋友的智慧」的資料夾，收藏了她覺得最喜歡、最有支持力量的簡訊。每當有悲傷的念頭來襲，她就會一遍又一遍地讀著它們，直到它們幾乎變成了一句口頭禪：「我做得到。我很強韌。」她認為，自己越快從憤怒和悲傷裡走出來，就越有機會建立一個堅固的共同撫養關係。瑪格麗特告訴我：「我能從分手中恢復，有百分之九十都歸功於我的朋友。」朋友們是支撐她度過這一切的社會支持網。

別獨自擔心

求助之所以有強大的力量，正是因為高成就文化不鼓勵這樣做——伸手求救可以使我們周圍的人放下武裝，也讓他們放下自己的防衛心。這對我們的重視感也非常關鍵：在求助時，你會意識到自己足夠重要，重要到別人願意滿足你的需求。與此同時，你向朋友們傳達出**他們**對你很重要的訊息，而這也增強了他們自己被重視的感覺。凡妮莎指出：「我們的文化認為，尋求幫助是示弱。但任何一個曾經求助過的人都知道，這需要多謙卑和多強大的心理。」因為她跟朋友開誠布公地討論他們所面臨的問題——例如時間壓力、內疚感、跟孩子之間的溝通等等，他們可以彼此提醒對方作為個人的價值，而不僅僅是當個超級媽媽的價值。

吉娜維芙和凡妮莎相遇不到兩週後，就看到一則威爾頓青年理事會（Wilton Youth Council，簡稱WYC）徵求志工的廣告。威爾頓青年理事會是一個提供親職教育和學生福祉計劃的非營利組織。為了尋求深入了解自己家庭的洞見，這兩位媽媽開始參加每月一次的會議，討論像是藥物濫用和焦慮等重大的議題。最後，她們找到了一個跟他們志同道合的社群，成員都是讓他們覺得誠實且安心的父母和專業人士。「我終於找到一個地方，人們可以不用批判的眼光來討論事情，」吉娜維芙說：「這讓我可以把薩凡娜的故事放進更廣泛的社會背景中，並證實了我的感覺，那就是這件事情受到我無法控制的文化力量所影響。」

凡妮莎和吉娜維芙對於威爾頓青年理事會的任務投入的心力有目共睹；因此在第二年，他們就被要求負責營運這個計劃。兩個人抓住了這個機會，籌組了講座和讀書會，讓其他父母也能學會開誠布公地談論抽菸、吸毒或自殺問題。「父母會說：『哦，我的孩子不會那樣。』所以我們舉辦了名為『我的孩子不會那樣』的活動，」凡妮莎一面說一面笑：「很多人都在否認。我們想要讓大家知道，你不孤單。」

薩凡娜完成了高中的學業，然後去西岸上了大學。但幾個月後，她就離開原本的學校，去了餐飲學校。在餐飲學校，她能夠將自己長期以來對化學和創作藝術的興趣結合起來，開展自己的事業。吉娜維芙也克服了自己的焦慮，全力支持女兒。她清楚地看到了她的孩子真正需要什麼，即使這跟她曾經在腦海裡列出的成就清單不符。薩凡娜現在在西岸當甜點師，雖然她仍然有遇到困難的時候（就像大多數二十多歲的人一樣），但她正在茁壯成長。

吉娜維芙回顧過去，看見了她跟女兒遭遇了同樣的事情。她說：「薩凡娜不想讓大家覺得她『不如人』或沒辦法達到標準。而我擔心，如果我的孩子遇到困難——她的確遇到了，大家會說都是我的錯。」她說，有成功的孩子代表妳是個好媽媽；相反的，有焦慮或憂鬱的孩子則意味著妳沒有花足夠的時間一起全家吃晚餐，或者不夠嚴格、或者太過嚴格，或者是個把孩子逼到極限的直升機媽媽。

透過加入威爾頓青年理事會以及向他人敞開心扉，吉納維芙發現，她們家的困境並不是獨一無二的。她告訴我，威爾頓青年理事會給了她希望，因為有這麼多專業、富有同情心又知識淵博的人正在努力對抗成就壓力帶來的負面影響。「我們變得很擅長在孩子掉下懸崖時接住他們。我們知道哪些是警訊，也知道該怎樣幫助他們，」吉娜維芙告訴我：「現在，我們必須做些什麼，從一開始就停止把他們逼到懸崖邊。」

第五章

Chapter Five

把茶壺從火源上移開

——幫孩子有信心不必過度努力

安德魯正在計劃高二上學期的行事曆，他知道這對申請大學非常重要。安德魯是個在西雅圖郊區一個富裕社區長大的十六歲少年，他參加聯盟足球隊、教社區的孩子功課，夢想著自己將來可能會成為工程師。他瀏覽了課程表，尋找數學和科學課程。他認為，如果他能在課表上再加一門課，把大學科學先修課加成兩門，就能提高他被頂尖工學院錄取的機會。

你選擇的課程，以及課程安排的精實程度，是學校裡的熱門話題。安德魯說：「你問朋友他們選了多少大學先修課程，發現有些人修到學分上限，然後你覺得自己不應該偷懶，所以你就會在自己的課表上再加更多的課。」他解釋，在他們的高中，學生會期望充分抓住每個可以利用的機會。

安德魯在默瑟島（Mercer Island）上長大。默瑟島是個大約十三平方英里的小島，距離西雅圖大約是十分鐘的車程，過個橋就到了。《金錢雜誌》（*Money magazine*）將這裡評選為華盛頓州最佳的居住地，(104)風景如畫的公園及綿延數英里長的健行步道，吸引了一些在美國最賺錢的公司（微軟、星巴克、亞馬遜和波音）擔任高級主管的居民。這是個高級社區，我所遇到的很多居民，都必須長時間工作才負擔得起默瑟島的生活開銷，好讓他們的孩子能上頂尖的公立學校。

安德魯跟他有著雄心壯志的同學一樣，都清楚地知道他想要怎樣安排明年的課程。現在，他只需要父母簽字就可以了。他的父母珍和麥克說他們會考慮。但珍說，安德魯明年的課程安排已經「很誇張」了，除了聯盟足球隊和志工之外，已經塞滿了資優課程和大學先修課程。如果再增加一些課程，他就完全沒有休息時間，甚至沒有時間好好睡一覺。

經過幾天的考慮，珍向安德魯宣布，他們不會讓他把大學科學先修課加成兩門。珍說：「安德魯氣壞了。」他跟他們爭論，如果他想要在申請頂尖大學時有競爭力，就會需要這些科學課程全都出現在他的成績單上。此外，安德魯相信他可以應付這些課業，而且他最好的朋友也一樣同時修了兩門。幾年後，安德魯回憶起這件事情時告訴我：「這是我有優良成績的部分。我覺得這樣對我來說是最好的。我覺得我爸媽在限制我。」

即使安德魯提出抗議，珍和丈夫仍堅持他們的立場。「我們一直認為，身為父母的工作，就是把茶壺從火源上移開，」珍說。「我們的孩子在學校、在跟同學相處中和從他們自己身上，就已經受到足夠的壓力了。」然而，在這個你的野心就定義了你這個人的社區裡，她的直覺常常受到質疑。當時的高中校長試圖限制九年級和十年級的學生同時選兩門科學課程，以遏止不健康的成就壓力；但有些家長認為，這會妨礙他們的孩子申請頂尖大學。最終，這項限制從未實行。

逆風而行是一大挑戰。但珍知道，自己是保護孩子心理健康的最後防線。她認為自己有責任幫助孩子在學校、體育活動和課外活動設定健康的界限。如果在任何一刻，孩子看起來可能有溺水的危險，珍會明確地允許他們離開水域；如果必要的話，她甚至會親自把他們拉出來。

成人創造的奮鬥文化

幾十年來，社會學家一直在記錄美國是如何沿著社會階級劃分而分裂的；那些位於社經光譜頂端的人，正在建立「超級郵遞區號」社區——例如像默瑟島這樣有大量高收入和高學歷家庭的城鎮。[105]這個術語在二〇一三年首次被提出，當時《華盛頓郵報》在美國找到了六百五十個「超級郵遞區號」社區，其中有三分之二的成年人擁有大學學位，家庭平均收入為十二萬美元。[106]

在滿滿都是物質上成功的居民，並且對成就有著相似期望的社區中成長，可能會增加孩子的壓力。孩子會在無形中認為自己有責任產生某種「安可效應」（encore effect）[107]——維持他們家的地位，並在有朝一日複製自己昂貴的成長環境。他們把這些期望內化了。我在問卷調查中請學生定義在他們社區取得成功是什麼意思，他們的回答非常一致：「漂亮的房子」和「高薪的職業」。或者就像一名住在帕羅奧圖的媽媽所說的：「父母說他們只是希望孩子快樂，但他們的真正意思是，他們希望孩子像他們一樣快樂，擁有聲譽卓著的工作和大房子。而孩子也知道這一點。」

你不必成為會計師，就能計算出父母的生活方式需要花多少錢。只要在網路上搜尋一下，就可以找到房子的估價和報稅記錄、倫敦豪華酒店的住宿費用、新車的價格、任何職業的薪水範圍。住在俄亥俄州謝克海茲的兒童心理學家麗莎・達摩爾（Lisa Damour）說：「沒有人願意過著比自己成長的生活水準還要低的生活。」在她的客戶中，她發現來自較富裕家庭者的壓力更大，因為他們認為必須維持的生活方式、必須從事的工作（主要是金融或科技業），以及他們能夠居住的社區範圍都變得更小了。

在一次小型的聚餐中，我坐在一位有兩個女兒的爸爸旁邊，因為我們都喜歡《妙家庭》

（*The Brady Bunch*）和《草原上的小屋》（*Little House on the Prairie*）這些經典電視劇而聊了起來。我們都跟孩子一起看這些老影集，讓他們接觸到更簡單的生活。吃甜點的時候，他問我：妳認為我們在像紐約這樣的地方養小孩，讓他們在這麼小的年紀就接觸到這麼多物質的東西，是不是在毀掉他們？在這麼強調金錢和個人成功的環境裡，我們的孩子是不是已經被灌輸了錯誤的價值觀？

我說，不只是紐約而已。現在全國各地的財富都呈現集中的狀態：康乃狄克州的威斯頓、麻薩諸塞州的瓦班、內華達州的水晶灣、伊利諾州的肯尼爾沃斯和新罕布什爾州的萊伊海灘，還有其他幾百個超級郵遞區號的社區。[108]即使我們認為自己整體上穩定且一致，但我們選擇加入的社區也可能會讓我們常常忽視自認重要的價值觀。我告訴那位爸爸，我曾經參觀過加州的一所公立學校，這所學校最近舉辦了一場職業博覽會。講者的陣容非凡：奧斯卡獎獲獎導演、公司高層主管、科技大亨，以及加州頂級的外科醫生和律師都齊聚一堂，向學生講解他們的職業。當我聽到職業介紹之夜時，我一直在想的是，這就是現在的成功標準啊。一位高三學生跟我說：「大人覺得很奇怪，為什麼我們這一代會有這麼多焦慮和憂鬱症；但很諷刺的是，就是他們為我們創造了這個瘋狂的環境。」

當我問心理學家和研究學者，是什麼讓現在的年輕人比過去幾代人更脆弱時，他們都指出了一個因素：對「成功」的定義越來越狹隘。問題不在於想要成功，而在於整個社會怎麼定義成功，以及我們為實現成功所制定的路徑有多嚴格。「在富裕的社區，你可以列出一張什麼是『最好』的清單，這給同儕和家庭帶來了巨大壓力和競爭。」專門跟紐約市區明星學校和家庭合作的顧問及親職教練瑞秋．何內斯（Rachel Henes）說：「我跟學齡前孩子的家長一起工作，他們已經開始擔心自己的孩子走上這條路。」

在表面上，這意味著孩子開始相信，他們的價值取決於達成社區所設定的外在標籤：他們上哪所大學、他們找到什麼樣的工作、他們住在哪裡、他們買了什麼。在更深的層次上，他們則可能會相信一些更有傷害性的事情：他們是可以被犧牲的。他們的健康、興趣、需要，都沒有被標記成重要。相反的，「努力工作，盡情玩耍」被視為理想的生活方式，是出類拔萃的預期成本。

而且任何成本都不算太高。西雅圖地區一名高中應屆畢業生在當地廣播節目中說：「如果在我十四歲的時候，你問我願不願意砍掉自己的腿，換來去史丹佛大學讀書的機會，我會毫不猶豫地答應。」她從十二歲開始，就「成了以出類拔萃為目標的奴隸」，想要在史丹佛大學等頂尖大學獲得一席之地。來自於父母、學校、同儕、電影、書籍和雜誌中的訊息，不斷在她身上累積壓力；直到她高一那年，她的心理健康狀況開始惡化。當她的體重下滑，而且開始吐血時，她的父母把她送進醫院接受治療。那一年的大部分時間裡，她都在住院。「我在病床上會哭，不是因為想著『我要死了嗎？』而是因為我的成績在下滑。我正在失去我上史丹佛大學的夢想。」(109)

成長性思維的陷阱？

身為父母，我們有時候會認為，要幫忙激起和支持孩子的雄心壯志。但在競爭激烈的文化中，孩子需要的有時候剛好相反。他們需要生活中的大人偶爾制止他們，防止他們把自己的身心都犧牲在成就的祭壇上，並教他們建立一種不需要借助物質來逃避現實的生活。

從孩子的角度來看，受到重視，意味著一個人身心的極限是值得尊重的。這個領域的專家一次又一次地告訴我，我們的孩子需要有人能運用智慧來維護平衡，積極地幫忙保護他們的時間、精力、健康和品格。換句話說，我們的角色不是支持每項努力，而是明智地挑戰這樣的文化、撐出空間，告訴孩子：他們不是機器中的齒輪，而是值得休息和保護的人，幫助他們在這個不斷要追求和保有更多成就的環境中，重新構想自己的抱負。我們傳遞與齒輪式奮鬥背道而馳的明確訊息——他們值得被保護，來向孩子展示我們對他們的重視。

我們需要明確地教孩子，真正的成功，來自於找到（無論是身體上還是心理上）健康的方式來追求卓越。達摩爾說：「我是那種在成長過程中認真負責的學生，花上好一段時間才到達這個境界；基本上，我要求孩子做得更少，並教他們做事要有策略。」在她執業生涯裡，來諮詢的高中生都是被自己的低效率方法壓垮，讓她確信一定有更好的做法。隨著學業負擔逐年增加，如果學生唯一的策略是在每件事情上都付出百分百的努力，就會心力交瘁。我們的孩子需要重新思考什麼是好學生，放棄不健康的責任心，她告訴我：「我們必須幫助孩子稍微退一步。」

當她的大女兒艾倫在一門課穩定取得優異成績時，達摩爾會建議她也許應該稍微放鬆一下，將這份動力轉移到生活的其他領域，例如跟朋友一起玩，或者花更多時間在其他科目上。達摩爾告訴她：「在需要完成的時候，妳知道怎麼樣把事情做好。」現在，她希望艾倫學會如何在課業中事半功倍。她解釋，在上學期間，都要想像自己一週的精力是一個油箱的汽油。如果你在所有事情上都加足馬力，那麼到了星期四你就會耗光汽油，透支到冒煙。

她向女兒解釋，「好學生」的任務就是要弄清楚什麼時候應該全力以赴，什麼時候應該摸魚，甚至搭個順風車。父母可以給孩子自信，讓他們不必過度努力。「我告訴艾倫，妳有本領，這些內容妳都懂了，妳還有其他事情要做。」她說：「妳不需要考一百分來向誰證明什麼。」達摩爾告訴我，這種策略性的方法，對緩解學生的壓力和焦慮非常有用。就像達摩爾的一位同事指出的基本概念：九十一分和九十九分之間的差別，是一輩子。(110)

這種平衡，正是珍和麥克希望安德魯能達到的。經過幾個星期的反覆討論，這對夫婦跟安德魯達成了協議：在學期間不再增加大學科學先修課程，但安德魯可以在暑假期間的志工空檔，自己選修一門科學課程。珍的首要目標，是讓安德魯知道如何以健康的方式度過大學和人生：平衡工作與娛樂，平衡自己的抱負與對家人和朋友的承諾。暑假有很多空閒時間，所以珍認為自行選修課程，是一個讓安德魯的日常安排保持彈性的解決方案。「我們的孩子只會在家裡待很短的時間，」她說：「我們想要好好享受一家人在一起的時光。」

■ ■ ■

開車穿過默瑟島，你會發現迷人的在地餐廳和特色小店，其中也包括了默瑟島二手商店。這間二手商店在一九七五年開業，出售九成新的高級家具和服飾，所得款項用於支持所有默瑟島居民的計劃和服務。一位家長提出這家商店的諷刺之處：我們捐贈了昂貴的古董蒂芙尼燭台，來幫助因為這種環境而倍感壓力的孩子，支持他們的心理健康。

我在默瑟島遇到的父母都富有同情心、為人著想，也願意尋找解決問題的方法。每年，學生們都會接受健康調查，來評估他們的心理健康狀況。[111]桑妮雅・盧塔受邀過兩次，來此對孩子進行更深入的調查，第一次是在二〇〇九年，第二次則是在十年後。在二〇一九年疫情爆發前夕，盧塔的調查發現，默瑟島中學生最擔心的問題是「學業成就」。跟全國其他明星學校一樣，孩子的成績紀錄讓他們處於焦慮、憂鬱以及濫用藥物的「高風險」範圍之中。盧塔將默瑟島和她造訪過的其他富裕社區，描述為「我能，所以我必須做到」的文化；她的研究將這種文化認定為青少年的一項重要風險因素。[112]

當孩子被鼓勵「樣樣都要做」的時候，他們就會認為命運完全掌握在自己手中。很多富裕社區的學生擁有選擇的特權，讓他們誤以為可以完全掌控生活。(113)舉例來說，私人家教和輔導讓學生覺得能設計自己的命運。這種信念導致了一種特殊的心理負擔。艾瑪是默瑟島高中三年級的學生，她告訴我，她患有嚴重的焦慮症；這種焦慮症是從中學時期開始的，當時她的平均成績一直保持在完美的4.0。她說：「有好多的壓力，要我成為最好的。」艾瑪認為她的焦慮對學業有幫助，但她告訴我，在過去十年裡，她只有一個瞬間不被焦慮困擾。「那時，我跟媽媽一起開車穿過小鎮，有那麼一瞬間，我不焦慮了。我什麼都忘了。」她記得自己轉頭問媽媽：「『這就是人們在正常情況下的感覺嗎？』真是太不可思議了。」

艾瑪所描述的，正是我從很多學生那裡聽到的：一種總是要不斷進步、做更多、達成更高目標的衝動。我訪談過的一位德州媽媽提到，有一位老師出於好意，在她女兒七年級發回的作業上寫下「很接近，但**還不夠**」的評語。老師的意圖很符合「成長性思維」——這是由卡蘿．杜維克（Carol Dweck）首創的一個開創性概念，認為一個人的天賦和能力可以透過努力而成長。(114)成長性思維的意識形態，在自我提升的社會文化中已經很流行。這位老師出於好意鼓勵這樣的人生觀，要求學生繳交作業之前要先提供多份草稿。這種模式，讓已有完美主義傾向的女兒走上了「除非絕對完美，否則什麼都不能接受」的不歸路。專家表示，在以「督促、督促再督促」為常態的社區中，成長性思維如果使用不當，可能會適得其反。

英國研究學者安德魯．希爾向我解釋，有些老師、教練和父母都過度簡化了杜維克的見解。孩子可能會誤以為如果他們沒有成功，是因為自己不夠努力。「這些學生能力充足，能夠非常非常努力地嘗試，」他解釋：「他們缺乏的，是知道**什麼時候應該放棄**、什麼時候應該離開的自我調節能力。」在一篇二〇一八年發表的論文中，桑妮雅．盧塔和妮娜．庫馬爾（Nina Kumar）表達了類似的觀點：「主要問題不在於缺乏動機和毅力，」他們寫道，而是在於「應該放手時卻無法放手。」[115]盧塔和庫馬爾指出，成長性思維確實可以幫助在競爭環境中表現不如預期的學生。然而，對於已經過度努力、追求完美的學生來說，他們面臨的風險，在於為了脫穎而出所付出的努力可能會變得病態：他們開始相信，為了在某科獲得A或擠出時間來多參加一項活動所做的犧牲和努力，是他們能力所及、而且能讓他們進入夢想大學的**敲門磚**。

在某些學生身上，這種驅動力可能會變成一種強迫性的過度需求，迫使他們做過多的準備和努力。[116]學者發現，在學生時期的「學習成癮」，可能是以後成為工作狂的前兆。[117]學生把過多的時間和精力投入到學習裡，可能會損害他們的人際關係和健康，為了撫平這種衝動，還可能導致其他成癮行為，例如酗酒和吸毒。學習成癮也可能會影響到表現。一項針對波蘭大學生的研究發現，學習成癮會造成較高的感知壓力和較差的學業表現；[118]這個結果，跟針對有過度工作強迫症的成年人的研究結果一致。這些學生沒有內在的休息，來幫助他們調節時間和精力。他們不知道什麼時候應該對自己說：**夠了，今天就先到這裡吧**。而這會把他們累垮。

物質主義的緊急出口

瑪姬是東岸一所寄宿學校的高一學生。她的暑假即將要結束。她花了八個星期的時間，在她母親口中瑪姬的「快樂之地」，一個野外營地擔任隊輔志工。安妮是住在緬因州布倫斯威克的二寶媽。當她把女兒的行李放進後車箱，準備送女兒回學校時，她用餘光瞥見女兒站在碎石路上瑟瑟發抖，「看起來就像是車頭燈照射下受驚的鹿一樣。」瑪姬在學校裡要面對嚴格的學業要求和社交壓力——某某人穿著價值上千美元的加拿大鵝絨外套、某某人的生日派對在紐約市舉行，還有司機接送——這些都讓瑪姬感到喘不過氣。她喃喃地說：「我不能回去。」

安妮立刻意識到，她需要為瑪姬找到一個「緊急出口」，讓她逃離這個已經變得有害的環境。幾天之內，安妮就為瑪姬找到了緬因州一所為期一個學期的野外學校；而瑪姬快速的轉變，讓她明白這是個恩典。瑪姬睡在一個燒柴火爐供暖的小木屋裡；女孩們需要整晚看著火爐，讓火不會熄滅。每天晚上，瑪姬小木屋裡的其他六個女孩會選一張小小的上下鋪，在床上堆滿爆米花，然後穿著睡衣講故事。她們的靴子在門口排成一列，上面沾滿了當天農忙留下的泥土。

在鍥而不捨追求「最好」的過程中，很多人可能不知不覺讓自己的生活被物質主義所定義。物質主義不僅僅是喜歡某些品牌或買好東西；相反的，它是一種價值觀，定義了我們的目標和注意力所在，以及我們怎麼樣過日子。它不僅會讓我們精疲力盡，還會讓我們茫然失措。當我們投入太多時間和精力去追求地位或金錢等物質目標時，對社會連結的投資就變少。時間一久，這種生活習慣會讓我們孤立。而越是覺得孤立，我們就越可能追求希望能吸引他人的物質目標（即使是潛意識地這樣做）。我們相信，獲得地位象徵就能夠獲得我們渴望的人際關係。這是個惡性循環：有些人變得物質至上，不是因為他們比較愛錢，而是因為他們沒有發展出足夠的人際連結。他們不是依附人，而是依附在物質和地位象徵來填補內心的空虛，獲得自己缺乏的安全感。(119)但是這樣做可能會適得其反，破壞我們努力建立起來的關係。事實上，優先考慮物質目標的人，往往會擁有比較脆弱、交易式的關係：你為我做什麼，我才會為你做什麼。(120)

心理學家提姆．卡瑟（Tim Kasser）是伊利諾州諾克斯學院的名譽教授，也是《物質主義的高昂代價》（*The High Price of Materialism*）一書的作者。過去三十年的職業生涯，他致力於研究追求事業成功、金錢和形象等目標跟幸福感之間的關係。在一項研究中，卡瑟和他的同事對一組十八歲的青少年做問卷調查，請他們根據重要性對各種目標進行排序：工作、金錢和地位、自我接納、社群目標和歸屬感。(121)他們還對這些受訪者做了心理健康的調查。十二年後，當這些青少年年滿三十歲時，研究人員又重新訪談了這群人。在這兩個時間點，卡瑟發現，那些偏向物質主義的人更可能有心理健康的障礙。此外，他發現，那些沒有走向物質主義（也就是價值觀在十八歲和三十歲之間發生轉變）的人，能體驗到更多的幸福感。

卡瑟向我解釋，物質主義與幸福感之間是如何連結；當我們追逐物質目標時，通常是以犧牲我們感到有自主性、有能力以及跟他人連結的基本需求為代價。這會讓我們倍感壓力，也會比較不快樂。無論年齡多大、處於怎樣的社經地位，那些偏好以地位為驅動力的人，平均而言更容易憂鬱和焦慮、自尊心較低，也會抽更多菸和喝更多酒。

雖然有些人可能會比其他人更在意某些目標，但基本上我們都有共同的核心價值觀，這些價值觀可以分成外在和內在目標。外在價值以個人成就和增強自尊心為中心：包括了經濟成功、個人形象、受歡迎的程度，以及符合社會期望。這些價值注重他人的觀點、外界的關注、認可和獎勵。而內在價值則以個人成長、改善社區，和我們的人際關係為中心。兩者的差別，在於我們行為的動機。舉例來說，如果你從事醫療是為了地位和高薪，那麼就是出於外在原因而追求它。但如果你是想要幫助他人而選擇做這行，那就是一種內在追求。有趣的是，卡瑟告訴我，這些價值觀的運作就像是蹺蹺板一樣：我們越重視外在目標，例如財富和地位，我們在生活中把注意力放在內在目標的空間就越少，例如專注於改善他人生活的社區目標。

卡瑟用派餅來比喻：你的價值觀就像是不同的切片，一片可能是物質財富，一片可能是家庭，另一片可能是職業，還有一個可能是社區。如果關於物質的切片太大塊，其他切片就會受到忽視。價值觀就像是一個零和遊戲：當一組價值觀的重要性增加，其他的重要性就勢必會減少。因此，對個人成功和成就的強烈渴望，可能會排擠幫助他人不求回報的願望。從邏輯上講，一個人就只有那麼多的時間、精力和注意力而已。

選擇內在價值，例如投資在友誼、鄰里關係或志工團體上，已經被證明可以維持我們的幸福感和身心健康；這是追求更高的收入或更高的職業地位等外在目標所無法做到的。內在價值提供了能夠滋養我們的回報，例如更多的社會支持和歸屬感；而外在目標則有點像是垃圾食物：在當下會讓你感覺良好，但這種感覺並不持久，而且過量的話，還可能會讓你生病。當然，這並不是說我們不知道或不欣賞好的價值觀。問題在於，我們被各種訊息轟炸，這些訊息激發了我們所有人的外在價值觀，不斷拉著我們遠離內在價值。物質財富也餵養了我們地位保護的本能，給了一種難以取代的愉悅感神經釋放。我們對外在價值的關注可能會在某些特定時刻被激發出來，例如在 Instagram 上看到朋友正在享受美好假期，例如持續討論的大學錄取率下降，引起父母親的匱乏感。一位媽媽告訴我，每次她去朋友家，看到他們所擁有的東西——新的廚房、新的園藝設計、餐桌布置，都會讓她帶著羨慕離開，然後想要在自家的房子裡做一些改變，儘管她的房子實際上並不需要翻修。

卡瑟說，父母越是示範他們認為擁有物質財富、賺大錢和上名校很重要，孩子就越會效法他們、接受這些價值觀。如果我們希望孩子堅持內在價值（人際關係、社區意識等），我們首先要做的，就是引導他們，在他們的生活圈外用一般人的方式體驗自己的價值。我們必須定期讓他們暫時擺脫關心進步和物質的世界——不論是在家庭聚餐或朋友的生日派對中提供他們與人的連結，關掉3C產品來讓他們回歸初心，或者走訪自然來提醒他們自身的渺小和回歸人性。

這正是安妮在瑪姬身上所發現的。在那個學期裡，瑪姬從寄宿學校兩年的磨難中恢復過來。她從被滿滿的地位象徵所包圍，轉變成被大自然和跟她有相同價值觀的人包圍：熱愛戶外活動，以及想要幫助環境生態。她感覺自己更堅強了，因此說服媽媽，她已經準備好回到寄宿學校了。只不過這一次，她對於選擇周遭的朋友更加謹慎，會確保他們的價值觀是一致的。她成長了。

當我和安妮在緬因州的樹林裡沿著步道散步時，我問她：「是什麼幫助瑪姬在這次暫時離校後能夠重新出發？」安妮回答：「在森林裡，沒有任何批評。樹不會對你說，你的髮色不對、你太胖，或者你太慢了。樹木只是在說『歡迎』。」她引用了羅賓・沃爾・金默勒（Robin Wall Kimmerer）最喜歡的一句名言：「我們都說要愛護樹木，但我們沒有想過的是，樹木也會用愛回應你。」她補充道：「說大自然拯救了我的女兒，一點也不誇張。」

頂大不保證幸福感

奮鬥文化（grind culture）是建立在一個基本信念上：要進入一所「好」大學，才能保證有好的生活。我訪談過的很多學生都認為，**高中只是達到目標的手段**。他們被灌輸了這樣的觀念：上知名大學是獲得經濟成功、社會地位和幸福人生的關鍵。當然，大多數的成年人都知道，這並不是真的。很多上頂尖大學的人所過的生活，並沒有像他們期望的那樣；而不是進入優秀大學的人所過的生活，卻比他們想像中的還要好。

這種信念還預設了只有少數幾所大學算「好的」大學，其他的都不算。自從一九八三年以來，《美國新聞與世界報導》（*U.S. News & World Report*）雜誌就按照某些標準，對一千五百所優秀學院和大學進行年度排名。他們的排名，跟《巴倫週刊》（*Barron's*）、普林斯頓評論（Princeton Review）和其他排名一樣，原本獨特的大學（從小型文理學院到大型研究機構），被扁平化成單一數字的評分。例如，在二〇二二年《美國新聞與世界報導》的排名中，史丹佛大學獲得九十六分（滿分為一百分），密西根大學獲得八十分，而賓州州立大學則獲得六十四分。根據這些數據，很明顯地，史丹佛大學比賓州州立大學「好得多」。這類的排名在明星學校的學生之間相當流行。保羅．塔夫（Paul Tough）在著作《不平等的機器：大學如何分化我們》中講了一個故事：有個爸爸印出了《美國新聞與世界報導》的名單，在前三十名的學校下面劃了一條線，然後告訴他的女兒，她只能申請排名在那條線以上的大學。[122]

但分析過排名的專家很快就會告訴你，大學排名充其量只是種誤導。史丹佛大學教育學院的資深講師、「挑戰成功」教學計劃的共同創辦人之一丹妮絲．波普（Denise Pope）在二〇一八年的一份引人注目的白皮書中寫道：「排名可能看起來像是對品質的客觀評估，因為它們使用了複雜的公式，而且用了權威性的方式來呈現結果。」[123]然而，她認為有很多評估項目「是任意加權的，而且也不是大學品質或對學生有正面影響的準確指標。」

如果發現《美國新聞和世界報導》是用什麼標準來進行排名，家長和學生可能會很驚訝——就像我一樣。舉例來說，在二〇二二年，學校排名有百分之二十的分數是基於該校在同行機構中的聲譽。想想看：有多少大學管理者能夠牢牢掌握幾百所同行大學的內部運作情況？此外，他們有可能跟得上所有機構每年的變化嗎？答案是不可能。他們能夠追蹤到的，只是這些大學的聲望，這使得排名成為了某種「自我實現預言」[9]。

畢業率和在學率佔排名標準的另外百分之二十二。波普指出，排名前面的私立大學通常有百分之九十五的畢業率，而旗艦級公立大學[10]的畢業率則在百分之六十五到百分之八十五之間。但影響學校畢業率的主要因素是學生的背景（例如有多少人來自於富裕的家庭），而非教育本身的品質。正如麥爾坎·葛拉威爾（Malcolm Gladwell）在《紐約客》（*The New Yorker*）的一篇文章中所解釋，一所學校的畢業率取決於其招收的學生類型。[124]如果你只錄取全國履歷最完美的學生（例如耶魯大學），那麼學校的畢業率將會非常高。如果你

9 自我實現預言（self-fulfilling prophecy）是美國社會學家羅伯特·莫頓（Robert Merton）所提出的一種社會心理現象，指人們先入為主的想法會影響其具體行為，導致這個想法最後就會真的實現。

10 旗艦級公立大學沒有絕對的定義，一般而言，在美國是指每個州最有名的公立大學，通常是最早成立的研究型州立大學，也受到州政府最多的支持。

的使命是盡可能讓更多人畢業（例如賓州州立大學），那麼學校的畢業率就不可避免地會變得比較低。

有些大學甚至會操弄數據，來提高自己的排名；這為排名帶來了更多的不確定性。哥倫比亞大學因為交給《美國新聞與世界報導》的統計數據而登上新聞頭條，該校的一名數學教授稱這份數據「不準確、可疑或極具誤導性」。《美國新聞與世界報導》的報復方式是，將哥倫比亞的排名從第二名降到了第十八名。這位舉報的數學教授說：「每個人都應該記取的更大教訓是，《美國新聞與世界報導》的運作方式非常糟糕，糟糕到哥倫比亞的這兩個排名都毫無意義。如果任何一個學校能在一年之內從第二名跌到第十八名，這只會讓整個排名的運作失去了信譽。」(125)這不是第一次有學校因排名而捲入醜聞；哥倫比亞並不是唯一一個繳交造假或誤導性訊息的學校。(126)

排名之所以受人矚目，是因為在一個充滿不確定性的世界中，我們願意相信，即使要花更多錢，從一所排名比較高的大學拿到學位，能直接帶來高薪的職業和更高的生活滿意度。然而，比較貴的大學真的會帶來更好的職業成就嗎？皮尤研究中心進行了一項研究，(127)比較了大型公立大學畢業生和較昂貴的私立學校畢業生之間的生活成就。令人驚訝的是，他們發現兩組之間的結果「沒有統計學上的差異」。每個群體中的大多數人，對家庭生活、經濟狀況和他們的工作都表示出相同程度的個人滿意度。

在波普的白皮書中，她也綜合了有就讀和沒有就讀菁英大學的人生活成就的重要研究。

同樣地，她發現沒有充足的證據顯示，就讀菁英大學會帶來更大的成就。波普指出了一個重要的例外：就讀一流學校的第一代及邊緣學生，會比就讀非名校的同儕更有機會獲得較高的收入。研究學者對於這些差異的確切原因意見不一。有些人認為，這可能是因為一流學校為那些原本沒有什麼人脈的學生提供了社交網絡；有些人則認為，這類的學校通常會為低收入學生提供獎學金，讓他們在畢業時負擔的債務較少。

即使排名不可靠，而且幾乎沒有經濟優勢，一些家長和學生仍然可能堅持就讀頂尖大學會帶來更多的幸福感和福祉。二〇一四年，蓋洛普公司和普渡大學聯手進行了美國史上規模最大的大學畢業生研究，對三萬多名畢業生做問卷調查，來衡量他們的幸福感的五個關鍵維度：目標（他們達成目標的動力有多大？）、社交（他們是否有堅強的支持性關係？）、身體（他們的健康狀況如何？）、財務（他們是否有效理財？）和社群（他們是否有歸屬感？）。研究人員還衡量了他們對工作的投入程度，包括他們喜不喜歡自己的工作，以及職場中有沒有人關心他們的發展。研究人員發現，他們所就讀大學的聲譽（不論是菁英或非菁英、公立或私立、小型或大型）「對他們目前的幸福感和工作生活幾乎沒有任何影響」。

真正影響學生日後成功的，是學生在學期間的經歷，尤其是他們的人際關係品質以及在校園裡的參與程度。幸福感和工作滿意度較高的畢業生，在大學期間通常都有高度參與的經歷。

這項研究列出了六種關鍵類型的大學經歷，這些經歷對於未來的成功會產生超乎想像的正面影響。包括了：

1. 選修一位讓學習變得有趣的教授所開的課程；
2. 有一位關心學生個人狀態的教授；
3. 有一位鼓勵學生追求個人目標的導師；
4. 在學期間參與一個有意義的跨學期計劃；
5. 參與實習工作；
6. 積極參與課外活動。

如果學生跟關心個人情況、並提供鼓勵的教授有著穩固的關係，那麼他們投入工作的可能性就會增加一倍以上，在整體發展上進步的可能性也會倍增。同樣地，如果畢業生有過跟學科興趣相符的實習或工作經驗，或者參與過有意義的跨學期計劃，積極參與課外活動，他們投入工作的機會也會倍增。不只是「好」學生，任何大學的學生都有機會符合。研究結果顯示，你所就讀大學的聲望，遠遠不及你跟校園文化有多「契合」來得重要。

好的「契合度」，意味著學生在校園社群中感覺自己舉足輕重，也感覺到其他人關心他們的身心健康，而且開始依靠他們。換句話說：未來的成功和幸福感，跟學生**感覺自己在校園裡受到重視**有關。學校中有重視他們的教授嗎？他們有沒有機會參與一整個學期的計劃或實習機會，讓他們利用所學來創造價值？

當然，達摩爾解釋，沒有一個公式可以保證我們的孩子能夠過上滿意的成年生活；但是如果父母用重視感和幸福的角度、而非僅僅根據成就來定義成功，我們就能用更好的方式引導孩子前進。如果成年人知道幸福受到文化契合的影響最大，在跟孩子討論大學的時候，就可以有意識地避免過於強調聲望等外在目標，而是更加注重像是個人成長這類的內在目標。換句話說，選擇大學應該以學生的價值觀為中心，而不是大學排名。

達摩爾說：「父母可以用拒絕『頂尖大學是通往幸福的唯一途徑』的假設來開啟對話，因為這並不是真的。」相反的，大人可以透過打破「知名大學是成功關鍵」的迷思，對申請大學充滿壓力的過程提供看法。大人可以根據幾十年來的科學研究，有意識地聊聊什麼能夠帶來「美好生活」。達摩爾說：「上布朗大學，或者上排名較低的大學，並不能決定孩子中年時的幸福。什麼可以呢？擁有良好的人際關係、有意義的工作，還有在自己選擇的事業中感到能夠勝任。我們需要知道這一點，我們的孩子也需要知道這一點。」研究指出，與其擔心不穩定的排名，不如把教養重點放在：不強調該上哪所大學，而是強調上大學後要做些什麼。

「盡你所能」太沉重

在我跟提姆．卡瑟聊天的時候，問到了關於富裕和成就如何塑造孩子和他們的心理健康。我想知道，如果不搬離這些超級郵遞區號的社區，父母能做些什麼，來確保我們不會傷害孩子的價值觀？

卡瑟把問題丟回來。「這個嘛，我不認同妳的假設。」他回答：「為什麼不搬家？」

我愣住了。

「如果妳把孩子送去一個水管裡含鉛的學校，妳會明白孩子的健康受到威脅，」卡瑟說：「所以，如果可以的話，妳會選擇離開，把孩子轉到另一所學校去，對吧？」他繼續說，如果妳相信、而且研究也顯示，把孩子送去非常注重成就的學校，不利於他們的價值觀和身心健康，也不利於他們最終的表現，而且妳有機會可以離開，為什麼不離開呢？

我感覺到脖子發緊。就在我思索著該怎麼回應時，恐懼籠罩了我：我怎麼能在一個我現在已經知道可能有害的環境裡養育孩子？但離開意味著什麼？我們又能夠去哪裡？

卡瑟寬容地打斷了我的思維：「不過如果妳決定不離開，那麼這應該也是個深思熟慮後的決定。」他說，重點在於要優先考慮家裡的內在價值觀。他告訴我，我們在家裡越是用心建立和支持這些內在價值觀，我們的物質主義價值觀就會受到越多的抑制。卡瑟告訴我，光是相信家庭和友誼比物質上的舒適更重要是不夠的。你的所作所為必須實踐這種信念，而這需要誠實的自我反省。

我們不妨問問自己的家庭生活，從行程活動、假期計劃和所擁有的東西，告訴了孩子你認為最重要的是什麼？你是不是口口聲聲說你重視家庭，但卻安排了去別州看比賽而缺席家庭聚會？你是不是強調做義工和幫助他人，但孩子的行程活動裡卻沒有時間做這些事？

只有在我們清楚了解自己的內在價值觀之後，才能長出智慧，為孩子的生活做出有效的平衡。卡瑟建議我們問問自己：我的生活方式是否反映了我認為最重要的事？例如，如果家庭對我來說是最重要的，那麼我的行程安排有反映出這樣的信念嗎？我有鼓勵孩子用我認為重要的生活方式去生活嗎？孩子是不是參加了太多不同的活動，忙到沒有時間坐下來放鬆一下？如果我真的希望孩子成為一個關心別人的好人，那麼我該給孩子怎樣的機會呢？

卡瑟認為，父母應該開誠布公地討論價值觀，就像討論藥物濫用或性行為一樣。與其一次就進行長達一百分鐘的對話，不如把目標放在一百次一分鐘的對話。在你們去逛街的時候，如果你的兒子央求你買最新款的運動鞋給他，卡瑟建議你可以這麼問：你真的需要另一雙球鞋嗎？這真的會讓你得到你想要的東西嗎？同樣地，我發現，你可以用相同的對話來討論成就。把SAT分數考得高一點，究竟有什麼意義？去上頂尖大學，真的會讓你過上滿足的人生嗎？

關於價值觀的直接對話，是我跟孩子之間進行過最重要的談話之一。這些對話，促使我去定義成功對我來說意味著什麼。當我的大兒子威廉進入中學後，他的功課變多了，期望也變高了。他會花幾個小時寫一篇兩頁的論文，很多時間都是盯著螢幕、打字和刪刪改改。我總是試著鼓勵他，告訴他「盡你所能就好」。有一天，他沮喪地回我：「媽媽，我才十一歲。我不知道怎樣是盡我所能。」

我不禁回想起自己青春期的時候，試著釐清盡我所能是什麼意思——還有這個字眼有多麼沉重。我們該怎麼幫助孩子弄清楚，什麼時候該適可而止呢？

幾年前，我在為《華盛頓郵報》撰文進行研究的時候，偶然發現用「為自己所做的事感到驕傲」的概念，可以是這個問題的一種回答方式。我們可以用兩種方式感受到驕傲：當你真正為自己感到驕傲時，這種感覺會從內在而來；而當別人告訴你應該感到驕傲，這種感覺就是來自於外在，也就是心理學家所謂的「自大的驕傲」（hubristic pride）。一種真實且健康的驕傲感，會帶來真正的自我價值感和成就感，例如成為好爸媽或好伴侶，或者為社區帶來幫助。研究學者潔西卡·崔西（Jessica Tracy）在她的著作《為自己感到驕傲》（*Take Pride*）中寫道，「真實的驕傲」（authentic pride）讓我們對自己感覺良好，激勵我們去弄清楚自己想成為怎樣的人，以及成為那樣的人需要做些什麼事。另一方面，當我們讓別人的判斷來決定我們的感受時，就會出現自大的驕傲；這種驕傲會促使我們追求較為空洞的目標，例如金錢和名聲，來贏得周圍那些人的讚賞。

我希望我的孩子能專注於感受內在真實的驕傲，不要被外在耀眼的成就過度分散了注意力。當我看到他們已經超時工作時，會改變我跟他們談論衡量他們成功的方式。我告訴他們，這跟盡你所能無關。這是個不同的指標，我們需要問的是：你對自己做的事感到驕傲嗎？

這種思維的轉變，讓我知道該如何解釋「盡你所能」在我們家的意義——追求那種驕傲的感覺，而不僅僅是追求達到A。這幫助威廉集中注意力。他努力學習，不僅僅是為了取得好成績；他努力的目的，是期待自己會因為做出好的作品而感到自豪。即使他的報告沒有得到最高成績，他仍然可以感到自豪。

這種想法也改變了我。我特別記得，那時我剛為《華爾街日報》寫了一篇文章，內容是關於懷舊的心理力量，以及在轉型期間懷舊可以作為一種有用的應對策略。我認為這是我寫過最好的文章之一，因此迫不及待地想看看讀者的反應。然而，當我隔天登入文章的線上版本時，我沒有看到任何評論留言、也沒有人分享，什麼都沒有。靜悄悄。只有一個讀者發表了評論，有趣的是，他也注意到了平淡的反應：「我很訝異，這篇強而有力的文章居然沒有評論。」

那天吃晚餐的時候，我向家人說了我的困惑和失望。我說，寫這篇文章完全改變了我的觀點，但它似乎並沒有給讀者留下太深刻的印象。我感到很洩氣。

這時，一直在聽我說話的威廉開口：「但你自己有為它感到驕傲嗎？」他想要知道。

刻意練習卻忘了休息

對於堅持不懈以達到高度成就的人來說，時間非常寶貴。默瑟島高中的高三學生瑞秋說：「我的朋友都做了很多事，如果我沒辦法像他們一樣，就會覺得自己很差。讓自己做很多事是我應付生活壓力的方式。因為我不知道還有什麼其他辦法。」瑞秋告訴我，她最近遇到一個男生，那個男生秀給她看自己是怎麼抽出時間放鬆的。他在自己的行事曆中留出了兩個小時，並標記上「**給自己的時間**」。「這讓我大吃一驚，」她告訴我：「放慢腳步感覺很奢侈。」

重點是要意識到我們不是機器；我們是有極限的人類。時時留意這些極限向我們的孩子發出了一種強烈的信號：他們值得休息和被呵護。父母是維持平衡的人，我們要堅持這樣的理念。在訪談中，有好幾位父母提到了麥爾坎．葛拉威爾，以及他在《異數》（*Outliers*）這本書中關於頂尖音樂家的研究：「一萬小時規則」。家長的心得是，如果孩子想在某個領域脫穎而出，就需要進行高強度且刻意的練習——一萬小時的練習。

然而，這項研究的**另一個**發現卻沒有引起太多的關注：在這領域頂尖的音樂家也比同儕**休息**得更多。(128)他們每次練習八十分鐘，然後休息三十分鐘。他們每晚睡滿八個半小時，中午也會小睡片刻，還會優先安排休閒時間——每天三個半小時。研究人員指出，「刻意的練習」是種「費力的活動，每天只能持續一段有限的時間。」想要成為頂尖音樂家，學生應該「把每天或每週的練習時間限制在能夠完全恢復的範圍內。」換句話說，就像刻意的練習一樣，他們也必須刻意的休息。

就像這些世界級的音樂家一樣，青少年每晚應該要有八到十個小時的睡眠(129)；但如今，只有不到百分之二十五的青少年有達到最低的睡眠時間。一項針對青少年的研究發現，那些每晚睡超過八個小時的人心理最健康，表現出情緒低落、感覺自己沒有價值、焦慮和憂鬱的程度最低。(130)在一個強調奮鬥文化的社會中，堅持讓孩子休息——不論是晚上堅持闔上書本讓他們睡一整晚，還是鼓勵他們中午小睡一下，都可能是在冒險。然而，如果青少年沒有學會怎麼抒壓，就更有可能採取不健康的應對策略來處理他們的壓力和焦慮，例如吸毒或酗酒。允許休息可以向孩子傳達這個訊息：他們值得受到保護，他們的存在、他們的身心健康都很重要。正如達摩爾告訴我的：「睡眠是讓人類保持完整的黏著劑，也是我身為家長不會讓步的底線。」休息不僅僅是為了取得最佳表現，我們的孩子還需要知道，他們值得休息，因為他們是值得珍惜的人類，而不是機器。

需要澄清的是，我們跟家人討論我們重視什麼，例如要好好照顧我們的健康，並不是要放棄成就或努力。相反的，這些對話是為了要提供一個全人的框架：用我們說的話和做的事向孩子示範，成就只是所謂「成功」人生的一部分。

大約在十年前，我住在紐澤西州的朋友伊莉莎白和她的丈夫史考特被迫檢視他們的價值觀，因為他們在幾個月內相繼獲得了重要的升職機會。伊莉莎白在廣告界工作，而史考特在金融界工作。升遷意味著更有名氣和更高的薪水，同時也帶來更長的工作時間和更多的日常壓力。

那個星期，我們幾個人一起約出去吃飯慶祝。坐在餐桌前，我們都可以看出來她很矛盾。伊莉莎白敞開心扉說出了她的煩惱。她希望給六歲和四歲的孩子一個美好的家庭生活，但她也想要牢牢抓住她過去二十年來努力奮鬥所得到的工作機會。她告訴我們：「要做這個決定，讓我非常的焦慮，也完全睡不著。」

為了想清楚這件事，伊莉莎白第一次去看了心理治療。她想要搞清楚自己對成功的定義是什麼——不是她爸媽的，也不是她同事的，更不是她鄰居的。她的治療師要她想一想，人生中的哪五個領域對她來說最重要。伊莉莎白列出了這些：家庭、友誼、志工服務、運動和工作。在她和她的治療師看來，她可以在其中某些領域中表現得很出色，但不可能是全部的領域，因為她家裡還有幼兒要照顧。她意識到，對她來說，成功意味著能過著平衡的生活——不只是在一兩個領域中表現**出色**，而是在每個領域都做得**夠好**。經過幾個星期的反思之後，她拒絕了新職位。幾個星期後，史考特也得出了類似的結論，拒絕了他在公司的升遷機會。

這很難嗎？我問伊莉莎白。當然，她說。但這個練習很有用，迫使她和史考特釐清了他們的家庭目標：他們想要鼓勵兒子有什麼樣的價值觀？他們的日常生活有沒有反映出這些價值觀？當伊莉莎白和史考特思考他們想要兒子成為什麼樣的人，最先想到的，是希望他們的兒子成為社區中善良且關心別人的一份子。

從那之後，隨著孩子的成長，這種釐清幫助了伊莉莎白和史考特做出家庭生活中的大小決定：要花多少時間來準備ＳＡＴ、要修多少大學先修課程、全家要怎麼過週末等等。當伊莉莎白聽到社區中其他父母關於成就的狂熱討論，感覺自己被帶偏了的時候，就會提醒自己，她希望自己的孩子表現得很好，不過也要能夠符合他們的家庭價值觀。她會打電話給一個有著類似價值觀的朋友說：「能不能提醒我，為什麼我們今年不組個旅行團？」

最近，伊莉莎白跟孩子聊到了暑假計劃，她沒有幫已經上高中的孩子報名學術課程來為他的履歷表加分，而是鼓勵他在當地的熟食店找份工作，還有在當地的動物收容所做志工。她告訴我：「他整年關心的都是他自己——他的成績、他的表現，我希望他能更關心別人一點，包括那些需要他幫助的人。」

「這並不代表我們沒有理想抱負——我們有的，」伊莉莎白說。「但我們願意為這些理想抱負付出的犧牲是有底線的。」他們跟兒子解釋，理想抱負不應該以犧牲重要的人際關係為代價，也不應該以犧牲心理健康為代價。她說：「我希望我的兒子知道什麼時候該收手。」

適度與平衡才能提高成就

我很幸運能在默瑟島度過將近一個星期的時間，跟幾個家庭見面、參觀了高中，在有海景的公園裡散步。最後一天，安德魯的母親珍跟我在鎮上的一家咖啡館外碰面。珍是一家網路文具公司的老闆，她的丈夫是一名科技創業家，受到默瑟島的社區氛圍吸引，因此搬到這裡來養育孩子。她透過孩子的幼兒園找到了一群志同道合的朋友，這群朋友幫助她堅持自己的價值觀。「雖然我們的確喜歡好東西，」她說：「但我們不會花心思在跟別人攀比。我們家的廂型車開了十三年才淘汰。」在活動方面，珍和她的丈夫讓孩子參加的活動量，大概是他們朋友的一半左右。她告訴我：「我丈夫的哲學一直是：凡事適度就好。」

而這也成為了他們達成理想生活的家庭座右銘。

珍相信她的孩子，他們在高中表現得很好，但並不是因為她在家裡強制執行平衡和界限，而是因為他們自己很優秀。雖然安德魯最後沒有同時修習兩門大學科學先修課程，但他現在還是進入了他第一志願的東岸大學主修工程。儘管這看起來很反直覺，但珍所看到的，研究也發現的是：平衡的方法實際上可以提高成就。在一項研究中，研究人員要求幾百名中學生對父母優先考慮的價值觀進行排序。結果有一半的價值觀跟成就有關，例如上一所好大學、學業成績優異，以及擁有成功的事業。另一半則著重於人格特質，例如尊重他人、樂於助人和心地善良。那些認為他們父母覺得人格特質跟學業表現一樣重要、甚至更重要的青少年，比起那些認為他們父母主要關心的是學業表現的同儕，有更好的心理健康狀態，享受更高水準的成就，發生違規行為的狀況也更少。(131)珍與丈夫強調照顧自己和他人與學業成績同樣重要，讓孩子獲益良多。

在我們聊完走去開車的路上，我分享了自己在類似的高壓社區中養育青少年的擔憂。珍微笑著說：「我跟妳保證，我們都不是完美的父母。」他們犯過錯，但孩子都能恢復過來。她接著說，現在她所有的孩子都二十多歲了，「而我可以摸著良心說，他們都過著健康的生活。」

我追問她：那妳認為這歸功於什麼呢？「這個嘛，」她說：「在家裡，我們很清楚知道，我們這個家重視的是什麼，而且能堅持住這個價值；即使有的時候很難做到，即使其他人警告我們這是錯的。看，我們已經到終點，一切都很順利。」珍一面說，一面按下汽車遙控器來開鎖：「我們享受一家人在一起的時光，而安德魯也可以享受他的高中生活。」

第六章

Chapter Six

在學校找到連結與支持

——應付過度競爭的良好心態

射手女中坐落在洛杉磯布倫特伍德地區，是一所獨立的完全中學。當大門口的管制鐵門以炫目方式打開，映入眼簾的，是U字形的車道、寬闊的草坪，以及在一九三一年落成、西班牙殖民復興風格的主建築。這所學校最初是一所婦女退休之家，建築風格跟周圍的社區完美融合。

凡恩・安瓦伊（Vaughan Anoa'i）是我參訪期間遇到的學生之一，她在六年級轉學到射手女中後，驚訝於同學的博學多聞。她說，同學對於老師問的問題，每個回答都是有理有據、富有洞見的。她隱約感覺自己正在跟大家競爭。凡恩說，每當她放慢腳步時，就會感到內疚不安，就好像落後其他人了。這種不言而喻的競爭，不可避免地阻礙了她結交親近的朋友；而這件事有時候會讓她覺得自己像是「被困在一座孤島上」。

你的成功會減少我的機會

凡恩所描述的競爭，是我在全國各地訪談過的學生裡很普遍的說法。這是我們的孩子在明星學校中面臨的特有挑戰之一。父母搬到有出色學校的城鎮，或者支付高昂的學費，因為他們想給孩子提供最好的教育、最好的機會和最成功的未來；然而，這些競爭激烈的環境，可能會產生意想不到的副作用。

奈特是西岸一所競爭激烈的公立高中高三生。他似乎是想要發洩心中的不滿，因此在我們的訪談中迫不及待地告訴我，他高中生涯裡三個沒有得到A的成績一直在他心裡「作祟」。我問他，為什麼四年裡的這三個成績會讓他這麼心煩意亂？他說：「我是一個很普通的人，完全就是平平無奇。我們班上還有二十五個像我一樣的小孩，跟我一樣參加體育運動、成績很好。這就是為什麼我需要變得完美，用某種方式讓我自己與眾不同。」然後，他用幾乎是自言自語的聲音補充說：「我常常在想，如果我上的是競爭沒那麼激烈的學校，我對自己的感受和想法會不會就不一樣了？」

社會比較（social comparison）——評估競爭力，是人性中無法避免的一部分。而身處的環境是很重要的。[132]紐約的三月天，攝氏十六度被認為是溫暖的；而在佛羅里達，這個溫度則會被認為有點涼意。奈特在資優課堂上也在做同樣的心理計算：如果你周圍的人都得到A，而你只得到B+的話，即使是再優秀的學生，也會感覺「不如人」。

在教育上，心理學家把這種社會比較稱為「大魚小池效應」。當你是「小池」（競爭較不激烈的學校）裡的「大魚」（有競爭力的學生）時，你對自己的能力會更有信心。你覺得自己更聰明，因為你比多數學生都要聰明。另一方面，如果太多有天份的學生（小魚）在同一個高成就的環境（大池塘）裡，他們可能會因為自己達不到「標準」而心理受到影響。[133]即使是在排名前百分之一到百分之五的學生中，情況也是這樣，就像奈特——總會有人在大學先修微積分BC課的成績落在班級後半。在這樣的高成就標準下，容易引發惡質的競爭和社會比較。一個媽媽在事後這樣描述孩子在華盛頓特區私立學校中的激烈競爭：「這是一所讓聰明人會覺得自己很笨的學校。」

因此，當我們談論孩子每天在泅泳的成就之水（也就是侵蝕掉他們重視感的水域）時，這些扭曲的表現指標，可能是孩子最難看出來和說出來的。因為他們浸淫其中，這就是他們所知道的一切，所以他們看不見。[134]這些暗流滲透到他們青春生活的每個角落：學校、運動、音樂、戲劇、舞蹈、藝術，迫使孩子拚盡全力追求卓越，然而卓越的定義與範圍卻非常狹隘。在這些競爭激烈的水域中，孩子對於自己價值的看法，除了自己的表現之外，幾乎不可能有其他任何觀點。他們也不可能意識到，僅僅是就讀於這些資源豐富的學校，「他們就已經是贏家，只是可能不是金牌得主而已」，社會學家、也是《巔峰競賽》（*Race at the Top*）這本書的作者娜塔莎．瓦里庫（Natasha Warikoo）這麼說。她指出，真正處於劣勢的兒童，是生活在這些菁英社區之外的孩子。

正如一名學生所說的，在這麼狹窄的範圍裡進行社會比較，會讓同學之間陷入一種心照不宣的競爭，一種「你的成功會減少我的機會」的競爭。「當哈佛的錄取率只有百分之三時，你必須認真計算，」一位爸爸在《村鎮》（*Town and Country*）雜誌中名為〈今年大學招生的恐怖秀〉的文章中說：「如果你扣掉所有第一代大學生[11]、體保生和傳承者[12]的名額後會怎麼樣？這百分之三還剩下多少人呢？大家會想：孩子到底能做些什麼？他們要怎樣讓自己脫穎而出？」(135)

競爭並不是什麼新鮮事。然而在菁英學校裡，心理學家注意到一個趨勢，就是競爭越來越激烈，而且也越來越重視童年早期的成功。我在九〇年代初上了高中，當時上大學的確是我所考慮的事，我當然也努力拿高分和爭取成為領導者，但這些成就並沒有定義我的

11 第一代大學生指的是父母都沒有大學學位的學生。在美國，很多大學會為第一代大學生保留名額。
12 美國很多大學都會優先錄取校友及捐款者子女，稱為傳承入學（legacy admission）。

童年，就像我訪談時遇到的許多學生認為的那樣。我問奈特，為什麼這麼擔心成績單上的那幾個B，他說：「一想到我可能已經把未來搞砸了，就讓我覺得很害怕。」

跟凡恩一樣，奈特也描述了一種不論是在學習還是練足球的時候，都會不斷用盡全力的驅動力。他說，這讓他對原本可能會有的樂趣和休息提不起興趣。他說：「最可怕的地方是，給自己一些休息時間之後，如果我做了不值得驕傲的事，像是考試沒有考好、比賽沒表現好，我就會回想起那段休息時間，怪自己沒有更努力。因為這樣，之後我就不太願意讓自己休息了。」

奈特用「有毒的競爭」來形容他的高中，競爭的程度甚至影響到他交朋友。「在別的學生得獎時，我不會想著：『太棒了！恭喜！』相反的，我會覺得自己應該更努力，站在臺上領獎的人應該是我才對。」我在西岸一所學校遇到的另一個學生指出，過度競爭可能會破壞社區的信任：「一旦上大學成為這麼重要的目標，你可能就會認為，你周圍的每個人都在想方設法跟你過不去。」

其他我遇到的學生坦承，他們不會跟別人分享課堂筆記，即使是很親近的朋友也一樣；還有他們會以犧牲團隊成功為代價，來提高自己個人的運動成績。約翰就讀於紐澤西州一所競爭激烈的公立高中，他告訴我，他的大學數學先修班上有幾個學生故意陷害班上前兩名的學生。由於流傳著作弊猖獗，學校管理人員在擔心之餘，發放了匿名調查問卷，要求學生報告他們有多常看到作弊的行為，但不用指名道姓。課後，一些學生承認，他們寫下了數學課「競爭對手」的名字——即使沒有證據證明他們有作弊，但可以讓他們被懷疑，並毀掉老師幫他們寫大學推薦信的機會。

多年來，凡恩目睹了成人激發孩子一些最糟糕的本能。她談到了她參加競爭激烈的聯盟排球隊比賽；有時候，她會看到家長讓打同一個位置的孩子互相競爭。在某些家庭裡，有這樣一條潛規則：「不要跟打同一個位置的人做朋友」，因為要比賽時會變得很麻煩。

凡恩第一次走進新聞課堂，為射手女中屢獲國家獎項的電子報《宣諭》（*The Oracle*）撰稿時，是帶著在球場上學到的競爭心態，希望能證明自己有資格待在那裡。凡恩不知道的是，班上的另一個學生克洛伊．菲德勒（Chloe Fidler）也是這麼想。克洛伊告訴我，在洛杉磯上學，「會讓競爭變本加厲」。她解釋，在洛杉磯，人們太過於強調物質價值，因此「很容易就會覺得自己不夠好，因為你不夠有錢、不夠漂亮，也不夠聰明」。這種不夠格的感覺，只會讓你想在競爭中贏過別人，藉此證明自己的價值。

互相爭鬥的現實，造成了越來越嚴重的人際關係和心理健康危機。早在疫情的隔離效應之前，回報自己感到孤獨的青少年人數就已經增加了超過一倍，從二〇一二年的百分之十八，飆升到二〇一八年的百分之三十七。[136]即使我們的孩子從家裡得到了很好的支持，然而當他們跟朋友處於過度競爭中，也可能失去自我價值的證明和歸屬感。在競爭激烈的環境中，友誼可能變成了交易；而這種模式可能還會持續到大學生活和職場中。《史丹佛日報》（*Stanford Daily*）引述了一位史丹佛大學學生說的話：「這裡的文化很注重快速達

到目的，越快越好。如果你能在達標的路上交到朋友也滿不錯的，但你可以隨時都可以把他們拋下。」(137)

至少要有一個好朋友

被重視的感覺，是從我們從小受到父母和家人的重視開始。然而，若要能被其他人重視，我們就必須在更大的群體裡扮演一定的角色。對於我們的孩子來說，這個更大的群體主要是學校，因為他們醒著的大部分時間都在那裡度過，他們的身分認同也在那裡形成。全國青少年健康長期研究（National Longitudinal Study of Adolescents to Adult Health）調查了三萬六千多名七年級到十二年級學生感到幸福的原因，發現家庭連結是防止情緒困擾、飲食失調和自殺念頭最強大的保護因素。但研究也發現，在學校（對孩子的重要性僅次於家庭的群體）中能有連結，對於防止藥物濫用、過早的性行為，以及酒駕等意外受傷的風險，有很強大的保護作用。

同儕跟父母一樣，可以成為青少年的心理健康獨一無二的保護因素。正如戈登．弗雷特所指出的，隨著孩子成長為青少年，他們的同儕「越來越能滿足他們需要被重視的需求」。(138)透過彼此看重，朋友之間會更加親密。知道我們被自己重視的人所重視，可以保護青少年的福祉，而孤獨感則會增加憂鬱、焦慮和藥物濫用等，一連串嚴重問題的風險。

即使只有一個優質的朋友，也能保護一個人不受孤獨的傷害，同時能增強自尊心，專心致力在學業上。一項研究追蹤了三百六十五名學生從小學到中學過渡階段的情況，發現了能夠預測幸福感和表現的兩個關鍵因素：第一，是被同儕接納；第二，是至少有一個好朋友。(139)研究人員推測，有歸屬感的學生在教室裡不必時時提心吊膽留意威脅，而是可以把這些重要的認知資源投入到學業以提升學業成績。

青春期友誼的品質也可能會產生長期的影響。研究人員發現，學生感受到自己在朋友心中有多重要，直接連結到他們的幸福感；跟那些了解我們、無論我們有多怪都喜歡跟我們在一起的人做朋友，滿足了我們對於無條件被重視的渴望。維吉尼亞大學研究人員在一項長期研究中發現，在十五歲時有親密摯友的學生，比起那些沒有摯友的同儕，在二十五歲時顯示出的社交焦慮比較低，自我價值感比較高，憂鬱的症狀也比較少。研究人員認為，這些學生更有能力在一生中建立和保持具有支持性的人際關係。相比之下，青少年時期擁有龐大社交網絡、但友誼品質較低的人，在二十五歲左右時焦慮的程度會比較高。(140)

身為父母，我們沒辦法掌控孩子有沒有建立讓他們安心的人際關係，幫助他們在極度疏離的環境中感覺更受到重視。我們不可能知道孩子什麼時候會互相排擠，或者什麼時候他們（也許）會是排擠人的一方。對於孩子進不去的課程、沒有被選上的比賽、沒有受邀參加的過夜派對，我們都沒辦法做什麼，也不該做什麼。但在家裡，我們可以強調，他們的友誼非常重要，值得優先考慮。在一個提倡競爭及不與人連結的環境裡，我們需要教育孩子，他們是值得跟人建立連結的；他們可以依賴他人，也可以因成為朋友的支持來源而甘之如飴。

凡恩描述了她剛轉學到射手女中時候的心態：「我寧願淹死，也不願意求助。」就像這些社區的父母一樣，孩子會逐漸相信，為了保護自己的地位，他們不能示弱，也不能依靠別人，甚至不能慶賀別人的成功。父母不會向孩子傳授社會連結的價值，而會專注在我們被灌輸的教養終極目標：培養獨立自主的成年人。

在跟費城兒童醫院兒科教授肯尼斯．金斯伯格的交談中，我靈光乍現，找到了一種方法遠離零和思維，也就是認為別人受益就是你的損失。沒錯，培養孩子的獨立性是很重要，但如果我們想保護他們有被重視感，更重要的是要教他們怎麼**相互依靠**，怎麼以健康的方式依靠別人，同時也允許別人依靠他們。在我的旅程中，我發現在競爭激烈的環境中成長茁壯的孩子，生活中都有成人積極地在跟零和思維抗衡。這些成人，無論是父母、教練還是老師，都會鼓勵孩子支持他們的同學，為團隊的整體利益做出犧牲，幫助他們的朋友並同時學會向朋友求助，以及面對和處理跟同儕競爭時那種不舒服的感覺。這些成人把重點放在培養互相依賴的心態，而不是為了現實中永遠不會發生的、類似《饑餓遊戲》（*Hunger Games*）的情況做準備。

放下嫉妒，才可能合作

當我在二〇二一年春天跟凡恩及克洛伊碰面時，她們談論彼此友誼的方式讓我大為驚訝。她們所描述的不安全感和孤獨感明顯消失了：她們嘻笑著，互相幫對方補完沒說完的話，也很了解彼此的怪癖和舉止。另一個朋友媞亞．雷夢（Thea Leimone）隨後加入了談話。媞亞是名認真的游泳選手，也是校刊的成員。當她們跟我聊天時，三人很快地就指出了彼此的優點，也常常流露出對彼此的欣賞：「媞亞超會激勵我們的」、「克洛伊能提出最好的建議」、「凡恩待人很忠誠」。她們之間有著輕鬆且彼此支持的融洽氣氛。每個人都會留意自己是不是比其他人說得更多，並且會迅速把話題轉到其他人身上：「哦，克洛伊，應該由妳來回答這個問題；對於社會比較，妳總是能說出一些很有趣的看法。」

所以，究竟發生了什麼事？我好想知道。如果她們帶著競爭的心態進入新聞課堂，覺得必須證明自己有資格待在那裡，那麼她們是怎麼克服這種思維的？我很清楚，這些女孩在家裡得到了很好的支持。三個人都談到了無條件愛她們的父母，他們開車接送她們參加體育訓練，並花時間傾聽她們的煩惱和問題。很明顯的，她們的個性也都很友善；她們笑容可掬，並對自己是誰進行了反思。三個人都曾經在射手女中度過好幾年，吸收了學校合作文化的精髓。但是她們三人都把自己的轉變歸功於新聞課。我很好奇，是什麼塑造了她們這樣的關係？

凡恩第一個發言。在她看來，她們的友誼是因為新聞課老師泰勒女士的課堂文化而建立。克莉絲汀．泰勒（Kristin Taylor）女士是射手女中校刊的指導老師，有長達二十五年的教學經驗。她有效地把對學生的高度期望和支持結合在一起。十年前，當她接手這份校園報紙時，還只是一個一週開一次會的社團，每年出版一兩份紙本報紙。但即便如此，泰勒女士看到校刊《宣諭》發揮了更大的作用——它可以教導學生團隊合作、社區參與和公民參與。在泰勒女士的帶領之下，射手女中的電子報贏得了好幾個高聲望的全國獎項。

泰勒女士目睹了現今的競爭壓力會破壞友誼，因此她採取了審慎的方法來管理課堂上的競爭。當你身處於一個關係密切但競爭激烈的團體之中，你可能會承受極大的壓力，特別是在大家都在角逐同一個目標，卻沒有人公開討論這種明顯狀態的時候。泰勒女士的工作，不僅是誠實地指出某個人寫的文章需要改進；她還要誠實地談論課堂上沒有說出口的互動狀態。她經常點出學生感受到、但無法明確表達的事情：例如，一個女孩可能會因為自己的初稿不完美而感到丟臉，或者因為爭著擔任總編輯引發課堂的緊張氛圍。她知道，在互相競爭的努力背後，隱藏著更深層的感覺：嫉妒。

社會比較是人類生活中很自然的一部分，但如果不加以控制，就可能會讓我們陷入深深的孤獨。嫉妒之所以會削弱一個人的被重視感，在於你不願意表現出你有這樣的感覺，因為這樣做會暴露出你自己的缺陷。實驗發現，跟其他情緒相比，人們更不願意承認自己有嫉妒的情緒。這種羞愧感也讓我們不太可能敞開心扉接受別人的幫助，從而破壞了原本能減輕我們痛苦的人際關係。從學年一開始，泰勒女士就明確對學生說明這堂新聞課的意義：他們共同的目標，就是**一起**學習和實踐新聞在民主世界、以及在射手女中這個世界的縮影中所扮演的角色。她堅定地認為，女孩們來這裡不是為了贏得寫作獎項。她們是來互相支持的，是為了盡力讓這份刊物成為最好的出版品。她告訴學生們，如果想要做得出色，她們就必須明白她們需要彼此——不論是撰稿、編輯、選擇照片，還是校對。

即使不特別留意，人們也會發現射手女中的領導階層創造了一種強大的支持文化。在這裡，教職員積極面對明星學校固有的競爭，明確地鼓勵女孩們成為有抱負且快樂的學習者。這可能有些矛盾：有抱負本質上會帶來很大的壓力，而且可能會以犧牲快樂為代價。射手女中試圖幫助孩子認識，在有目的且平衡的情況下，有抱負是一件好事。校長伊麗莎白・英格利希（Elizabeth English）和副校長凱倫・帕維斯卡克（Karen Pavliscak）會帶著他們的狗去上班，學校裡的其他成人也會這樣做，營造出一種鮮明的歡樂氣氛。老師熱情地向每個人打招呼，也常常直呼學生的名字。走廊裡充滿了歡笑，教室裡充滿用心。

老師們率先示範什麼是合作學習，大家經常參與彼此的課堂來獲取想法和靈感，英格利希稱之為「教學觀摩」，類似於醫院裡年輕醫生和資深醫生之間的情況。射手女中的另一個哲學是「讓想法看得見」，就像泰勒女士點出課堂中隱而未顯的互動狀態。老師和教練是孩子的另一個重要資源，尤其是在他們付出超出職責的努力來幫助學生時。(141)

泰勒女士的課堂展現了射手女中學校文化的精髓。她堅持在學生之間建立連結，打破每個女孩認為自己是單打獨鬥的錯覺，這一點讓凡恩十分驚訝。在每週一次的課堂開始時，泰勒女士會要求每個女孩口頭讚美另一個女孩的正面影響，這是他們稱之為「分享愛」的練習。一名撰稿人可能會讚揚她的編輯在她的故事上所花費的心思；一名編輯可能會讚揚新聞團隊在那週所做的報導。凡恩告訴我：「這是立即見效的情緒催化劑。它真的能活躍氣氛，讓每個人都更開心。」換句話說，感到被別人重視——特別是聽到原因，提供了一種更積極、更有效的方式，向學生灌注歸屬感。

有時候，泰勒女士也會讓她的學生在彼此背上貼上一張紙，然後在上面寫上欣賞的話，但不署名。泰勒女士告訴我：「我告訴女孩們，只需放鬆地享受被欣賞的感覺。我叫她們把這張紙放在筆記本裡，在她們不順心的時候，可以把這份清單拿出來看看，看看別人對她們的看法。」

課堂上刻意營造的正向氛圍，以及每個人都以自己獨特的樣貌被重視的概念，開始改變了凡恩。在《宣諭》工作成了一個安全區，她稱之為「烏托邦」。她可以感覺到，自己對完美主義開始不那麼堅持了。她說：「我以前總是認為，我必須要做到完美、做重要的事情才值得被讚賞。但我在這門課學到的是，我也可以因為一些小事而受到讚賞，例如幫別人修改文章，或者做個鼓勵別人的朋友。」密切的真實合作，也讓凡恩體會到在人際關係中示弱的好處。「我以前會覺得，我不能顯露出情緒，必須要保持完美的形象，」她說：「但在這裡，我學會了怎麼尋求幫助和支持。」跟她在聯盟排球隊的經驗不同，在《宣諭》

不像是「在跟其他人比賽」。相反地，凡恩認為，泰勒女士鼓勵每個學生都成為更好的自己。

克洛伊、凡恩和媞亞發現團隊合作能帶來激勵，也找到方法把嫉妒轉化成正向力量。凡恩說：「如果我們有一項長期的計劃或報導要做，媞亞會說：『嘿，我完成了引言，還有第一段。』這會激發我著手去做我負責的部分。我們會互相鼓勵。」當報紙出現不可避免的困難，例如有一篇棘手的文章，或者突發重大新聞時，媞亞和克洛伊可以預料到凡恩會有焦慮的反應。「她們非常了解我，甚至我不用開口，他們就知道我開始掙扎了，然後就會插手來幫忙我。」很快地，她們的友情不止在課堂：每天晚上，三個人都會互相傳好幾次簡訊，或者打好幾通電話。

但在高二的春天，女孩們發現自己陷入了棘手的困境。明年的社團管理職位申請截止日期就要到了，而報紙需要一位新的總編輯。申請管理職位是個費時費力、過關斬將的過程，不僅要求學生解釋他們在各種道德困境中會做出的決定，還要測試文法和編輯技能。換句話說，在高二忙碌的日子裡，只有真正想要這個職位的人，才會花幾個小時來填寫申請。這三個女孩都想要這個最高職位。凡恩回憶說：「我們知道，我們之中只有一個人最終能獲得這個職位。」

彼此依靠才能更強大

在學年初，泰勒女士喜歡以小組討論展開課程，主題是收到他人的回饋意見時的感受。她請學姊們來分享，第一次收到對自己故事的評論時是什麼感覺？他們如何學會報導和寫作，以及回饋意見為什麼很有用？「噢，天啊，」一位學姊告訴媞亞：「我第一次收到回饋意見的時候，感覺很糟，覺得自己很笨。後來我意識到，編輯其實是想幫助我。」泰勒女士告訴我，這次的討論明顯地讓大家都放鬆了。「我們討論了要徵求意見和接受意見都需要勇氣，」她說：「然後，學姊和學妹之間開始有各種小小的示範。」

鞏固自己及他人價值最實際的一種方法，就是尋求幫助、仰賴他人的支持，並感覺到我們是值得這種支持的。但在競爭激烈的環境中，有些學生可能會認為，承認他們需要支持就意味著自己能力不足。這就是為什麼有這麼多青少年在我們不知情的情況下默默受苦，甚至崩潰。

對於我們的孩子來說，求助可能會讓他們覺得非常困難，因為他們本來就很有能力。「我的家人非常支持我，而且他們總是明確地讓我知道，我可以求助，」媞亞告訴我：「但我天生就很獨立，而且我一直想向自己和周圍的人證明我很聰明、很能幹。」身邊有這麼多才華洋溢的孩子，不僅讓任何一種形式的示弱變得困難，實際上也不太可能做得到——別人都沒有示弱，她怎麼可以呢？她告訴我：「求助會讓我感到很丟臉。」

克洛伊也有同樣的感覺。作為泰勒老師班上的新生，當她收到第一篇文章的修改意見時，她感到很難堪。「我認為自己就是個寫手——我很喜歡寫作，這是我的專長。而在像射手女中這樣的學校裡，這對我來說特別重要，我需要擁有這樣的天賦才行。」然而，她拿回的第一次作業上，寫滿了編輯團隊的意見。「這超討厭的，」她說。不過，在泰勒老師的指導下，她發現邀請回饋的做法能讓她蛻變。她告訴我：「讓自己走出舒適圈，就會發現，這些回饋實際上可以讓你變得更好——這改變了我在課堂上的感受。」

用開放的心態接受回饋也改善了她的人際關係。她說：「這會影響到其他方面，因為這會教你怎麼把你校刊社的朋友帶進生活的其他領域：『我相信你可以給我一些好的建議』、『我相信你會了解，我對自己還不那麼有自信。』」有趣的是，她繼續說道，每週都徵求意見和提供意見的經驗，讓她感覺自己不那麼玻璃心了。「因為我從這個親密的小團體中得到了這麼多意見，所以我變得更有自信了。」她告訴我：「我覺得自己現在有辦法徵求和接受任何人的意見了。」

凡恩對新聞業充滿熱情，但促使她繼續上這門課的動機，不見得是寫故事——而是人。她開始欣賞和關心其他女孩，也喜歡跟她們在一起。換句話說，繼續為報社工作並不僅僅是為了大學申請的策略性舉動。這些女孩想要一起工作，是因為這很有趣，也因為她們建立了不只是在編輯室裡的友誼。自稱是完美主義者的凡恩告訴我：「我對自己非常嚴格，但有朋友幫助我，減輕了我過去天天感受到的焦慮。」

讓孩子知道，邀請別人進入生命中有多大的力量，這會讓他們受益良多。競爭文化迫使我們的孩子表現出自立自強的樣子，假裝他們可以獨自應付一切。然而，如果父母願意談談脆弱，並在家以身作則，讓家庭是可以流露感受和害怕、不必擔心丟臉的地方，我們就可以讓孩子鬆一口氣。就像泰勒女士一樣，我們可以傳達這樣的訊息：求助需要勇氣，並確保在勇敢求助行不通時，我們能夠成為接住孩子的安全網。我們可以教導孩子慷慨會帶來善的循環：就像我們有責任在朋友需要時提供幫助一樣，當我們需要幫助時，我們也有責任尋求幫助。一旦你中斷這個循環，不僅是拒絕了從幫助中得到好處，也拒絕了別人從幫助他人中得到的好處。

成人有責任盡早對孩子告知、並時時強調這個觀念。我會對孩子強調自己在工作和職業生涯中需要的幫助，以及其他人對我的成就表現提供了哪些實質的貢獻。有一次，卡洛琳在寫報告時遇到了困難，我告訴她，我懂她的感受。她不以為然地對我說：「噢，但妳是一位專業作家。」我帶她來到我的辦公桌前，在電腦上打開了我早期為《華盛頓郵報》科學版撰寫的某篇文章的第一次編輯紀錄。那是一片腥風血雨——觸目都是滿滿紅色的修改標記。「天哪！」卡洛琳睜大眼睛，盯著這個頁面：「真不敢相信，他們竟然願意讓妳寫這篇文稿。」

「我的看法剛好相反。這顯示了這位資深編輯願意花心思在我身上，」我回答：「他們看到了我的潛力，所以才願意花時間做這些紅色的修改標記。」你的孩子有看到你脆弱的本質嗎？他們有沒有看到你的挫折？他們有看到你接受幫助嗎？

嫉妒也能帶來反思

孩子並不一定那麼幸運，能夠就讀像射手女中這樣用心的學校，或者身邊有像凡恩、媞亞和克洛伊這樣願意自我反省的同儕。但在家裡，父母可以幫助孩子表達在競爭中所產生的不舒服感，而後就可以在人際關係中做出健康的選擇。我想起了我跟一位紐約媽媽艾莉森的談話，她分享了一個關於她女兒凱特的故事。她告訴我，從小學開始，凱特就跟梅麗莎最要好。她們報名參加同樣的課後活動，每天晚上都用視訊一起做功課，而且每個星期五和星期六晚上都固定約好一起做點什麼。她們無話不談——家裡的問題、學校的挫折、同學間的愛恨情仇，也在有壓力的時候互相依靠。

凱特和梅麗莎升上八年級後，她們曾經一起分享的時光，突然變成了一場永無休止的競爭：她們爭奪學校戲劇演出的同一個角色，進了同一支足球隊，考進了同一個進階數學班。梅麗莎的父母說，如果她想進入他們曾經就讀的常春藤學校，就需要認真努力。她需要專注在「正確」的課後活動上，例如室內袋棍球隊（club lacrosse），而不是她朋友參加的那些。光是成為學校裡的優秀學生已經不夠了；梅麗莎需要成為最優秀的那個人。每當老師發考卷，梅麗莎就會立刻轉身去問凱特她的分數。如果一個人比另一個人考得好，接下來她們一整天的互動都會變得不愉快。凱特努力在調適那種既想成為梅麗莎的朋友、又想超越她的心情。她們之間的競爭也影響了其他的人際關係，因為她們開始向朋友說對方的壞話，好確保自己的名聲和地位。

艾莉森說，在家裡，凱特明顯變得更焦慮——而艾莉森也是如此。梅麗莎父母的無所不用其極，激發了她自己的競爭心態，她發現自己正想方設法幫凱特取得優勢。她為凱特聘請了一位聲樂教練上課，為八年級音樂劇的試鏡做好準備；她還為凱特找了一位數學家教，儘管凱特在這科目的成績一直都是B+。

這一切到了某一天終於爆發。那天晚上，凱特正在瀏覽她的Instagram，看到梅麗莎邀請了一群女孩幫她慶生，卻沒有邀請她。凱特崩潰了。在社交媒體出現之前，我們可能事後才會發現自己沒有被邀請參加派對。但現在，凱特不得不眼睜睜地看著她錯過的快樂時光——而且既生動又細節。被排擠已經很痛苦了，但現在，她們的友誼破裂正式成為公開的事實。凱特無法專心念書。她不想跟家人一起吃飯。艾莉森意識到，想要幫助女兒，她就需要認真看待凱特的「網路世界」。

艾莉森到凱特的房間找她。她告訴女兒，她有時候登入Instagram的時候，也會覺得嫉妒或被排擠。這可能就是凱特當時的感受？凱特說是，但她也覺得丟臉，還有被背叛。她們一直聊下去，在整理凱特的情緒時，艾莉森提出了一個建議。她最近在瑜伽課上學到了一種愛與慈悲的靜坐方式；在靜坐中，你可以花一點時間，向自己和生活中遇到困難的人傳遞正面的想法。艾莉森問凱特，想試試看嗎？他們一起坐在地板上，背靠著牆，大聲唸誦、同時為自己和梅麗莎祈禱：**願你平安。願你健康強壯。願你快樂。願你平靜自在。**

艾莉森告訴我，這並不是神奇的咒語，能夠解決一切；但坐在一起感受情緒，似乎確實減輕了痛苦。兩個人也討論了要怎麼讓自己擺脫會觸發痛苦情緒的狀況。因此，當凱特在 Instagram 上看到她朋友在派對上慶祝的發文，就從手機上刪除了這個應用程式。明白了要時常地分享困難的情緒，凱特更能妥善處理自己的競爭心態。一年後，她跟梅麗莎的友誼又開始回到以前那樣親密了。

凱特的經歷也迫使艾莉森審視自己對梅麗莎母親不舒服的感受：艾莉森為什麼會這麼好勝？她想要凱特成為什麼樣子的人？沒錯，她希望凱特表現出色，但她絕對不希望自己像梅麗莎的母親那樣，為了讓孩子到達顛峰可以不擇手段，即使是毀掉人際關係也在所不惜。艾莉森認為，更重要的角色是：教導女兒更宏觀的人生課題，例如：如何不破壞人際關係，又能處理不舒服的感覺。正如艾莉森教導凱特的那樣，我們對於怎樣處理和表達嫉妒的控制力，比自己意識到的更強大。「如果嫉妒讓我們意識到自己缺少什麼而帶來痛苦，」精神科醫師羅伯特・寇爾斯（Robert Coles）寫道：「那麼嫉妒也能引導我們反思。

從嫉妒中，我們會發現自己在問最重要的問題：我們到底是誰？我們真正想要從人生中得到什麼？」(142)

在問卷調查中我問學生，希望父母在他們的高中生活中了解什麼？他們寫了這些：

◎「我一直感覺到自己被拿來跟其他同學比較，這讓我覺得我做得永遠不夠好，我在學業成就上永遠都被同學甩了幾條街。」

◎「我最好的朋友在高中成績排名前百分之一，這對我造成了很大的壓力。」

◎「（朋友之間）有很多愛恨糾葛，我希望父母能夠花時間幫助我度過難關。」

◎「我在高中的時候有嚴重的憂鬱症，大部分時間都是勉強撐著，其中有一部分的原因，是高中和朋友圈中注重成績和成就的有害文化所造成的。」

越競爭的環境，越助長刻板印象

當凡恩轉學到射手女中時，家人非常高興。她的媽媽蒂芬妮告訴我：「我們參觀學校的時候就知道凡恩做了對的選擇。」蒂芬妮是洛杉磯本地人。她是派拉蒙影業公司的執行副總裁，現在也是射手女中學校董事會的成員。他們家重視的，是學校的學生群體組成多元化（射手女中的孩子有百分之四十七是有色人種），以及注重學業。

凡恩很快就融入其中，認識了一群好朋友，也對她的老師產生了好感。在高二那年，擁有一半薩摩亞血統、一半黑人血統的凡恩被喬治城大學的排球校隊錄取了。學校為此舉行了一場正式的簽約活動來慶祝。隨著消息傳開，同學提出了一些讓她措手不及的問題，例如「妳是因為多元種族的背景被選上的嗎？」或者「妳是你們家族裡第一個上大學的人嗎？」有人告訴她，她能進喬治城大學有多麼「幸運」。凡恩認為，這些問題低估了她為了獲得喬治城大學錄取所做過的努力——獲得優異的學業成績和ＡＣＴ分數、為校刊工作，以及參加競爭激烈的體育競賽。

凡恩在《宣諭》上寫下了她的經歷。「我只能想像被自己理想中的大學錄取，並最終感覺自己屬於那裡，是什麼感覺。」然而，她覺得自己必須不斷證明，自己配得上進入像喬治城大學這樣的地方。

在我做的全國學生調查中，問學生是否曾經覺得受到歧視。很多人都在回答時強調，這些競爭環境對於不符合學校「典型」的學生——不論是在階級、種族、文化、性取向或性別認同方面，尤其會帶來壞作用。墨西哥裔的年輕女孩寫到，同學問她，身為一個墨西哥人，她怎麼能「這麼聰明」。另一位父母都來自中東的學生，回憶起在賓拉登被殺之後第二天發生的一件事：「兩個八年級的男生問我，你叔叔死了，你是不是不開心？還說我應該跟他一起下地獄，只因為我看起來像是個穆斯林。」

在調查中，有幾位亞裔學生說，他們不得不忍受「模範少數」這種有害的刻板印象——

所有亞洲人都是「高分機器」和「數學高手」。學生們談到，這種刻板印象讓他們「在課堂上被忽視」，好像他們不太屬於這裡，同時增加了他們必須一直保持最高水準表現的壓力。一些亞裔美國學生也談到了他們在大學入學申請過程中感受到的歧視；他們覺得，自己需要比非亞裔的同儕獲得更高的考試分數和GPA，才有資格參與競爭。一名學生告訴我，她高中的大學顧問建議她在大學申請表上讓自己看起來「不那麼像亞洲人」，這樣她就「更有機會被錄取」。大學顧問建議她在申請論文中這樣寫：她期待著成為校園中希臘生活[13]的一部分，即使她並不打算加入姊妹會。

一名獲得獎學金就讀私立學校的紐約學生說，她永遠都沒辦法邀朋友來家裡玩，因為其他孩子的爸媽擔心到她住的城市玩會有危險。一名在高中期間變性的學生說，每當任何跟酷兒（queer）相關的話題出現時，大家就會把他當作「異類」，或者代表酷兒的「發言人」。我採訪過的一名黑人學生談到，他就讀的學校裡，絕大多數的學生都是白人；身為唯一的黑人，他感受到了額外的壓力。除了自己應該取得成功的一般壓力，他也有需要格外努力工作的重擔，這樣他就不會「驗證了對黑人學生的負面印象」。另一名就讀於紐約市一所私立學校的黑人學生，則描述了她覺得自己好像不屬於這裡的倦怠感。有時，別人會用同年級的另一個黑人學生的名字來叫她：「我以前會糾正他們，但現在我已經懶得再

13 大學的兄弟會和姊妹會通常會以希臘字母來命名，因此加入這些社團的校園生活通常被稱為「希臘生活」。

講了。」

這些經歷，徹底削弱了一個人最核心的自我重視感。紐約市一家明星學校的顧問和私人執業治療師布蕾辛．烏騫杜（Blessing Uchendu）表示，日常歧視[14]和歧視傳達了一個強烈的訊息：社區中的某些人比其他人更受重視。(143)烏騫杜說：「你越是認為自己在這些充滿富裕白人的學校是邊緣人，你離這些社區的理想典型就越遠，你就越會覺得自己不達標、不夠好。」她認為，對那些被邊緣化的學生來說，這些高度競爭的環境尤其讓他們被孤立；他們可能會認為自己必須更加努力，才能證明自己跟其他人有一樣的價值。不過，跟凡恩不同的是，很多學生找不到傾訴這段歷程的對象，這更加深了他們的孤立感。

學校顧問瑞秋．何內斯解釋，越鼓勵學生競爭，他們就越容易體驗到匱乏和嫉妒，而這可能會助長貶低人性的態度和刻板印象。牙買加移民之子雷尼爾．哈里斯（Rainier Harris）就讀於紐約市一所競爭激烈的學校。他說，學生必須實質上證明自己的價值，才能「獲得基本的尊重」。學校裡的競爭在大學申請過程中變得特別醜陋——雷尼爾無意間聽到，他的同學對於平權法案讓白人在申請頂尖大學上處於不利地位做出了傷人的評論。當我第一次與雷尼爾交談時，他才剛剛在哥倫比亞大學開始他的大一生活。雷尼爾說：「我進入哥倫比亞大學時，人們對我不太友善，因為他們認為我不配。感覺就好像他們在怪我

---

14 日常歧視（micro-aggression）是指看似不值一提、卻能令個體遭受排擠的行為，例如毫無根據的臆斷、雙關語式的隱晦表達等。

或其他黑人學生，害他們被像是耶魯大學這類的學校拒絕。」我問雷尼爾，他的同學對傳承入學的學生在申請過程中的優勢是不是也有同樣的反應。雷尼爾笑著說：「沒有，當然沒有。」

為了研究黑人男孩在學校被重視的經驗，德拉瓦大學的研究學者羅德里克．凱瑞（Roderick L. Carey）跟他的團隊針對德拉瓦州一所高中的十七名黑人青少年進行了深入訪談。(144)訪談中出現了兩個主題：第一，黑人男孩經歷了「邊緣的重視感」（marginal mattering）：同儕和教育者使用帶有偏見的語言，讓黑人男孩在社群中被邊緣化——就像同學問凡恩是不是因為多元種族的背景被錄取，或者同儕因為被大學拒絕而指責雷尼爾一樣。第二，黑人男孩可能會經歷「部分的重視感」（partial mattering），在這種情況下，教育者在學校只會培養和讚賞黑人學生的某些技能和能力。凱瑞自己就是黑人，他舉了一件發生在自己身上的事做例子：「當我告訴白人朋友，我進了波士頓學院，有時候他們會問：『哦，你是橄欖球隊的嗎？』他們認為，我進波士頓學院的唯一可能就是體育，而不會是我的智力。」

黑人學生所需要的，是凱瑞所謂的「全面的重視感」（comprehensive mattering）：他們需要被視為一個完整的人來受到重視和認可。凡恩說她在射手女中的老師身上獲得了這種全面的重視感。她詳細敘述了某個特別的時刻，當她的英文老師在全班面前對她說：「凡恩，我不知道妳在打排球耶。真不可思議。」這讓她很意外。她告訴我，她永遠不會忘記那一刻，當場她露出了燦爛的笑容。我問她，為什麼這件事讓她有這麼深刻的印象？凡恩解釋，一般而言，特別是對於有色人種，人們很容易把運動員跟擅長的運動劃上等號，覺得沒有其他的才能。凡恩被認為是一個好學生，同時也是一名排球運動員，讓她覺得自己被看見，也感覺自己的一切都被接納了。

可敬的對手，而不是狗咬狗

在高二的春天，凡恩著手準備申請《宣諭》的總編輯。申請表的開頭就像她預料的那樣，問到了她會怎麼處理某些狀況，例如如何應付總是錯過截稿日期的學生。但是最後一個問題讓她很驚訝。在冗長的申請表最後，泰勒老師問了一個很尖銳的問題：如果你在報社中沒有得到想要的職位，你會怎麼辦？

泰勒老師跟我解釋了她出這題的理由：「我教書教了很久，身為老師，我所學到最重要的一課就是：不要讓事情在表面下慢慢發酵。」事實上，她一收到凡恩、克洛伊和媞亞的申請，就馬上透過電子郵件聯絡了她的學生。「我很高興有三位這麼有才華又能幹的人申請這個職位，」她寫著：「但正如你們所知，我只能選一個。我想提出這個問題：你們對此感覺如何？你們有沒有互相討論過這件事？」

凡恩沒有直接跟媞亞討論過這個問題（凡恩告訴我：「在我們的友誼裡，很多事情都是心照不宣的，所以我們不必說得太明顯。」）但克洛伊提出了這個問題，並且跟凡恩討論。克洛伊說：「這是我們在高一那年就確立的目標，我只是告訴自己，我願意鼓起勇氣，放手一搏，讓自己虛心受教，並提出申請，這整件事本身就是場勝利了。」克洛伊專注在跟自己比賽，讓自己做到最好。她打算拿現在的自己跟過去的自己比較，而不是跟她的朋友比較。

當然，克洛伊和凡恩都知道，如果沒有獲得這個職位，她們會失望。但她們仍打算積極投入報社，擔任另一個職位，並支持她們的朋友擔任最高職位。凡恩說，跟克洛伊討論這個情況很有幫助。這打破了她們之間的緊張關係。

在為這本書做調查研究之前，我曾經認為，競爭對孩子只有壞處。幾年前，我的兒子詹姆斯收到來自一位善意教練的電子郵件，內容是關於「強度極高」的籃球課程，球員在課程中會受到「身體和心理上的挑戰」，其中一句話引起了我的注意：「如果你不害怕挑戰自己，想要超越你的同儕，那這個課程就很適合你。」我再三思考。「超越你的同儕？」瞬間就讓我覺得很反感。在高中和大學的時候，我曾經看過競爭導致友誼破裂的例子。

每當我在訪談中提到競爭這個話題時，其他家長也會很快表明自己的立場。有些人同意我的觀點，並且談到要保護孩子不要承受越來越激烈的競爭壓力。另一些人則持相反的觀點；他們認為社會變得太過溫和，造成現在的孩子「被寵壞」或者「不夠堅強」。

泰勒老師提出了不同的觀點。她說，競爭本身並不是壞事，而是我們對競爭的看法常常是不健康的。當我們不可避免地拿自己跟別人相比，然後覺得自己不夠好，嫉妒心開始湧現時，我們的大腦會試圖督促我們拉近自己和競爭對手之間的差距，來減輕這種不適感。不過，有兩種方法可以縮小這樣的差距：我們可以把嫉妒當成一種動力，努力提升自己達到對手的水準，也就是所謂的「良性嫉妒」（benign envy）；或者，我們可以利用嫉妒來破壞我們認定的競爭對手、抹黑他們，這種姿態被稱為「惡意嫉妒」（malicious envy）。競爭是有益還是有害，取決於我們怎麼樣利用嫉妒心。就像泰勒老師在她的課堂上所做的一樣，我們可以訓練孩子選擇良性嫉妒，而不是惡意嫉妒。

惡意嫉妒把競爭視為零和遊戲——你的勝利就是我的損失；而良性嫉妒則會讓我們把競爭視為互惠互利。良性嫉妒認可你需要別人，而他們也需要你，來發揮你和他們的潛力。透過這種方式，良性嫉妒不僅不會減少、還會加強被重視的感覺。當你用這種方式重新定義競爭——不是關於你獲得什麼或取得什麼成就，而是關於你正在**成為**什麼樣的人，同時也強調了人際關係的力量。

數據支持這個觀點。在一項針對一千多名義大利青少年的競爭動機進行調查的研究中顯示，那些表達了零和觀點的人（例如「即使別人不跟我競爭，我也要跟他們競爭」），更有可能在人際關係中遇到困難。[145]在另一項針對六百一十五名加拿大青少年進行的研究中，研究學者塔瑪拉·韓弗瑞（Tamara Humphrey）和崔西·維蘭柯爾（Tracy Vaillancourt）發現，在高中早期表現出過度競爭狀態的孩子，會在十二年級時表現出更多直接或間接的攻擊行為——這個發現顯示，隨著時間的累積，他們會變得更具有侵略性，也更加孤立。[146]其他研究也顯示，過度競爭的人更有可能被憂鬱、焦慮、壓力和自殘所苦。維蘭柯爾告訴我，一直都要贏會讓生活變得更加挑戰，因為不可能一直贏。[147]相比之下，在同一項研究裡，那些不把同儕視為「妨礙勝利的競爭對手，而是可以促進個人探索的潛在助攻」的學生，擁有更健康的人際關係。這種被稱為「適應性競爭風格」（adaptive competitive style）的特質跟高自尊有關。這些青少年往往也更關心他人的福祉。

那麼，我們究竟該怎樣幫助我們的孩子重新定義競爭，讓競爭是具有建設性而非破壞性的呢？我們該怎麼幫助他們把自己視為整體的一部分，而不是在狗咬狗的競爭環境中孤立的個體？答案並不是一句漫不經心的精神喊話：「其他人能讓你變得更好」——這種模糊的宣示，在殘酷的環境裡一點用都沒有。就像我們可以明確地談論嫉妒一樣，我們也可以支持孩子改變競爭的心態。我們常常會為競爭感火上加油：**某某人申請哪裡的大學？某某人今天比賽打得怎樣**？與其這樣做，我們不如在詢問的時候鼓勵建立關係，教孩子找到他們競爭對手的**價值**。他們競爭對手的優勢是什麼？他們擅長什麼？他們有哪些值得我們欣賞的地方？他們用什麼方式跟我們**合作**——是同一個專題、一個共同的目標，還是一起應付同樣難以置信的成就壓力？

如果你承認你需要別人、而他們也需要你成為各自應該成為的樣子，那麼競爭就可以是互惠互利的。「可敬的對手」是《無限賽局》的作者賽門・西奈克（Simon Sinek）在書中創造的術語，[148]指的是在某些方面比你更優秀的人，可以激勵你在你所看重的事情上變得更好。在經典作品《比賽，從心開始》中，提摩西．高威（W. Timothy Gallwey）用衝浪者等待大浪做為比喻。[149]每個衝浪者的目標，都是乘風破浪到達岸邊。那麼，他們為什麼要等待大浪呢？一個更簡單、更小的海浪，難道不是更安全嗎？高威寫道，衝浪者等待大浪，是因為他重視大浪所代表的挑戰。衝浪者不一定是為了要證明自己或提升自我價值。實際上，他在那裡是為了要探索自己的能力。高威解釋：「只有在面對大浪時，他才需要用盡全部的力量、全部勇氣和全神貫注去克服；只有這樣，他才能認清自己能力真正的極限。」高威認為，就像大浪一樣，你的傑出對手不是你的敵人；他是你的盟友、你的助手：他創造了障礙，讓你發揮出最好的水準。

• 教女孩面對健康競爭

可敬的對手也會從我們帶來的價值中受益——我們的想法、才能和成功。幫助我們的孩子看清這一點同樣重要：他們有哪些優勢，可以讓競爭對手學習或成長？你的競爭對手需要你的優勢這個概念，對女孩來說特別重要，因為她們往往比男孩更難應付競爭為社交關係帶來的影響。男孩習慣了競爭的行為，即使在親密的朋友中也是如此；但女孩則習慣合作的模式，會一起努力實現目標，這跟競爭的概念互相矛盾。[150]

一項針對一所競爭激烈的學校裡近六十名六到十二年級女孩的研究中發現，她們感受到外在的壓力，不敢公開承認自己的抱負，因為承認只會增加她們的內在壓力。(151)泰勒女士在射手女中教書的這幾年裡，目睹了這種互動狀態的發展。她告訴我，有一個小團體中的女孩們似乎壓抑了自己的抱負，只申請某些職位，因為她們不想跟朋友競爭。當她向女孩提出這個問題，她們卻否認了，因此她就沒有再追問。

男孩通常被教導競爭可以促使自己不斷進步，女孩則對於競爭文化有著更多惡意的刻板印象——互相撕扯揪髮、「女王蜂與跟屁蟲」（Queen Bees and Wannabes），就像作家羅莎琳德．魏斯曼（Rosalind Wiseman）在她同名作品中描述的那樣。因此，麗莎．達摩爾認為，女孩特別需要幫助，來內化這樣的訊息：競爭和友誼不一定是互斥的，而是可以「接踵而來」。(152)達摩爾建議，父母要樹立健康競爭的榜樣。跟孩子一起玩遊戲，不要總是讓他們贏，因為這會傳達出打敗他們是不友善的信號；相反的，應該要教他們成為可敬對手的好處，除了爭取勝利，也要在他們做出明智舉動的時候，鼓勵和讚賞他們的努力。

達摩爾在跟女兒一起看奧運比賽的時候，會指出女性運動員儘管在比賽時互不相讓，但當她們越過終點線後，都會彼此祝賀並互相擁抱。我們談到了兩位美國的冠軍跑者，達莉拉．穆罕默德（Dalilah Muhammad）和希德妮．麥克勞林（Sydney McLaughlin）的例子：她們公開表示，要彼此依賴，才能成為優秀的運動員。她們在重大賽事中交手了四次，每次都打破了記錄。正如麥克勞林所解釋的那樣，她知道如果她想贏過穆罕默德，就必須改變她的跑步方式。她訓練的時候，把原本在跨欄欄架之間跑十五步，縮短到了十四步，這幫她節省了關鍵時間。麥克勞林曾說過：「我只能說這是鐵磨利鐵。這是兩個人互相激勵對方，讓彼此都能做到最好。」[153]

想想看，如果孩子們明白，嫉妒不一定是可恥的，只要有正確的心態，競爭可以是健康的，也就能對抗主流文化且影響深遠。凡恩說：「有競爭心態並沒有錯；我就非常有競爭心態。」不過，她接著說，你必須在某些方面劃清界線。「我開始意識到，每個人都有不同的人生旅程。我想，我唯一想要競爭的對象是我自己——我要怎樣每天持續改善和進步，讓自己比昨天更好。而我的朋友幫忙我做到了這一點。」凡恩告訴我：「我開始認識到，支持別人的成功，永遠不會妨礙或減少我自己的成功。」

她的成功就是我的成功

遞交總編輯申請書以後，等待結果的日子像是種折磨，但是這三個女孩互相尋求支持。凡恩和克洛伊幾乎每堂課都待在一起，她們每天會通五次電話，一起完成專題報告和作業。不可避免地，等待公布結果的壓力時不時會交織在對話中：**你覺得我們什麼時候會收到消息？會在春假期間公布嗎？還是會在上課期間？**凡恩說：「我們常常會想到和談到這件事。」這跟凡恩在排球校隊競爭激烈的氣氛不同。在校隊裡，球員們會爭奪上場的時間，因此彼此間幾乎不會交流。但在這裡，凡恩跟克洛伊相互依靠。

經過幾個星期的漫長等待之後，一天深夜，凡恩剛做完功課爬上床，準備看點電視來放鬆，一封來自於現任總編輯的郵件通知從手機螢幕上彈出來，上面寫著：「機密」。

凡恩收到了通知。她獲得了令人垂涎的總編輯職位。她興奮地跑下樓告訴了她的爸媽。但她沒有馬上通知她的朋友；她想給她們一點時間來消化這個消息。她的成就有點苦樂參半。不過，不到十分鐘，媞亞和克洛伊的祝賀簡訊就蜂擁而來。這些長長的訊息表現出了令人難以置信的支持，強調凡恩實至名歸，一點都沒有嫉妒的感覺：「我沒辦法告訴妳我有多高興」、「妳超讚的」、「明年我們會有一個非常棒的團隊」。

「沒有得到這個職位，我當然很難過，」被任命為評論版主編的克洛伊回憶；媞亞則被任命為專題編輯。在泰勒女士的用心教導和射手女中更廣宏文化所織就的支持網中，女孩們明白，她們是比自己更重大事物中的一部分。內化這些訊息，幫助他們消化了自己的失望情緒。他們知道凡恩會是很棒的總編輯，克洛伊會成為優秀的評論主編，而媞亞則會成為厲害的專題編輯。他們都會從彼此特有的優勢中獲益，一起把這份報紙做到最好。

「所以，我心裡從來沒有想過，為什麼不是我得到這個位置？」克洛伊真誠又堅定地說：「她的成功就是我的成功。」

第七章

Chapter Seven

更宏觀的人生課題

——為保護我們的世界做出貢獻

亞當看了看手錶。已經下午一點了。這個時間他本來應該是在前往英文課的路上。但是，在這個寒冷、潮濕、陰沉的日子裡，他卻站在華盛頓州最大瀑布之一的司諾夸爾米瀑布的頂端。亞當抬頭看著聳立在上方的巨無霸常青樹，然後走到懸崖邊向下望去，俯瞰兩百多英尺的落差。儘管濃霧遮住了他的視線，但有一件事情非常清楚：他完全走出了自己的舒適區。

儘管瀑布在他耳邊不停咆哮，十六歲的亞當還是不敢相信，他終於要進行執行第一次任務了。那天稍早的時候，他從課堂上被叫出來參加搜救行動。當亞當的手機在課堂上響起，他收拾好書本時，老師看上去不太開心。但根據當地的法律，亞當可以因為這樣的緊急情況而離開學校。他跑過穿堂，來到停車場。他的隨身包——也就是他被耳提面命要隨身攜帶的那個包包，正在他車子的後車廂裡等著他。包包裡面裝滿了他在任務中可能需要的用品：急救箱、手電筒、水壺、能量棒、防水布、睡袋、雨具和登山靴。

亞當抵達現場後，警察向他和他的八人小組解釋了情況：一名男孩失蹤了，而他心煩意亂的媽媽發現了一封遺書。亞當對他一無所知，只知道那個男孩的年紀跟他一樣大，還有男孩就在瀑布附近的某個地方。

亞當是華盛頓州金郡地面搜救隊的一員。這個搜救隊在警長辦公室的監督下，擁有數十名志工，奉獻自己的時間來尋找失蹤或受傷的健行者、獵人和兒童。每隔兩三天，他們就會接到搜救的呼叫，整年加起來大約有兩百次。志工也被要求協助處理像洪水、颶風和地震等自然災害，甚至還會被派去尋找墜落的飛機。亞當所屬的小組成員，來自於社會的各行各業：微軟高階主管、全職家庭主婦、年輕人等。他們都成為野外導航、求生技能和急救方面的專家。亞當是個特例，是多年來團隊中年紀最小的人。

亞當也就讀於競爭激烈的公立學校；但他的學業經歷，跟我訪問過的其他學生有明顯的不同。在小學的時候，每個科目都讓他感到很吃力。他告訴我：「我在程度最低的組別裡，而且還是在程度最低那組的最後百分之二十。」亞當上三年級的時候，老師建議他的媽媽帶他去做學習障礙測試，最終他被診斷出有嚴重的讀寫障礙。他的爸媽把他送進了一所特殊教育學校來幫助他。他被留級了一年，然後在九年級的時候，被安排進入當地的一般高中；在那裡，他一個人也不認識。他說：「我爸媽鼓勵我加入網球隊，這樣我就可以交到新朋友。」這並不是個容易的轉變；午餐時間尤其難熬。有時候，亞當發現幾個網球隊隊員湊在一起吃午飯，就會悄悄地加入他們那一桌。為了不打擾到他們，他會讓自己沒有存在感，避開眼神接觸，然後低著頭趕快吃完飯。

在家裡，亞當把空閒時間都花在看電視上。而且他有很多時間。在輔導員的建議下，亞當進入高中時選擇了輕鬆的課程——沒有任何資優課程或進階課程。亞當幾乎不費吹灰之力就取得了不錯的成績，但他念書並不專心，也沒有什麼學習動力。他形容自己就像是行屍走肉一樣：孤單、缺乏動力、無所事事。他對自己正在學習的東西感到茫然，甚至是憤世嫉俗，懷疑這一切到底是為了什麼。

後來，在他擔任童軍營輔導員的時候，被介紹到搜救隊去。這個想法吸引了亞當；尋找在郡內那些有時會很危險的地形裡迷路的健行者，好讓他們跟家人團聚。他決定加入。培訓是必不可少的，而亞當需要持續長達六個月的培訓。培訓從上課開始，志工會學習基本知識：如何定位和提供最好的救助，如何看懂不同類型的地圖、在沒有GPS的情況下找到定位座標。一旦志工通過這個階段，就會開始進進行現場訓練，為了像今天這樣的時刻做好準備。

在搜救隊抵達現場的半小時裡，男孩就被找到了，可惜並不像大家所希望的那樣。他的遺體支離破碎地躺在下面的岩石上。搜救變成了收屍。團隊的任務是把男孩的遺體帶上來，讓他的媽媽能夠進行最後的告別。亞當和隊員們花了三個小時，小心翼翼地用滑輪拖拉系統把遺體一吋一吋地從兩百英尺深的岩石上拉到懸崖頂端。

當亞當和其他志工把男孩放在擔架上，讓他的媽媽來辨認時，她發出了一聲刺耳的尖叫聲，然後崩潰地放聲大哭。亞當站在停車場，低頭看著地面，留給她一點隱私。他感到非常無助。亞當說，那是一次震撼教育，當他回想起來的時候，仍然會不停地顫抖。

那天晚上，亞當開著媽媽的小型休旅車回家，鞋子上沾滿了白天的泥土，他心裡只有一個想法：**我這輩子在做什麼？**到目前為止，他童年的目標很單純：在學校拿到好成績，上一所好大學，擁有成功的事業。然後想想該怎樣對社會做出貢獻。亞當只是個青少年——他從來沒想過，自己能夠影響別人的生活，即使只是一點點。但這個年輕人自殺的悲劇，改變了他內心的一些想法。那天晚上，他填寫了一份申請表，想成為青少年危機熱線的志工。毫無疑問的，還有其他人正在考慮要結束自己的生命。或許，他可以幫助他們避免類似的命運。

聽話又努力的小孩

在富裕的社區裡，孩子常常會覺得自己幫不上什麼忙。密集式教養意想不到的後果是，它會導致孩子狹隘地只關心自己。如果我們從孩子出生開始，就培養他們專注於發展自己的長處，例如參加額外的中文課程，就排擠了曾經被社會重視的其他活動，例如成為對社區有貢獻的一份子。我們已經看到了這種極度關注自我的後果。根據針對全美國高中生和大學生進行的代表性樣本所收集到的數據，現在年輕人的價值觀，已經比較少著重於像是關懷社區的社會價值，轉而追求更多自我提升的價值觀，如追求金錢、名氣和形象。(154)一項由密西根大學的研究人員所進行的研究，分析了將近一萬四千名大學生的數據。他們的發現令人擔憂：在過去三十年裡，大學生的同理心一直在下降，參與這次研究的大學生在同理心的測驗成績上，比幾十年前的同齡人低了百分之四十。(155)這種下降幅度太過驚人，某些研究者因此宣稱出現了「自戀流行病」。(156)

是什麼原因造成同理心下降？研究人員提出了一個假設：在過度競爭、高度個人化的社會中，你必須窄化注意力在自己的目標上，努力達成它。如果你擔心自己未來的經濟狀況，就不太有餘力去關心別人。這種有毒的文化助長了極端的個人主義和凡事只能靠自己的想法，不僅在成人世界中如此，我們的孩子也會有樣學樣，還會助長優先考慮自己的態度。

有些家長已經接受了這樣的現實。在我問及她們家青少年有沒有做志工服務時，一位媽媽告訴我：「這是他們應該要自私的時候。」她說，等到他們完成大學學業，就可以開始回饋社會了。社會不需要他們的聲音和意見，至少現在還不需要。他們的路已經被設定好了，一路上都有具體的方向，好讓他們聽命行事；並且沿路設好護欄，這樣他們就不會偏離軌道。

這種精心策劃、自私自利的生活方式，可能會培養出青少年憤世嫉俗的態度。即使他們表面上做出貢獻，但內心常常滿不在乎，認為這只是他們履歷上的陪襯而已。一名學生談到了他去南美洲幫忙蓋房子的暑期服務之旅。但這個服務之旅對改善社區的狀況幾乎沒有幫助，他有點不好意思地承認：「那就只是一群不知道怎麼用鐵鎚和釘子的有錢白人小孩。」另一名學生則教了我一個從沒聽過的詞：「懶人行動主義」（slacktivism）。懶人行動主義者會在社交媒體上推廣一些概念，向追蹤者表現出他們是關心別人、富有同情心的人——但他們很少採取實際行動。發布一則貼文來闡述一個概念很簡單，但一名學生反問我，我們之中有多少人會從唸書和運動中抽出時間，去做出真正的改變呢？

當我第一次見到亞當時，不僅驚訝於他對自己生活有很清楚的認識，同時也被他不尋常的開朗所感染。他的抱負似乎充滿了某種喜悅。他的世界觀跟我遇到的那些懶散怠惰或者過度努力的孩子截然不同。我想起在操場上閉著眼睛繞圈跑的莫莉。我想起談到需要「假裝熱愛」來吸引頂尖大學注意的布魯克林學生。我想起因為成績單上出現幾個B而「備受折磨」的奈特。

儘管我們盡了最大的努力，也為他們做了最好的打算，但對孩子生活過度精心的安排並不能幫助他們展翅飛翔。有很多孩子——那些善良、聽話、想取悅我們的孩子，都按照我們所說的去做。他們花好幾個小時完成學校作業、上大提琴課、在上學前早起游個幾圈、完成社區服務的任務。他們按照被安排好的極度定向路線前進，但這並沒有帶來他們在尋找的意義。諷刺的是，我們對他們「成長」、「成就」和「幸福」的過度關注，正是阻擋他們追求這些的障礙。

沒錯，你可能會想，從發展的角度來看，青少年以自我為中心是很合理的。然而，專家認為，當我們允許他們過於專注自我，當我們沒有鼓勵他們去欣賞和同理別人，當我們沒有指出他們可以怎樣幫助他人，同時強調他們有責任這樣做的時候，實際上我們是在傷害他們，而不是促進他們的成長。史丹佛大學教授、人類發展專家威廉．戴蒙（William Damon）告訴我，現在的年輕人感到壓力和焦慮，不一定是因為我們讓他們過度勞累，而是因為他們不知道一切的努力是為了什麼。他們遵循給定的路線圖、一連串的練習和測驗，但沒有更深入地了解為什麼他們要做這些事。

孩子需要成年人幫助他們放遠視野，看到更大的世界以及自己在其中的角色。換句話說，這不僅僅是為了在學校社團中獲得領導職位來美化他們的學習歷程，而是要他們了解參與能帶來更廣泛的影響：可以在哪些方面為同學和社區提供更大的幫助？在哪些方面可以挺身而出，扮演領導角色，並做得更多？

我們都希望孩子以健康的方式成長，成為相當成功又快樂的大人。但成長不一定要建立在完美的大學申請、提高ACT分數或打擊率，或者讓他們獨特的特殊自我更完善。成長是幫助孩子對房間和教室外的世界產生興趣，擴大他們的影響力，以及他們關心和在意的範圍——就像亞當一樣，發現自己是更大社區、更大世界的一部分。換句話說，要讓他們知道，他們的行動確實很重要，他們對其他人也有責任。

如果我們把太多精力投入在孩子的自我實現和自我完善上，可能就沒辦法讓他們意識到有比進哈佛或史丹佛更遠大的目標——也就是了解他們存在於世界的意義，以及如何為他人帶來價值。戴蒙指出：「當今成長過程中的最大問題，實際上不是壓力，而是覺得沒有意義。」(157)

不只念書還有家務貢獻

在本書第三章提過的艾美，是一位笑容燦爛、舉止溫柔的二十歲女孩。當我遇見她的時候，她正在耶魯大學讀大三。在我們的每一次談話中，艾美都非常慎重及深思熟慮地選擇自己的用詞。因此，當她告訴我，從進入高中的那一刻起，她就煞費苦心、一心一意地想要申請到她爸爸的母校耶魯大學時，我並不意外。

艾美在一個三千人規模的小型農村社區長大，距離威斯康辛州麥迪遜市區大約是三十分鐘的路程。她告訴我：「我對未來的夢想比社區中的很多人都還要大，也給自己很大的壓力，努力取得全A，在運動方面也表現得很出色。」高中時，她就讀附近一所小型的私立學校——學校真的很小，她的畢業班只有二十三個人。每天早上，她一走進學校，首先映入眼簾的，就是來自於頂尖大學的學校旗幟：耶魯、哈佛、賓州大學、哥倫比亞大學。她說，走進校門的第一天，「我立刻知道標準提高了」。儘管這所學校並不是一個壓力鍋，但艾美還是努力保持完美的學業成績，感覺自己必須在每一項作業上都付出百分之一百一十的努力。她很難判斷怎樣才算盡力了。

在家裡，她面對的又是不一樣的要求。做家務是沒得商量的：即使她已經熬夜唸書，還是需要餵雞和砍柴來為壁爐加柴薪。週末，他們全家都會花幾個小時照顧他們十英畝的土地：修剪草坪、清理灌木叢、剷除車道上沒完沒了的積雪、為花園除草，或者照顧蜜蜂。

艾美每個週末都會抗議，說她已經有太多事情要做了；但每個週末，她的父母都還是堅持讓她和她的姊妹繼續做家事。在社會的眼光中，她是個好孩子：她成績優異，是頂尖的運動員，而且不喝酒。她說：「我達到了每一項標準。」但她的父母反駁：**艾美，這些標準都是妳自己選的，也是妳自己判斷達標的**。艾美開玩笑地說，她應該出生在紐約上東區的家庭，在那裡「我的成績和運動獎牌會讓我的爸媽很滿意」。

回顧這些年，艾美說，她的確一直非常專注在個人的生活和成就上。這種專注於自我的態度養成了她的完美主義。抗議歸抗議，但走進樹林、除草和砍柴的確幫助她跳脫出自己的既定想法。成績和學業對她的父母來說很重要，但不是最重要的。他們的首要任務很明確：家裡需要妳幫忙，妳有能力用有意義的方式為這個家做出貢獻。艾美的父母教導她把專注於內在的視角轉向外界，並且展示要怎麼成為會做事、有貢獻的社會一份子。

他們鼓勵她要謙虛——不是要小看自己，而是要她少為自己打算一點。(158)謙虛的人會主動去關心別人的生活，而不是過度關注自己的生活。謙虛有助於我們的心理健康，是病態自我陶醉（self-involvement）的解藥。謙虛會使事情保持在正確的觀點，從而緩衝我們可能對自己施加的不切實際要求。

我跟艾美一樣，在成長過程中每週也有一項讓我感到害怕的家事：修剪我們郊區住宅的草坪。我也跟艾美一樣，拚命想逃避這項任務。我跟父親之間一直拉鋸著，我不斷反抗，而他則會輕聲地催促我去做——我不知道我爸怎麼能夠這樣有耐心。最終，總是以我在星期天晚餐後去修剪草坪而結束，就在天色漸暗之際，剛剛好趕在週末結束前做完。

我曾經跟一位住在加州、育有三個年輕人的媽媽聊到家務的問題。她說，在她的成長過程裡，每個人都負責了真正的家務，例如照顧小孩、幫忙做家事，或者去工作，即使是有很多資源的家庭也是如此。她說，他們沒有「編造」的家務，因此不需要不斷嘮叨或者用家務分配表來追蹤。她的媽媽去學校工作，人們理所當然地認為，她必須照顧她最小的弟弟。這位媽媽說：「她沒有叮嚀我，她只是出門去上班了。」從來沒有人認為，幫忙做家事是可以選擇的。

但如今在很多社區裡，因為注重童年成功，讓孩子免去了家務勞動。(159)我家也是。坦白說，像我父親那樣嘮叨孩子去做家事，對我來說，已經變成了太繁重的家務。我自己動手操作洗碗機、丟垃圾，整理家人的衣服，都來得更快更容易。我的想法與其他人沒兩樣：在針對一千零一名美國成年人進行的全國性電話訪問中，百分之八十二的成年人表示，他們在成長過程中做過家務，但只有百分之二十八的人會讓自己的孩子做家務。正如一位媽媽直言不諱地告訴我：「比起學會怎麼整理床鋪，我寧願我的女兒學會中文。」

然而，我在研究中了解到，讓孩子逃過家務或家庭活動，以便能夠專心唸書或練習足球時，我們就會在他們身上養成一種過分以自我為中心的觀念。這不僅會讓他們自私和只顧自己，也會讓他們有點難相處。過分專注自我對他們來說是不健康的，跟臨床憂鬱症、人格障礙和焦慮症都有關。(160)

．做家事讓孩子覺得有貢獻

明尼蘇達大學的名譽教授馬蒂．羅斯曼（Marty Rossmann）幾十年來一直在研究做家事的好處。在一項研究裡，羅斯曼分析了二十年來追蹤八十四名孩子的數據，並在他們人生的四個階段行調查——包括學齡前、前青春期、十五歲左右，以及二十多歲的時候。她發現，那些學齡前就做家事的年輕人，比起那些沒有做家事或在青少年時期才開始做家事的人，更有可能在學校表現優秀，在職業生涯的早期就獲得成功，並且更有自立能力，成年後也比較不會吸毒和酗酒。做家事的好處可以持續很多年。

在世界上關於幸福最長久的科學研究中，哈佛大學的研究人員追蹤了數百名青少年男孩的一生，來了解早期經歷如何影響健康和老化。[161]一個有趣的發現是，青少年時期形成的強烈職業道德，例如透過做家事培養責任心，是中年幸福的重要預測因素。這項研究的前首席研究學者、精神病學家喬治・維蘭特（George Vaillant）發現，工作勤奮的青少年比起他們的同儕擁有更溫暖的婚姻、更牢固的友誼、更高的工作滿意度，整體生活也更幸福。多年前，我採訪維蘭特時[162]，他告訴我，「這是有道理的」——這些人認為努力經營很重要，而這也是建立成功的婚姻、事業、家庭和友誼同樣重要的因素。

做家事不僅是培養責任感和職業道德的方式，也不只是父母可以避免倒垃圾的手段。做家事鞏固了我們與自己最親密的社群——也就是家庭中的位置，讓我們有能力為周圍的人做出貢獻。我們可以透過家務傳達這樣的訊息：孩子在這個需要他們的世界中佔有一席之地，而且他們的付出可以產生影響。家務會讓孩子覺得被依靠。換句話說，做家事增強了孩子受到重視的感覺。雖然關心別人對我們有利，但同樣重要的是，這是件對的事。

瑪姬・隆守爾（Marjie Longshore）是一位親職教育工作者、家庭領導中心的創始人，也是在緬因州雅茅斯養育兩個青少年的單親媽媽。瑪姬把家庭貢獻提升到了另一個層次：她把家務作為家庭認同的一部分。「我們並沒有真的把它當成家務來討論，」瑪姬告訴我：

「這更像是我今天要怎麼選擇為家庭付出，讓我們家更幸福一點？」

一個夏天的下午，我和瑪姬坐在她的廚房裡，她想起了某個親子關係特別緊繃的夜晚。當時，她的女兒正在努力完成功課，但輪到她幫全家人做晚餐了。她對不得不停下手邊工作去做家事感到不太高興（瑪姬說得很委婉）。「在我們家，寫作業是一種特權，」瑪姬一面提醒女兒，一面幫她闔上了筆記型電腦。女兒反駁：「在這個鎮上，只有妳認為寫作業是一種特權。」瑪姬這麼回答：「妳可以選擇這麼想，但該做的事情還是要做。」

她的女兒拖拖拉拉、無精打采地朝廚房走去，然後製造出一陣乒乒乓乓的聲音，把鍋碗瓢盆敲得匡噹響來表示抗議。回想起這一幕，瑪姬咯咯地笑了起來：「搞得這麼大陣仗，只是為了加熱義大利麵和罐裝的番茄醬而已。」不過，幾分鐘以後，噪音開始變小，她的女兒從廚房的轉角探出頭來：「媽，這就是妳的教養技巧之一嗎？」她嘀咕著。「這個嘛，還滿有效的啊。」上桌後，瑪姬稱讚女兒把義大利麵煮得恰到好處。瑪姬說，妳可以看到她的臉上閃過一絲得意，因為她能夠餵飽家人。感覺自己有用，會生出力量。當孩子為他人做出貢獻的時候，就會茁壯成長，因為這會讓他們覺得自己也很有價值。

不同年齡適合做的家事

2-3 歲	撿起一些玩偶	丟垃圾	幫忙準備餐點
3-4 歲	擺放餐具	清空髒碗	清空字紙簍
4-5 歲	把碗盤放進洗碗機	規劃全家的餐點	打掃客廳
5-7 歲	照顧寵物或植物	把碗盤從洗碗機裡面拿出來歸位	把垃圾拿出去丟
7-10 歲	列出買菜的購物清單	把全家人的衣服丟進洗衣機	整理回收
10-13 歲	幫鄰居鏟雪	去買菜	整理草坪
13-18 歲	為全家人煮晚餐	照顧弟妹	跑跑腿

參考馬蒂・羅斯曼的「可以開始讓孩子做家事的年齡」

找到自己的使命感

亞當在青少年危機熱線接聽的電話，大多數都是些小問題。有人因為學校或朋友的關係度過了壓力很大的一天，但卻沒有人可以傾訴。還有一些常常打過來的人，只是想找個人聊天。青少年非常適合這個角色，因為那些撥打危機熱線的人，通常會覺得跟青少年的連結比跟大人更親近。不過亞當也有接到一些情況更緊急的電話。在那些有人說自己正在考慮自殺的來電中，如果有人需要就醫或正在傷害自己，他就會打電話叫救護車。

「我會在那種關鍵時刻幫助他們，但我真的很不喜歡不能做後續的追蹤，」亞當告訴我：「你跟某個人聊天，你跟他們進行了非常親密的對話，然後你掛斷電話——誰知道他們去了哪裡？但那些電話都一直留在我心裡。」這種不安的感覺足以讓亞當相信，一次性的接觸並不足以保護某個人的身心健康。他希望找到一種建立持續關係的方式；這種關係可以持續發展，並隨著時間提供可靠的支持。畢竟，在他曾經是學校「新生」的時候，就親身經歷過被孤立的痛苦。

憑藉著這個想法，以及兩年的危機熱線輔導經驗，亞當在高二時成立了一個學生支持小組。這個小組將高中的學長姊和學弟妹連結在一起。這個男女混合的團體是由一個男孩所創立，因此可能幫助某些男同學消除了心理健康問題的污名。他說：「男生們會在Snapchat上發給我他們在哭的照片，然後我會回訊息給他們。」對男生來說，發訊息比面對面交談感覺更安全。事實上，當亞當試著跟他們面對面交談時，他們從來不會承認自己陷入困境。但透過這個支持小組，亞當的同學們能夠真正處理他們感受到的焦慮和憂鬱。他們可以聊聊成績、對自己性取向的疑慮、社會壓力和孤獨感等等。

當亞當談到他在學校做的事情時，我能從他的聲音裡感受到他對同學們深深的責任感。亞當說，他只是靜靜地聽著同學們的故事，不打斷，讓他們感受到被理解，感受到自己終於被看見、被聽見了。這個學校小組就跟搜救隊一樣，為亞當增加了另一層被重視的感覺，一種更深度覺得自己重要和被需要的感覺。他指導高年級的學長學姊，教他們怎樣成為具有支持性的積極聆聽者，還有如何讓關於心理健康的對話變得常態化。要讓自己變得重要，我們需要先感受自己有能力。經過多年跟讀寫障礙對抗之後，亞當終於完全感受到自己有能力，感覺自己可以做出貢獻。

不是每個孩子都會像亞當那樣，靠自己的努力承擔起為世界做出貢獻的角色，但我們所有人天生都有這種渴望。如果受到鼓勵，就會增長我們的動力，而過於關注自我則可能會讓這些衝動退化。就像我們的身體一樣，我們的同情心也需要定期的鍛鍊。有些父母告訴我，就像規定孩子每個賽季都要參加一項運動，他們對志工服務也採取了類似的方法。

住在舊金山灣區的一位媽媽，跟我描述了她為孩子制定沒有商量餘地的志工服務要求。每個星期，她要求孩子必須投入五個小時來當自己選擇的志工；而暑假期間，會期待孩子投入加倍的時間。為了強制執行這個規定，她以身作則來示範希望在孩子身上看到的行為。

她會跟他們一起去當地的食品銀行，把捐贈的物品放到貨架上。「每當我因為孩子的行程活動太忙而放鬆這條規定，我總是會注意到他們的幸福感下降了，」她告訴我：「多年來我已經學到，我必須像安排運動練習一樣，把志工排進他們一週的行程裡。」她又加了一句：「他們以前總會為了必須去做志工而不停跟我起衝突，但現在他們會說，他們很期待去做志工。」

現年二十多歲的希德妮．蒙塔格（Sidney Montague），是在一個強制規定做志工的家庭中長大的。雖然她最初對這個要求很不滿，但漸漸地，她開始心懷感激。希德妮在志工中最喜歡的時刻，是她能跟她幫助的人有直接連結的時候，例如課後輔導功課。認識她正在幫助的年輕人，會讓她感到自己的行動能夠帶來改變。深刻的自我重視感，建立在我們跟其他人的互動之中(163)——這是我們了解到自己的價值，並且長大成為一個人的關鍵。希德妮看到了她輔導的學生終於開竅，能夠解出他們之前不會的數學問題時，臉上流露感激。希德妮說，事實上她正是因為暑期輔導的緣故，才決定在紐約大學主修教育，並立志當個老師。希德妮告訴我：「我應該感謝我的媽媽強制規定了那些志工，否則我可能永遠都沒辦法找到我的人生目標。」

在普林斯頓大學擔任副院長三年的塔拉・克莉斯蒂・金賽（Tara Christie Kinsey）說，有太多學生在她的諮詢時間裡向她訴說自己的憂鬱、焦慮，覺得自己的日子過得沒有一點意義。「這不是學生的錯，」金賽說：「這是體制的錯，這個體制培養出這些了不起、努力不懈的孩子，他們只是瘋狂地跨越障礙，但他們感受不到意義，感受不到他們所做的事情有什麼重要性，或者為世界增加了任何真正的價值。」他們完全按照體制告訴他們能進入普林斯頓的方法去做，他們相信外在的成功會帶來幸福的生活。當然，她說，我們從幾十年的研究中明白，毫無意義的成就並不會帶來我們認為應有的回報。

金賽說：「我可以看出來什麼是有效的，什麼是無效的。」因此，她開始把注意力轉向源頭：**我們該怎麼在幼兒園到高中階段進行逆向工程，來獲得我們真正想要的結果？**為此，金賽離開了普林斯頓，成為紐約市私立完全女子學校休伊特學校（Hewitt School）的校長。她跟同事正著手重新設計課程，來應對「現實世界中的棘手挑戰」。

研究清楚地顯示，當學生真正投入正在學習的內容裡時，他們的學習成果會更好。因此，休伊特跟紐約市的非營利組織和其他機構合作，為他們的學生提供機會，不僅能了解社會問題，也能讓他們做出貢獻。在學習有關身心障礙人士的權利後，休伊特學校一年級的學生造訪了中央公園，調查當地遊戲場的無障礙設施。學生運用他們學過的工程原理，提出了輪椅可通行的溜滑梯，以及可以同時容納照顧者的更大型鞦韆等建議。學生把研究成果集結成一封信交給中央公園管理局，呼籲安裝新的設施。當學生收到當局考慮周延的回信時，他們高興得要命。金賽解釋，休伊特的學生來到學校時，知道他們正在做對世界真正重要的專題，這種跟更大的「善」有連結的感覺，帶來了快樂。

威廉．戴蒙建議(164)，想要跟孩子深入討論「為什麼」，可以這樣做：為什麼你認為懂數學與懂得閱讀和寫作很重要？擁有美好的生活對你來說意味著什麼？那麼做個好人呢？你最佩服誰？

對於年紀比較大的青少年，或許你還可以更進一步問：如果你回顧自己的一生，你希望怎樣被人記得？你希望是因為什麼而被人們記得？為什麼？你有哪些特質可以幫助你實現這些目標？

身為兩個青少年的媽媽，金賽想要以身作則，向她的孩子展示有意義的生活。當她偶爾在星期天下午離開家人去工作時，她的孩子會說：「哦，媽，妳真慘，工作好辛苦喔。」金賽的回應都經過深思熟慮：「對我來說，沒有比跟你們在一起更棒的事了。我最喜歡跟你們在一起，但我有件很重要的事情必須去做，那就是改變我們在這座城市裡教育女孩的方式。」她告訴孩子，她熱衷於自己所做的事，也希望他們將來能找到像這樣的工作。

金賽現在注意到，在自己孩子身上可以激發出有使命感的火花。例如，她的女兒夏洛特正在學校上一門有關氣候變遷的課程，每天回家都會興奮地分享她所學到的知識。金賽告訴我：「她一看到科羅拉多大學的溫室氣體排放模擬器就興奮的不得了，興沖沖地把電腦直接拿到客廳來給我們看，」她和丈夫注意到了這點星星之火：「我們就在想，要怎麼把這個火花變成熊熊烈火呢？」那天吃晚餐的時候，他們鼓勵夏洛特去跟老師討論，他們要怎麼在學校裡採取行動，來對抗氣候變遷。

金賽說，人們常常會假設成年人、也就是那些「管事」的人會解決世界上的問題，因為我們是安排孩子接送、足球練習和充實課程的人。但這並不能幫助下一代弄清楚他們關心的是什麼，也不會教他們如何組織想法，並且將之付諸行動。這讓金賽想起了美國著名女演員莉莉．湯姆林（Lily Tomlin）的一句名言：「我總是在想，是不是該有人為這件事情做點什麼？然後我意識到，那個人就是我。」我們要怎麼鼓勵孩子有這種想法？沒錯，**這是個問題，那你打算怎麼做呢？我要怎麼幫你？**金賽說，必須由孩子來主導，否則我們就會一直搶著做。這種看見女兒心中的火花並鼓勵她採取行動的方法奏效了。夏洛特和她的同學用一種類似TED演講的方式向學校解釋，吃肉是導致溫室氣體排放的元凶之一。因此，現在學校每週都施行「無肉星期一」，在星期一只提供素食餐點。女孩正在計算休伊特學校減少的溫室氣體排放量，好讓她們能夠看見一所學校帶來的改變。

過有意義的生活不只是牽涉到重大的社會議題，也能在日常小事之中實踐，例如成為一個好鄰居——尤其是當選擇走開可能比較輕鬆的時候。緬因州的瑪姬告訴我，她有個鄰居是年紀很大的單身漢，而他們家都把他當成一家人。瑪姬說：「看得出來，他很孤單。」每天晚餐過後，他都會按門鈴過來打招呼，帶給他們一盒從加油站順手買回來的甜甜圈。她告訴我，儘管他的做法有點奇怪，但可以感覺到他是出於善意。他不擅長社交，但他是社區的一份子，渴望有人陪伴，所以她告訴孩子，**我們有責任幫助他**。

瑪姬和她當時十二歲的兒子巴雷特一起透過練習打招呼跟問問題——例如問他在哪長大、他週末喜歡做些什麼，來克服跟鄰居交談的尷尬。久而久之，巴雷特偶爾會去鄰居家修理電動工具。當那位老人去他佛羅里達的另一個家時，巴雷特會去幫他割草。在天氣變冷時，巴雷特會幫鄰居的船蓋上保護罩。禮尚往來，鄰居會寄明信片給巴雷特和他的家人，表達他非常感激他們的善意和友誼。瑪姬說，巴雷特以非常具體的方式，看到了自己為這個人的生活貢獻了多少價值。

比別人好，不如對別人好

除了家長，孩子生活中的其他大人也可以幫助培養這種關懷的心態。在我參訪聖依納爵高中的時候見證了這一點。這是一所位於克里夫蘭的耶穌會男校。當地的一位心理學家告訴我，這所學校有些特別之處；她發起挑戰，要我找出其中的「獨特秘方」：非營利教育組織「挑戰成功」的調查顯示，該校年年都培養出一群成績優異且心理健康問題發生率極低的資優生，他們是怎麼做到的？在我對這所學校進行的多次訪談中，有一次我採訪了資深教師和屢獲殊榮的足球教練麥克・麥克勞林（Mike McLaughlin），發現他的祖父、父親跟他本人都是聖依納爵的畢業生。令我驚訝的是，我在這裡所遇到的很多校長和老師也曾就讀於這所學校。是什麼原因，讓他們都選擇回到這裡？

麥克教練表示，人們是被這所學校的價值觀和使命所吸引：培養領袖、學者及**為他人奉獻的人**。在這裡的四年，學生會被教導怎樣在自己的個人需求和目標，以及幫助別人滿足**他們的**需求和實現**他們的**目標這項責任之間取得平衡。換句話說，學校有意灌輸一種以他人為導向的心態。這是種日常實踐。每天，整個校區都會暫停五分鐘，進行每日反思。在我參訪時就有看到這一幕：一到下午兩點，全校停止上課，燈光熄滅，每個學生都把頭靠在桌子上，閉上眼睛，聆聽來自各處室、教職員或學生團體透過廣播談論世界上的需求。某一天，學生可能會聽到有關氣候變遷對於貧困家庭的影響，或者通貨膨脹是怎麼不成比例地衝擊低收入家庭。這些反思擴展了學生的世界觀，也為他們灌輸了同情心，讓學生看到，其他人在很多方面都需要他們的幫助。跟聖依納爵的教職員和管理階層一樣，我們都在努力培養孩子成為最好的自己——就像麥克教練告訴學生的：**在你看見比自己寬闊的世界時，你才是最好的自己**。

學生在高一時都必須修習由麥克教練帶領的服務課程，深入探討這種「為他人服務」

的心態。在這門課中，他們學習了為社區服務的責任。我在參訪期間旁聽了這門課程，聽著麥克教練帶領了一堂關於服務的大師級課程：怎樣從另一個人的角度來看待事物、怎樣積極實踐同情心和同理心，以及怎樣回饋社會。「其他所有課程都會深入研究你的大腦。你需要用腦，但世界也需要用心——這堂課將會深入探究你的內心。」我直挺挺地坐著，環顧四周，發現不只是我一個人聽進了他的話。他吸引了每一個男孩的注意力。

麥克教練讓男孩進行了一個簡單的練習。首先，他要求他們寫下在過去的二十四小時之內，他們在完全獨立、沒有任何幫助的情況下，為自己的成功所做出的努力。然後，他要求他們列出在過去的二十四小時之內，其他人為了支持他們而做過的事情。他要求孩子用百分比來比較這兩個清單。麥克告訴我：「這一直都是很有意思的一件事，因為一個孩子會說：『呃，大概是五十五十吧。』我就會繼續追問：『老實告訴我，你做了什麼？』然後他們就會說：『呃，我被載去上學、有衣服穿、有房子住、有飯吃、有人愛，也有經濟支持。或許更像是百分之五比百分之九十五吧。』重點是，要讓這個想法植入他們的心裡：他們真的需要其他人，而且世界上也會有人需要他們。」他所教授的內容，在某種程度上確實顛覆了文化，特別是在一個以「自我文化」（me culture）為主流的男校環境裡。

然後，學生會把他們所學到的知識帶進社區，並產生影響力。麥克教練說，要用這麼親近的方式來幫忙別人，一開始有很多孩子會很緊張。他鼓勵他們，把注意力從自己的尷尬轉移到需要幫助的人身上。他告訴他們：「人們最需要的其中一件事，就是你的關心。」

有很多青少年當志工都是例行公事：你投入一小時的時間，然後就再也不會回去或再見到這些人。然而，深度服務是關於跟另一個人建立連結，讓他們的生活變得更好。這是關於認識到我們共同的人性，盡我們所能來減輕痛苦，並尊重我們對彼此的責任。這通常不會在一分鐘內就發生。建立這種連結需要時間。「你不必飛到海地建造收容所，才能進行這樣有意義的志願工作，」麥克教練告訴我。在聖依納爵，有些學生會去探望正在接受癌症治療的病人，有些會跟難民一起工作，有些會去為年紀比較小的學生輔導功課。他們所有的計劃都跟人際關係有關，需要他們跟另一個人建立連結。當他們在星期天晚上去為無家者提供食物時，他們必須跟對方握手，看著對方的眼睛說：「嗨，我是提米，你叫什麼名字？」

服務課的神奇之處在於，學校已經把每週三小時的志工時間安排在課表上了。大多數學校都有服務要求，通常學生必須在放學後或週末找時間來滿足這個要求。但大約在五十年前，聖依納爵的神父決定將志願服務作為學校日常生活的一個重要部分，就跟化學課一樣重要。毫無疑問地，這些神父絕對明白，按照平衡他人需求與我們自己需求的價值觀生活，可以增強我們的幸福感；這也是研究顯示的道理。事實上，宗教之所以有助於增強心理健康，[165]部分原因就是因為它減少了以自我為中心的心態，並創造了對於更大整體的歸屬感。正如麥克教練喜歡告訴男孩們：「為他人服務塑造了世界，也塑造了你。」

以他人為導向的心態，不僅能用在志工時間，還可以融入孩子生活的各個方面。當我的孩子開始暑期工讀時，我發現自己使用了在聖依納爵高中學到的語言。他們十四歲時的第一份暑期工讀是擔任夏令營的隊輔，在他們看來，他們的動機和目的就是確保夏令營的隊員玩得開心、保持安全，並學會交新朋友。然而在下一份暑期工讀——每天花八小時做冷凍優格中，他們就沒有那麼容易找到自己的目標了。我讓自己內心深處的麥克教練上了身。我解釋，雖然店家付錢雇用他們來做優格和保持店面清潔，但更重要的是，他們的工作幫助了孩子及他們的家人創造美好的夏天回憶。我們討論了怎麼做可以讓這些回憶更加美好，例如主動歡迎客人，讓他們有歸屬感，而不只是排隊買冰的其中一位顧客。我的孩子開始體會到，「為他人服務」的生活方式，也可以在日常生活中的小細節中實踐。

威廉．戴蒙在他的著作《邁向目標之路》（*The Path To Purpose*）中，提供了幫助青少年找到目標的指引：[166]

◎找到興趣的火花，然後煽動火焰

◎提出引導性的問題

◎對興趣保持開放的態度

◎鼓勵建立跟責任感有關的執行力
◎要求孩子固定為家裡做一些小小的付出，並且讚許這些努力
◎跟孩子談論你的人際關係、你的工作和你的目標
◎把孩子介紹給適合的心靈導師

幫助別人就是建立連結，而我們也可以跟我們一起服務的人建立深度的連結。莎拉在一個富裕的社區中長大，她形容自己上的是一所「競爭極其激烈、殺紅了眼的公立高中」。莎拉說，回想過去，她曾經很憂鬱，但她不知道周圍的競爭對她的心理健康產生了多大的影響；直到她跟著教會的青年團隊一起前往華盛頓特區，參加為期一週的志工研習營。她說，這是她一生中第一次遇到關心並討論除了成績和自己以外事情的人。「他們正在做我所關心的事情，幫助無家可歸的人，我們因此有了連結，」她說：「在那一週裡，我終於找到了我的同溫層。」他們向她展示了關係應該是互惠的，而不是交易性的。她說，這趟旅行成了她人生的轉捩點：「我的價值觀完全改變了。」

在那次旅行之後，莎拉開始在學校之外尋找一些值得關心的事情。「我曾經參加過田徑隊，但如果你不是個優秀的運動員，教練就會對你不屑一顧，」她告訴我：「如果你是明星，他們就會注意到你。如果你不是，那你就是個累贅。」所以莎拉退出了田徑隊，開

始用下午的時間做志工。她發現，幫助別人、關心外界的事物也能幫助她減輕壓力。她可以跟在研習營交到的新朋友聊一些深刻、有意義的事情。這讓她在學校原本的朋友顯得很膚淺。「我從來不知道，能夠找到可以跟你真正討論你的困擾而不會批評你的人，會讓人多麼溫暖和安慰。」莎拉告訴我，她現在是那種會覺得自己有責任去照顧別人的朋友。「我會給患有憂鬱症的朋友發簡訊，直接了當地問他『你吃的藥效果怎麼樣？我們來聊聊吧。』他們都知道，我也有這樣的經歷。」

讓目標成為健康的動力

在亞當剛上高三的時候，因為參與搜救隊、危機熱線和學校心理健康小組工作的啟發，他開始考慮從醫。能在危急時刻助人的急診醫學，是他最感興趣的領域。他一滿十八歲，就有資格跟著急診室的醫生，見習創傷手術甚至是心臟移植手術。「能夠親眼看到病患和醫生之間的關係，還有想著如果得不到支持可能造成的影響，這對我來說的確是很大的動力，」亞當說。「我不喜歡化學或生物，但我知道擁有強大的科學背景對我未來的職業生涯有多重要。而且擁有這個終極目標——『哇，如果我願意付出這份努力，就能產生這麼大的影響』，對我來說是一個很大的動機。」

亞當解釋，他有一部分的動力，是他的父母並沒有介入這個過程。他們讓他主導，這對幫助他確定自己的目標很有用。他可以自由地探索感興趣的活動和志工服務的機會，父母透過開車接送和支付一些費用像是童軍年費等來支持他。他說，能夠嘗試新事物並獲得實務經驗，幫助他擺脫了固定的思維模式：通往美好生活的途徑，就是進入一所好的大學以獲得高薪工作。相反的，他意識到，成功是找到人生的意義。亞當說，當你的想法轉變了，就會明白，不論你去的是社區大學或哈佛大學，都可以過著有影響力的生活。

有趣的是，這種新鮮的觀點並沒有讓他安於現狀。恰恰相反，這激勵了他更加努力，追求更高的目標。懷著這些目標，他不想在簡單的課程上浪費時間；他想挑戰自己，看看自己能做到什麼程度。亞當說：「我知道我需要集中注意力，不能浪費時間在那些不重要的事情上。」因此，他向學校申請轉入數學資優班。上這門課的第一個月，他在第一次考試拿了F。他解釋：「我的讀寫障礙跟數學不太合拍。」不過，亞當並沒有退回一般的學習軌道；他的新抱負讓他有勇氣堅持下去。「現在，我感覺正在超越自我，」他說。亞當的數學老師主動提出在每天放學後為他輔導，他接受了這個提議。亞當的數學成績從一開始的F，一路爬升到最終的B+。他告訴我：「這個世界上有很多天生就很聰明的人，但我不是其中之一；不過，透過努力，我仍然可以實現自己的目標。」當然，聰明有很多的形式，而亞當無疑是非常聰明的。

在亞當高三那個冬天等待大學申請結果的時候，我跟他聊了一下。他不再像剛進高中時那樣迷茫，而是非常專注在自己該做的事情上。當我問他是怎麼找到時間和精力來完成整套資優和大學先修課程、申請大學，同時還參與這麼多志工活動的時候，他謙虛地笑了笑，說：「我精力旺盛。」他還開始接受急救技術的培訓，作為探索急診醫學的一種方式。學校下午三點放學，他的急救課程則是從下午四點到晚上八點，所以他每天都必須小心翼翼地安排自己的時間。「為了想要成功和努力工作，我的確給了自己很大的壓力，但這並不是為了我，」他說：「我要努力工作，這樣我才能擁有知識和經驗來幫助別人。」

• 找到更大的目標，為他人做出貢獻

知道自己的目標，不僅能讓你充滿幹勁，還能提高你的復原力和容忍失敗的能力。我們可能不會一直感受到別人的理解或欣賞，但是當我們為自身以外的事物做出貢獻的時候，就能夠直接看見自己的價值。透過這種方式，目標就會成為一種健康的動力，不僅可以防止心理健康的問題，還可以提供一條擺脫困境的道路。感覺到有比自身更重要的事，可以減輕當今許多年輕人感受到的壓力、焦慮、憂鬱和倦怠感。這種觀點已經被證明可以遏止年輕人自我毀滅的衝動。(167)亞當一定有發現這一點。他的目標支撐著他，幫助他克服了讀寫障礙的挑戰。亞當告訴我，如果沒有錄取他首選的學校，就會去讀社區大學，但他仍然會進醫學院。他已經找到了自己的目標，沒有什麼可以阻擋他。

當我們教會孩子怎麼過有目標的生活，以及為他人做出有意義的貢獻時，他們就會自己產生動力。即使遇到不可避免的挑戰或挫折，目標也能夠激勵、推動他們往正確的方向前進。目標抑制了完美主義的傾向，並提醒他們，自己遠比任何一次失敗都還要重要。挫

折並不能全面反映一個人的內在價值。當我們有一種向外奉獻的使命感時，就會擁有長遠的眼光：看見自己的價值不只是跟著自身成就起起伏伏，我們的失敗也不像乍看之下那麼嚴重。這種更大的目標，會讓我們的心態從匱乏和恐懼轉變為豐盈，讓我們把人生在世視為更大整體的一部分。事實上，要做到慷慨，我們會需要認知到自己生活在豐盈的世界之中，並持續加強這個信念，才能增加健康和幸福感。(168)

我再次見到亞當，是他在加州大學洛杉磯分校讀大一的春天，他在那裡攻讀醫學預科課程。我們手裡拿著冰紅茶，漫步在繁花盛開的初春校園裡，路過一排一排在寬闊草坪上玩飛盤的學生。我問他，一個剛進高中時對學業絲毫不感興趣、只是敷衍了事的男孩，怎麼做到錄取全國最具競爭力的其中一所學校？

亞當羞紅了臉，低著頭說：「老實說，我只是一個普通小孩。」儘管亞當沒有用這個詞，但他其實很不簡單。他學會了怎麼用自己的優點來克服自己的弱點。他告訴我，對一個有讀寫障礙的人來說，要記住街道和建築物名稱是非常困難的；但是對於像他現在這樣需要駕駛救護車穿越洛杉磯加州大學校園的人來說，這些知識是非常重要的。在跟救人一命有關的事情上，幾乎沒有犯錯的餘地，當然也沒有時間不斷查看地圖。「我不能在接到電話的時候，不知道我要去哪裡——救人分秒必爭。」所以他發揮了自己的優點——毅力、同理心和職業道德，花了好幾個星期的時間，記住校園裡所有的建築、小巷和出入口。他甚至會要求朋友在星期五晚上去吃飯的路上考考他。

亞當說：「隨著我做搜救工作、在危機熱線做志工、跟隨醫生在急診室工作的經驗越來越多，我對自己的能力也越來越有信心。」這鼓勵了他接受更大的挑戰。「坐在高中課堂上，要說出『這就是我所相信的世界』真的很難——如果你對這個世界的認識，只是從書上得來，卻從來沒有真正去體驗過的話。」亞當告訴我，對於患有讀寫障礙的學生來說，學習外語是相當不容易的；但對於一名美國急診室醫生來說，西班牙語是一項重要的技能。在新冠肺炎的疫情期間，大學改為線上授課，亞當就趁機前往拉丁美洲來加強他的西班牙語。他在薩爾瓦多的急救小組和紅十字會擔任志工。

「目前我主要的興趣是研究急診醫療服務，看看我們要怎樣應對行為健康危機。」亞當解釋，急救人員會在第一時間到達現場，卻只有接受大約三十分鐘處理心理健康危機的培訓。「我們從來沒有學過要怎麼緩解患者的情緒，」他說：「我們有學怎麼用約束帶，但也就只有這樣而已。」亞當現在正在洛杉磯一個市政委員會裡幫忙，這個委員會希望能夠培訓急救人員，讓他們有能力對患有心理健康問題的病人進行緊急處置。

亞當告訴我，急救服務可能是一項非常艱難的工作——生活本就不公平，糟糕的事情就是會發生。「但是，我的目標是不論發生什麼事，我都能幫得上忙：如果我沒辦法幫助病人，那我就去幫助他的家人，或者幫助旁觀者——任何可以改善情況的事情。」即使他連這點都做不到，也會去思考從這次的經驗中學到了什麼，以便有朝一日能幫助到其他人。

我問他課上得怎麼樣，他告訴我，課程很困難。他的化學教授總是壓低班級的平均成績而惡名昭彰。因此，亞當說，不論他多麼努力學習，他的分數並不是完全掌握在他的手中。但他知道他不會有問題的——他是更偉大志業的一部分。他說：「我試著把得到好成績的壓力轉化成努力用功、盡力而為，然後其他的就聽天由命了。」儘管如此，我還是擔心這門課對他申請醫學院可能會有影響。提到這個問題時，他說：「當你有一個超越自己的目標時，就會意識到有無數條路可以實現它。」

跟亞當的這段談話，改變了我分配教養能量的方式。如果我們相信，身為父母的角色就是培養孩子獲得高薪工作和納稅來貢獻社會，那麼緊盯著他們的學業成績或許是合理的。但如果我們認為，父母的責任是向孩子展示他們對社會經濟貢獻之外的價值，如果我們的責任是培養出對社會共好做出貢獻、關心別人的公民，那麼訓練他們**這方面**的技能也是同等重要的。

現在，在晚餐的餐桌上，我跟丈夫總是會特意討論新聞，說起需要我們幫助的人或問題的故事，即使只是很小的問題。我會在孩子們的行程中安排時間，讓他們能夠為家裡及社區做一些事情。我逐漸意識到，倦怠感的解藥不一定是關機休眠，而是重新投入，改善我們周圍的世界。這才是我們的活力來源。

與其讓孩子毫無目的地虛度多年的光陰，懷疑自己為什麼應該取得成就，我們可以讓他們了解把生活過得有意義的祕訣：「其他人很重要。」就像著名心理學家克里斯多夫．彼得森所說的那樣。(169)亞當跟我保持聯絡的三年間向我展示的，以及我從瑪姬、瑞克和麥克教練那裡學到的是，當你知道自己可以為他人帶來價值時，你的生活就會變得更有意義。而你能夠為他人做出的貢獻越多，你的生活就會變得越有意義。

第八章 Chapter Eight

連鎖反應

——喚醒周圍人的重視感

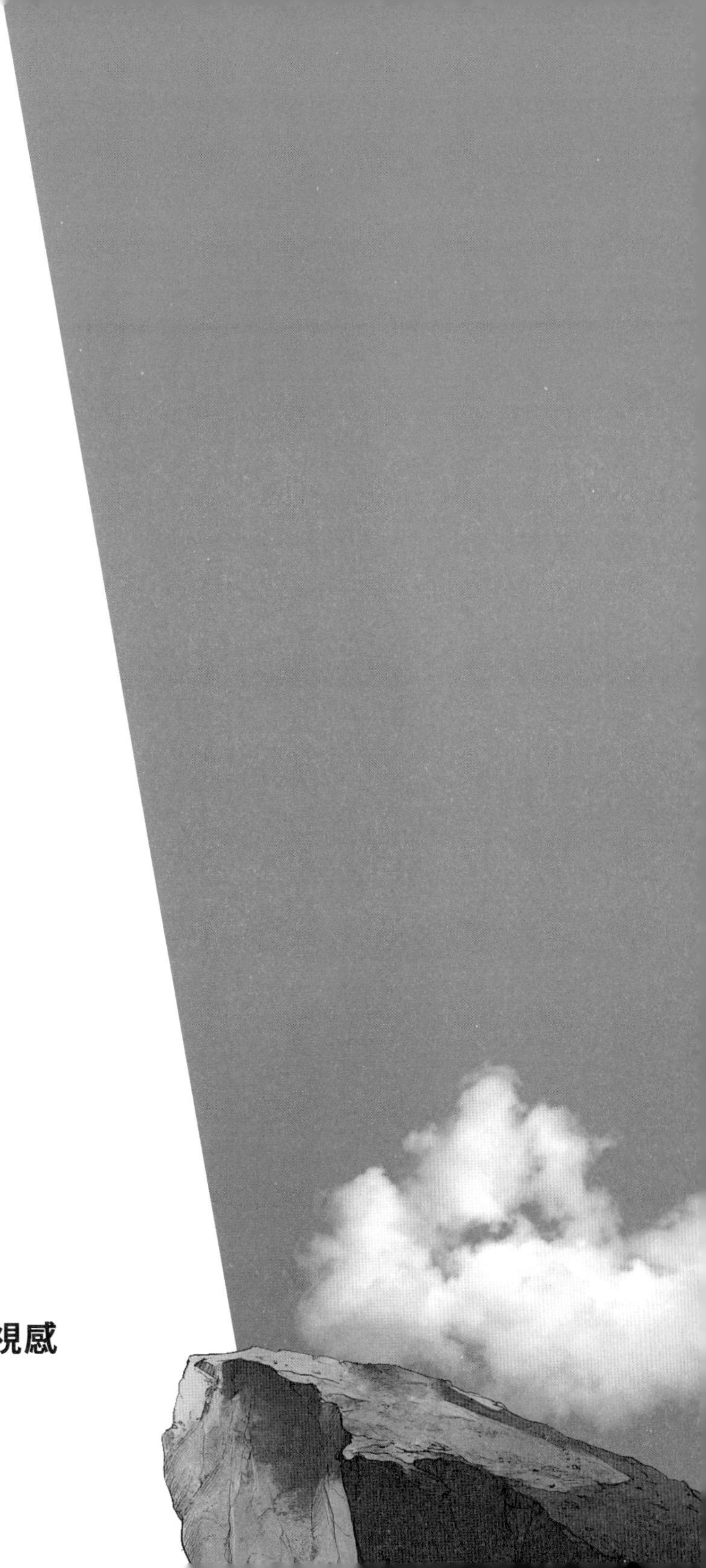

人們問我要迎接五十歲的感受是什麼，我的回答是：感激。我有一些非常要好的朋友沒能迎來他們的五十歲。變老是一份我永遠不想視為理所當然的禮物，所以即使因為新冠疫情而讓宴客人數縮減，我也打算要好好慶祝一下。我的朋友都說，在經過兩年的封城後，我的生日宴會就像是大家重新出發的派對。我的父母、公婆，還有一些親密的朋友搭飛機來給我驚喜。對我來說，那天也是我一生中最大的驚喜。

幾個星期前，在我毫不知情的情況下，卡洛琳偷偷地發了一封電子郵件給我的朋友，解釋了我們的家族傳統——每個人都會說出壽星讓人喜愛的一個優點。卡洛琳邀請他們一起，寄給她一些有趣的想法或真心話，來描述「你特別喜歡她的地方，或者在你們的友誼中特別珍貴之處」。

就在晚餐即將上桌前，我聽到彼得請大家注意，然後房間裡傳來此起彼落的「噓！」我馬上意識到：要致辭了！我迅速把身體靠在牆上，從那裡，我可以看到我的丈夫和三個孩子站在前面。

令我驚訝的是，他們開始談起**重視感**，向我們的朋友描述這個概念。我的家人蒐集了電子郵件的回函，按照主題分好類別（「忠實的朋友」、「提供建議的人」、「慶祝他人成就的人」和「志工」）整理成一篇致辭，來闡述我對朋友和社區**有多重要**。研究和撰寫關於重視感是一回事，但可以如此深刻的親身體驗又是另一回事。

這些關於我成為一位受重視的朋友的致辭，發生在我最後一次修改這本書的草稿，那時我沒能有太多時間投入人際關係。我很少跟朋友碰面，有個朋友偶爾會發簡訊給我：「珍妮佛，妳還好嗎？」確定我還活著。這份致辭的內容提醒了我，這些人際關係對我來說有多重要。也許最讓人印象深刻的，是我家孩子說的話。在三年來不斷談論重視感後，我注意到當這個話題出現，有些人翻起了白眼，或者像詹姆斯說的那樣：「她又來了。」

但事實證明，他們一直在消化我所說的話。讀完致辭後，我的孩子說起了我是怎樣讓他們覺得自己很重要。威廉談到我總是用「平起平坐」的尊重態度對待他，還有當他遇到任何困難時，我提供的觀點總是很有幫助。詹姆斯一面直視著我的眼睛，一面說他是怎樣從我身上學到，犯錯並不是一件壞事，因為我從來不會為了他犯的錯而讓他感到難過，或者讓他覺得自己不值得被愛。卡洛琳說：「妳是我們的好榜樣，妳總是教我們，如果想要受到重視，就要為世界做些什麼。」我只是站在那裡，背靠著牆，默默把這一切都放進心裡。

隔天醒來，我試著理解昨晚有什麼深刻的意義。我想就是這個：我的孩子已經內化了對自己的重視感，而且正在實踐它，並把這種看待世界及自己在其中位置的方式傳遞下去。我在自己的訪談整理中所看到的是，知道自己本質上是有價值的，而且為世界增加了價值的概念，就像連鎖反應一樣擴散開來。正如一位朋友發來的簡訊說的那樣：「我不會再等到重要的生日場合，才告訴朋友他們對我有多重要。謝謝妳提醒我們，應該要讓我們愛的人知道，我們為什麼愛他們。」

用豐盈取代匱乏

在本書中，我們仔細檢視了社會傳遞給我們的訊息：匱乏、嫉妒、過度競爭。在匱乏的幻象之下，在恐懼、焦慮、嫉妒和追求地位的背後，我們都努力追求人類相同的基本需求：因為我們內心深處原本的樣子，而受到重視、有歸屬感、被理解和被愛。

我認為，重視感是對抗匱乏心態的一劑強效解藥。明白人們的價值在於他們是誰，而不是因為他們表現得如何、有什麼成果，也不是因為他們得到了什麼，就能讓我們擺脫掉競爭的束縛。這會讓我們從一直想著所缺少的，轉而去思考所擁有的一切。重視感用健康的方式來提高我們的地位。它可以連結到我們最好的一面，也連結到其他人最好的一面。換句話說，重視感提供了一種豐盈的觀點，讓我們擺脫零和思維，提醒我們每個人都有足夠的資源。重視感展現在我們怎麼對待自己和對待彼此的方式上。即使我們感到焦慮和恐懼，重視感也是我們每天在深思熟慮後都可以做出的選擇。

當我為了寫這本書訪談孩子及他們的父母時，我發現一件重要的事：那些強烈感覺到被家人、朋友和生活中其他成年人重視的人，似乎也更容易表達**其他人對他們有多重要**。當我問這些孩子，他們認為自己成功的原因是什麼，他們常常花很多時間談**其他人**，還有他們的父母、老師、教練和同學是怎麼支持他們的。傑克・庫克（Jack Cook）是克利夫蘭聖依納爵高中的畢業生，最近從哈佛大學畢業。傑克提到在大學先修課程中支持他的同學們，他說他們「比他聰明」，而且會花時間幫助他。他談到了那些鼓勵他挑戰更難課程的老師，在他還沒有自信的時候就相信他。採訪結束時，傑克感謝我讓他想起那些幫了他很多忙，讓他的生活變得更好的人。他打算「用晚上剩下的時間，來聯絡一些高中老師、教練，還有已經一段時間沒有感謝過的人」。

重視感是種不斷滿溢的良性循環。當我們**覺得**受到別人重視，當我們看見自己**確實**為他們做出貢獻時，我們會體驗到一種充實感；這種充實感讓我們能夠跟別人分享，向別人表達他們有多重要，以及他們為我們的生活提供哪些幫助。

換句話說，重視感是可以相乘的。當你感受到愛、滋養和照顧時，就更有可能欣賞別人的成功，感受別人的喜悅。在我們競爭激烈的零和文化中，這種能夠享受他人喜悅的想法往往會被抹殺。有一個梵語詞彙捕捉了這種因他人的幸福而獲得的喜悅：「mudita」。mudita 是一種無私的喜悅，相信每個人都有機會去體驗幸福和成功。換句話說，就像我看到射手女中的克洛伊和媞亞那樣，即使爭取職位輸了，還是可以為自己的參與感到高興，甚至為贏的人感到高興：**她的成功就是我的成功**。這就是 mudita。

學習關於重視感的知識讓我如釋重負，也讓我感到責任重大。一旦你明白並感受到重視感的力量，以及相反的、無關緊要的感覺，就可能會像我一樣，把它視為一種義務，用這種知識來做好事，並且把它傳播出去。如果我們能夠開始讓人感受，他們對家人、朋友、社區是真實、深刻且無庸置疑地重要，想像一下，這個世界看起來會是什麼樣子？體感上是什麼樣子？世界會變成什麼樣子？重視感會促使我們行動：例如幫助某人覺得自己很重要，即便只有在這一刻？

成為一起幫忙的大人

多年前，作家布魯斯．費勒（Bruce Feiler）被診斷出患有一種罕見的癌症。(170)他在暢銷書《爸爸後援會》（*The Council of Dads*）裡，描述自己的擔憂：如果他沒能度過這一關，他的妻子和年幼的女兒可以依靠誰？他聯絡了一小群朋友，邀請他們加入他的「爸爸後援會」，這些人將會支持並幫忙塑造他孩子的生活。

費勒的故事讓我意識到，有時候父母會認為應該要能夠獨自滿足孩子的需求。（看看我床頭櫃上面一直不斷堆疊起來的參考書，這是我為自己設定的課程表，訓練自己如何成為孩子的心理治療師、營養師、激勵教練……等等。）這就是一種匱乏心態：你必須肩負起所有的角色，保護一切，掌控一切。這種認為我們對自己孩子的未來擁有唯一控制權的迷思，不僅傷害了我們的孩子，也損害了我們的親子關係。

但是，重視感的心態卻是恰恰相反：我們本就不該獨自做這些。在更廣泛人際網絡的參與下，我們的孩子會表現得更好。這不僅是因為多元性讓他們能接觸更多世界的事物——雖然這也是事實，也是因為當你受到比你的直系家庭更大的人際網絡所重視時，會加強你的受重視感。我們的孩子在生活中遇到越多關心和愛護他們的成年人，能夠了解、欣賞並關心他們真正的樣子，他們就會感到自己越有價值，也就越會去接觸能為別人做出貢獻的方式。我用會以下這些問題來思考：**我要怎麼在孩子的生活中找到能取代自己的人？我要**

怎麼在其他值得信賴的大人的幫助下，拓展我正在做的事情？

一個更大的成人網絡具有保護作用。如果孩子的身邊圍繞著關心他的大人，就比較不會做出危險的行為，(171) 一部分的原因，是因為他們不想讓關心他們的人失望。一位媽媽提到，她警告兒子在高中最後的幾週裡別惹上麻煩，因為那時他雖然已經完成大部分的課程，但還沒有畢業。兒子對她說：「哦，別擔心，我絕對不會讓菲利普斯先生（學校校長）失望。」她說，有一部分的她覺得洩氣，因為他擔心的不是讓她失望。但她很快意識到，在她兒子的生活中，其他大人的尊重是一股非常強大的力量。

讓我們的孩子身邊圍繞著值得信賴的大人，也可以讓我們不會因為要扮演所有的角色，而把自己弄得筋疲力盡。相反的，我們可以積極邀請成人網絡進入生活，這有助於保護孩子的重視感。問問自己：你所在社區裡，有哪些「長輩」可以幫助你的孩子？哪些大人會讓你的孩子感覺自己很重要，會認真聽他們想要說什麼？碧雅．威爾遜（Bea Wilson）是南卡羅來納州查爾斯頓的高三生。她的舞齡已經有十三年。雖然她對舞蹈一直都感興趣，但她說直到六年前，她才真正愛上了跳舞。當時，她偶然加入了一個重視她的舞蹈工作室；在那裡，她不僅僅是一名舞者，她的老師對她這個人很感興趣。在她生病的時候，他們會傳簡訊，告訴她他們有多麼想念她，但還是希望她留在家裡好好休息。

他們也給了她回報的機會。每週都有一天，她和其他幾位志工會舉辦一個名為「紫色芭蕾舞裙」的課程，幫助發展障礙和身體障礙的孩子學習跳舞。就像她的老師對她所做的那樣，她打招呼時會叫出每個孩子的名字，讚美他們的頭髮或服裝看起來有多特別。她了解每個孩子喜歡什麼、不喜歡什麼，而且她常常從他們的父母那裡聽到，孩子的自信心和舞蹈技巧都在進步。當碧雅說話時，她的聲音聽起來充滿了依戀。她說，她非常感激她的老師讓她感到自己很重要，也感謝她現在有機會為其他孩子做同樣的事情。

喬治是我一位朋友的十四歲兒子，兩個暑假他都在家附近的一家熟食店打工。老闆很關心他，會去了解他的愛好，並且大力稱讚他有強烈職業道德和責任感。她發現喬治喜歡在家裡做料理，就鼓勵他做一些特別的東西，可以放在店裡販售。於是店裡的菜單上有了「喬治的酪梨醬」。現在，喬治把這種受重視感，傳遞給了他週末照顧的孩子。他照顧的一個小男孩是製作編繩手鐲的專家，所以喬治問他能不能幫他做幾條手鐲讓他送給朋友，他會付錢給他。現在這個小男孩也感覺受到重視。這就是重視感的連鎖反應。

對於緬因州的瑪姬．隆守爾來說，擴大家庭圈意味著在日常生活中的經營，例如跟多年來已成為像大家庭一樣的朋友一起度假。二十年前，瑪姬在一個遊戲場遇到了她最好的朋友艾蜜莉，當時他們最大的孩子才一歲而已。這兩位媽媽一直有意識地跟對方的孩子建立獨一無二的關係——向他們介紹各種愛好、帶他們去參加體育賽事，甚至帶他們參觀大學校園。瑪姬說：「當我知道有其他大人在照顧我的孩子，向他們展示一個跟我所能分享的世界不一樣而且更遼闊的世界時，我很難用言語來形容這讓我有多欣慰。」

住在帕羅奧圖的一位媽媽，談到了她在孩子動蕩的青少年時期，是怎麼建立起一個「媽媽後援會」的。團體中的每位青少年都會拿到一份名單，上面有五位媽媽的名字。這些媽媽會把自己的手機號碼給團體裡的孩子，並答應對他們聊的任何話題都保密，不論是學業壓力、喝酒，或是人際關係上的問題。他們很認真地經營這個團體。如果其中一個孩子很擔心成績，這群媽媽中的每個人都可以跟他們喝個咖啡聊一聊。如果孩子發現在派對上沒有可靠的人可以載他們回家，就隨時打電話給其中任何一個媽媽，不需要說明理由。這不僅是給孩子明確的訊息，告訴他們可以向誰求助。這些媽媽所做的，是分享他們的家，讓他們家的青少年向外面值得信任的人敞開心扉，並分享他們的困擾，讓他們的朋友可以看見家裡的情況。

這種安排也讓他們生活圈裡的大人覺得自己很重要，因為他們不僅被信任，也覺得能有所貢獻。「老實說，我從自己孩子身上並不一定能得到我想要的那種感激，」一位正在指導兒子小聯盟球隊的父親說道。「所以，幫助球隊中的孩子對我來說很有動力，他們願意表達感激，會讓我覺得我所做的事情真的很重要。」

跟老師建立連結

對所有孩子來說，在疫情之後重返校園都需要一段適應期。正如一位媽媽告訴我的，在學校需要戴口罩、保持社交距離、在隔板後面安靜地吃飯。這並不是五年級生活的理想方式。當她一向很喜歡上學的兒子史蒂芬說，他再也不喜歡上學了，這位媽媽試探性地問了一些問題，想找出他拒學的原因：如果他不去學校的話，他覺得有人會想念他嗎？學校裡面有沒有哪個大人，是他可以放心去求助和聊聊這件事的？這位媽媽發現，她的兒子在學校感到疏離，是因為他跟任何一位老師都不親近——一定要戴口罩這件事，讓他覺得自己有點不起眼。

在家庭之外，學校是孩子最重要的社群，是個微型的社會。在學校，他們可以學習怎樣做出有價值的貢獻。但匱乏心態可能會對學校產生狹隘的看法，在家長和老師或學校管理人員之間造成明顯的緊張關係。當我們對孩子的未來感到焦慮，父母可能會（即使是潛意識地）認為，我們把孩子送進學校的使命，就是讓孩子進入最好的大學。正如美國東北部一所明星公立學校的老師所說的，家長可能會表現得好像他們是付錢消費的客人——「顧客永遠是對的，」她說。老師或學校管理人員所做的事情，如果可能會妨礙孩子申請大學，就會被視為一種威脅。

一位媽媽告訴我：「當我們的爸媽接到老師的電話，他們會問我們：『你做了什麼？』但現在，我們會問：『老師做了什麼？』然後會考慮打電話給校長，或者找律師來處理。」

在桑妮雅．盧塔所做的學生調查中，她發現對學生有負面影響的關鍵層面，是他們感覺到家長和學校之間存在裂痕。那些認為他們生活中的成年人之間合作程度較低的學生，壓力值也是最高的。盧塔指出，如果學校真的是孩子的第二個家，那麼家長和老師之間如果出現針鋒相對，就像讓孩子陷入離婚的壓力之中。這迫使孩子選邊站，從而讓他們已經感受到的壓力變本加厲。

老師是孩子感覺受重視的重要來源。我遇到一位賓州大學的大四學生達莉亞．貝夏茲卡亞（Darya Bershadskaya）。她向我解釋，她之所以能夠度過高中充滿壓力的日子，是因為她跟校刊社的指導老師和幹部建立了良好的關係。每天早上，她和其他幹部都會提前到校。他們不僅會討論校刊必須完成的工作，還會聊到書的內容、休閒愛好和課堂外的生活。她說：「這裡感覺很像一個家。」

她接著告訴我，校刊指導老師不只把達莉亞和她的同儕視為學生，而是把他們當成人來看待。事實上，達莉亞受到指導老師對學生奉獻精神的啟發，在畢業後，她參加了為期兩年的「為美國而教」（Teach For America）計劃。在校園裡，她驚訝於很多同儕看起來很掙扎，因為他們生活中的一切似乎都是有條件的：他們的聰明才智、人際關係，以及他們的價值。她覺得自己很幸運，能夠感受到老師將她視為一個人：「成為那個團體的一部分，跟我的指導老師和校刊團隊在一起，感覺就像是被無條件的接納，為我的成長鋪路。」

豐盈的心態會促使我們不只是把校園視為是孩子受重視的地方，而且也是他們的老師需要得到重視的地方。老師們為了自身的心理健康和福祉，會需要知道他們正以有意義的方式對社區產生影響，並做出貢獻。他們也想要並且應該受重視。我們可能已經習慣了在節日送老師禮物或者舉辦謝師宴。但建立連結也意味著超越這些禮貌，改變我們的立場：

從對立到建立橋樑。我在默瑟島遇到的一個媽媽黎安娜．蒙塔格（Liana Montague）說，她每年都會要求孩子給他們的老師寫一封感謝信，表達老師對他們有多重要。這不僅讓她的孩子養成感謝人們為他們生活做出貢獻的習慣，同時也讓老師更了解他們對學生有多重要。

建立健康的親師關係對孩子的好處是很顯著的，即使是從孩子的表現上來看也是如此。丹娜是來自紐澤西州郊區小鎮的一個媽媽，她說了一個她六年級兒子約翰的故事。約翰被他的英文老師指控抄襲。她說：「老師說，約翰不可能寫出這樣的作文，因為裡面的想法太像大人了。約翰回到家的時候，滿臉都是淚痕。」

她當下就衝動地想要打電話去學校痛罵老師一頓。不過，她還是決定先打電話給一位朋友訴苦。她說：「朋友建議我，讓兒子先試著為自己辯護看看。」第二天，約翰去找老師解釋，但沒有什麼用。因此，丹娜跟老師聯絡，安排了一個親師面談的時間。在會面之前，她提醒自己，她跟老師都是她兒子生活中同個團隊的一份子；兩個人都希望他成功。「面對這個素未謀面的人，我以信任的態度來對話，相信我們都是為了約翰好，」她說：「我平靜地解釋，我的兒子為自己優秀的文筆而自豪，這是他自我認同很重要的一部分；而我在幫他檢查作文時，只是加了幾個逗號而已。」丹娜溫柔又堅定地告訴老師，這完全是她兒子自己寫的故事。

在短暫的沉默之後，老師感謝她客氣的回應。「那一刻，我們用尊重和禮貌的方式對待彼此，為接下來我們一起度過美好的一年打下了基礎，」丹娜說。他們是夥伴。而且她兒子的寫作能力也因此變得更厲害了。丹娜告訴我：「事實上，這位老師後來成了他最喜歡的老師。」她事後回想起來，如果當時她衝進去要個說法，可能會損害她兒子的師生關係。但由於她採取了不同的做法，後來約翰寫的每一篇文章，都努力想讓老師留下更深刻的印象。「看到他在寫作上得到這麼多支持而更上一層樓，真是不可思議。」

重視感的框架所帶來的好處，是讓我們從競爭轉向合作，從孤立感轉向連結感。為了克服史蒂芬不願意上學的問題，他跟媽媽想出了一個計劃：他要把重點放在讓老師知道他們對他有多重要。他會在上課時全神貫注、專心投入，然後在離開教室時感謝老師。這個在做法上的簡單調整，營造出了一種積極向上的氛圍：向老師表達感激，以及老師對這個舉動的回應，向史蒂芬顯示了他對老師有多重要，以及老師對他有多重要——而且，他不再抱怨不想去上學了。

從鄰里開始表達重視感

讓別人知道他們對我們有多重要，即使是用微不足道的方式，也可以在社區中產生迴響。在我訪問默瑟島的時候，遇到了那裡的學生梅加娜．卡庫巴爾（Meghana Kakubal）。我們把餐盤放在腿上，一邊吃著沙拉，一邊聊著她是怎麼被同學選為學校樂隊的指揮之一。

根據我參訪學校的經驗，我知道這是個大家都垂涎的職位，也是樂隊三百名隊員的領導者——不論在場上或者場外都是如此。在表演方面，樂隊指揮在場上指揮樂隊，也要在遊行中帶領樂隊。在幕後，他們帶領排練、辦理校慶、協調活動，也是指導老師和學生之間的橋樑。

梅加娜告訴我，身為印度移民的女兒，她理解在一個以白人為主的社區裡有時候被忽視是什麼感覺。她會認真對待樂隊指揮這個領導職位所帶來的榮譽，並且把幫助所有學生都被看見和受重視作為自己的使命。

這不是個簡單的任務。梅加娜說，因為樂隊的規模很大，所以通常是外向的人得到認可，這樣的人才是屬於那裡的。身為一個自稱內向的人，有時候她會覺得自己在樂隊裡沒有那麼受到重視，只因為她不那麼擅於表達。她說：「所以，在我競選樂隊指揮的演講中，有一部分談到的是，我們需要確保內向的人也知道他們受到重視；他們不必成為樂隊中聲音最大的人，也能成為樂隊成功不可或缺的一部分。」

梅加娜解釋，在前任樂隊指揮訓練她的時候，給了她一個建議：「妳不可能認識所有的人，所以當有人跟妳說什麼，妳只需要回答『好喔，謝謝』。」梅加娜沒有說什麼，但她覺得這個建議有問題。她無法改變過去，但可以改變今年的樂隊文化。她不要只是對樂隊同學點點頭，而是要記住每個樂隊成員的名字。她從擔任樂隊指揮開始，就花了幾個週末的時間記住樂隊成員的名字，並且還測驗自己是否都記得了。到了年底，一名低年級學生寫了一封感謝信給梅加娜，說她很感動梅加娜總是直呼她的名字，這讓她感覺自己在團隊裡很重要。讓每個人都覺得被重視，特別是那些可能被忽視的人，幫助樂隊改變了文化。這個轉變，激勵了更多內向的學生角逐樂隊的領導職務；有些先前因為沒有歸屬感而準備退出樂隊的學生，後來也成為了領導者。

我在採訪中學到的另一個重要課題，是人們需要知道自己受到重視，比他們需要隱私來得更重要。我從克利夫蘭的一個家庭那裡學到了這一點。這個家庭讓我印象深刻的地方，是他們的生活完全建立在人際關係和打破藩籬上。在這個家庭裡，人是第一順位。從他們招呼我和跟我聊天的方式，就可以明顯看出這一點：他們邀請我一起吃晚餐。從他們家的布置上，也可以看得出來：客廳的空間能容納二十個人，還有超級長的沙發。而孩子們很自在地就加入了我們的對話，也可以說明這一點。

這位媽媽跟我講了一個故事。她兒子老師的妻子生病了，兒子不時會向老師詢問狀況，而他們家的人也主動向學校提供幫助。對於一個青少年來說，會有這樣公開展現同情心的舉動，真的有點不尋常。這件事讓我印象深刻。他的媽媽說，當某個人的生活中發生了一些事情，「採取忽視的態度是不禮貌的。實際上，做出回應才是禮貌的。」這些就是連結我們的紐帶，幫助我們認識到，我們對彼此有多重要。

重視感提供了更深層的連結。我在威爾頓遇到的其中一位女士凡妮莎．伊利亞斯，在威爾頓青年理事會的工作推動一些改變之後，開始尋找可以為其他人建立連結的方法。她決定把「重建聚落」（re-village）當成使命，要在威爾頓重建社區連結來消除疏離感和孤獨感。自二〇一八年以來，她一直在籌辦全鎮性的街區派對，讓鄰居們在夏季有兩個週末（六月和九月）可以聚在一起，讓鄰里的孩子們一起在戶外玩耍。活動主題「一次一街區，打造新社區」，正是這些聚會所要實現的目標。第一年，有超過一千兩百名居民參加了四十個不同的街區派對。(172)街區派對活動給了鄰居互相聯絡的理由，打破了圍籬後面的「孤島」——「不會因為借一杯麵粉而感到尷尬，」凡妮莎俏皮地眨了眨眼。

在一次臨時興起的閨蜜聚會上，凡妮莎向幾位女性朋友敞開心扉，聊起她在教養上的困境。這讓她想到，雖然街區派對很有幫助，但媽媽們很需要一種無拘無束的聚會方式——一個純粹是為了好玩，沒有任何目的的聚會。起初，她遭到了質疑。「當我第一次向一個朋友提到這個想法的時候，她問我：『但妳想要用這個活動讓我做什麼——說服我去當志工嗎？』」

凡妮莎並不氣餒。她在臉書上發布了消息：她正在發起一個名為「威爾頓女性」（Women of Wilton，簡稱為 WOW）的社群，參加的任何人都可以在其中體驗到「一群參謀團、一段故事、一些挫折、一些歡笑，以及跟自己的感情連結」。這個社群現在有自己的臉書粉絲頁，擁有超過四百名年齡從三十歲到五十歲不等的成員。在新冠疫情之前，他們每月都會見一次面。現在疫情降溫，他們又重新恢復聚會。

重視感的實踐，戳破了我們要面子的生活——那種我們不需要幫忙的錯誤觀念。這些微小的時刻，戳穿了我們聲稱是保護家庭的假象，而實際上卻滋長了孤獨感。儘管我很喜歡紐約，但這個地方的人非常注重形象。不過，跟我的鄰居一起實踐重視感，意味著我們都要放下我們有時配戴的公眾面具。當天氣意外降雪，但孩子的雪褲已經不合身的時候，我們不再懊惱自己是不稱職父母，而是很快地發一條訊息向外求助：「**請支援，誰家有十號的雪褲？**」這既解決了實際上的問題，又能消除我們注定要獨自生活的想法。重視感加強了我們的社會安全網。我的孩子也會感到安心，因為他們知道，在需要幫助時他們可以向哪些人求助，不論是在深夜裡要列印作業時突然發現印表機沒墨水了，還是做菜到一半突然發現算錯份量而不得不去借一杯牛奶。我不只是讓鄰居看到我手忙腳亂的生活，他們也是我賴以度過難關的貴人。

解鎖他人的自我重視感

擁有重視感的心態，可以擴展我們對孩子成功的看法，以及他們真正需要的是什麼。強尼是紐約一所高中十年級的學生，他在學校的日子並不好過。他的社交生活裡少了點什麼。他的媽媽告訴我，他在學校有朋友，大家也都滿喜歡他的，但他並沒有覺得跟他們有很強的連結，沒有人會約他出去玩。因為別人沒那麼重視自己，讓他不敢自己主動聯絡別人。他陷入了孤獨的陷阱之中。

後來，在秋季開學的前三週，發生了一件事，改變了這一切。學校音樂劇缺少一個關鍵角色，強尼有好幾個朋友都來找他，問他願不願意參加。他們真心懇求他，解釋說如果沒有這個關鍵角色，他們就沒辦法演出這部戲。強尼很猶豫，因為接了這部戲幾乎每天都要練習，而每次練習還長達兩個小時，這會佔到他寫作業的時間。於是他徵求了媽媽的意見。

強尼的媽媽說：「我原本可以說他沒有時間，或者說這會干擾到其他事情；但我知道，他需要的不是更多的時間來唸書。」她鼓勵他去參加——而在她內心深處想著，如此一來，**他就能再次感受到跟朋友之間的連結，以及被朋友重視的感覺**。

自從加入這齣劇之後，強尼就成為了受重視的成員。他不僅是出色的演員，而且在他的朋友表現出色時，他總是第一個給予讚賞的人，也是在場邊歡呼聲最響亮的人。他的同學一直都很感謝他的加入，因為他們知道，演戲並不是他喜歡做的事；而他們讓強尼知道，他的參與和努力幫助了這部劇的成功。做出貢獻及受到重視讓強尼充滿了活力，鞏固了他對於學校的歸屬感，也強化了他的確對朋友很重要的想法。

現在，重視感完全影響了我教養孩子的方式。每當家裡有事情不順利時，每當我的孩子感到孤單或備受壓力時，我解決問題的目標不會著眼於讓他們快樂。我會把重點放在他們是否受到重視，並使用這個框架來思考怎樣做才能真正幫助他們。他們是不是因為不受重視而困擾？他們是不是因為不知道自己該怎麼做出貢獻而為難？我甚至不再告訴孩子，我只是想要他們快樂。我逐漸意識到，只要過著受重視、並且對別人有所貢獻的生活，幸福快樂就會隨之而來。

在高成就社區裡，年紀小的孩子要找到能做出貢獻的地方，可能是項挑戰。我訪談過的一位媽媽，提到了他們家兩個青少年之間的緊張關係。她們家弟弟從來不肯幫忙，所以姊姊感覺只有自己在做家事和幫忙家裡。她說，十二歲的小孩非常自我中心。對於家裡的其他人不遺餘力地幫忙他這件事，他也不覺得感激；他把這些事情看成理所當然。這位媽媽說：「我覺得他把自己想得**太過**重要了。」

於是，我們開始集思廣益。我問她，兒子有負責任何家務嗎？有沒有什麼具體的方式，可以讓他感覺自己很有用，被別人依賴？她眼睛一亮：沒有。除了他自己之外，他從來沒有被要求為任何人做出貢獻。我們猜想，或許他過度的自我中心，是一種感覺自己對別人不重要的補償心態。她打算在家裡做個實驗，給他一些真正的責任——讓他跟保姆一起計劃每週的餐點及採購，看看會不會有用。

兩個星期後，她寄了電子郵件告訴我，她兒子不僅會幫忙保姆採購，還學會了一道自己的「招牌」菜：優格雞。那一天的晚餐，姊姊告訴他，那是她吃過最好吃的雞肉。現在她兒子有時候會在睡前花點時間看食譜，找一些可以讓家人驚喜的美味料理。媽媽很確定他現在沒有那麼自我中心了。現在，雖然她還是要三催四請才叫得動他來幫忙，不過在家裡運用重視感的觀點，為他開闢了一條受重視而且更關心別人的道路。

另一位媽媽史黛西，則是聊到了她高中的兒子跟他兩個最要好的朋友的故事。在高一開學的頭兩週，她兒子的兩個朋友都有了認真交往的女朋友。他不再是三劍客之一，而是變成了電燈泡。當他邀請他們去看電影或打電動時，他們總會說沒空。現在，他們很少一起吃午餐了；另外兩個男生通常會跟他們的女朋友一起活動。他覺得自己對他們不再重要了。

史黛西看著她們家原本無憂無慮的青少年變得憂鬱和沉默，覺得越來越擔心。隨著時間越來越接近他升高三的暑假，史黛西沒有鼓勵他去找一份可以為簡歷加分的實習工作，而是建議他重新回到夏令營擔任隊輔。她知道夏令營是個能讓他真正覺得受重視的地方。回到夏令營還不到一個星期，他的低迷情緒就好轉了。當他打電話向媽媽報平安時，他的聲音再次充滿了活力和興奮之情。他開始想起來，自己有多麼重要。

史黛西述說了一串連鎖反應。她的兒子把受重視的感覺傳遞給他所輔導的小隊員們。當其中一個人被冷落的時候，他會找出另一種讓他們覺得自己很重要的方式，例如讓他們負責從船塢裡拖出帆船這樣重要的任務。這個小隊員收到的感謝，會讓他感覺到自己幫上了忙，提醒他自己是這個小團體中重要的一份子。

我們不可能靠自己就感覺自己很重要。在跟其他人的關係裡，才能顯出我們受到重視。靠自己堅持自己的價值很困難；我們很容易忽視它。再多的正念或情緒調節都沒辦法做到這點。我們需要社會來證明，需要其他人來告訴我們、堅持我們的價值，提醒我們自己天生就有價值，以及我們的存在就是在為世界添磚加瓦。其他人也需要我們幫忙提醒他們很重要。「成長與放飛」（Grown and Flown）的聯合創辦人麗莎·赫弗南（Lisa Heffernan）親眼目睹了當陷入困境的家長向社群求助時，她社群中數千名投入的成員如何迅速出現，表達同情並分享建議：「在貼文下面，大家紛紛提供了有用的評論和支持，這是用實際的行動告訴這位陷入困境的家長：你很重要。」

時至今日，有太多人沒有穩固的自我重視感。他們質疑自己的重要性、存在意義和價值，而這讓他們在行為上表現出過度競爭、缺乏修養，或者充滿怒氣。想像一下，如果地球上的每個人都明確知道自己很重要，世界會是什麼樣子？南加大的克里斯多夫·艾姆丁（Christopher Emdin）教授曾在推特上發出一個對我來說像是重視感的邀請：「如果你看到某個人身上的美麗和魅力，請告訴他們。他們可能還沒有看到這一點，而你的話語可能會解鎖他們對自己的看法。就到處去解鎖這樣的魔法吧。」就是這樣——成為那個解鎖周圍所有人重視感的人。單靠你一個人，就能創造這樣的連鎖反應。

在我的生日派對結束後，一位朋友寫信告訴我，重視感的概念讓她印象深刻，她在與人互動中都會不由自主地看到這一點：無論是在超市收銀台、健身房，以及她的公司裡。另一位朋友寫信來說，她非常喜歡卡洛琳提出的練習——把某人對我們很重要的原因說出來。她告訴我：「我們心裡很清楚朋友對我們有多重要，但卻很少用言語表達。我現在打算要把這件事當成固定的練習，告訴我的朋友，為什麼他們對我來說很重要。」正如一位朋友在派對後回家的路上所發來的簡訊中說的：「重視感是很有力量的。感覺自己很重要，也讓別人感覺到自己很重要，是多麼美好的一種生活方式。」

■■■

我會永遠感激那些願意讓我進入他們家裡和生活中的人，還有那些用他們各自的方式讓我增進了重視感和意義感的人。這些對話一直伴隨著我，並且用我無法估量的方式幫助我成為更好的父母。當我像家裡養的小狗一樣在門口迎接孩子的時候，就會想起康乃狄克州的蘇珊。當我的孩子試著同時參與多項活動的時候，就會想起默瑟島的珍給我的建議：我們的工作就是把茶壺從火源上移開。當我操心過了頭，像是擔心我家老大申請大學的事情時，就會回想起威爾頓的吉娜維芙和凡妮莎的智慧。當我在教養問題上束手無策時，腦海中就會浮現桑妮雅．盧塔挑戰我的話，要我把自己和我的友誼當成優先考慮的事情，這樣我在面對孩子時才能保有復原力。當我過於專注工作而忽略友誼時，提姆．卡瑟關於保持目標平衡的建議，正是我所需要的提醒。當我的孩子看起來有點不對勁時，我會想起緬因州的瑪姬，然後幫助他們把視野轉向外在的世界，去關懷其他人。

透過這些深思熟慮的親密對話，我所學到的是，在所有的焦慮、嫉妒、恐懼和過度競爭之下，我們的內心深處其實都是真心希望孩子能夠獲得相同的東西。當我們不再能夠在他們身邊引導他們時，會希望他們過著美好的生活，擁有深厚且維持生命的連結，感受有意義的生活所帶來的喜悅，並且讓這個世界比他們發現的更美好一點。我們希望他們受到身邊人的重視，並幫助在家庭、學校和社區中的其他人也受到重視。我們希望，他們都能過上真正有意義的生活。

致謝

Acknowledgments

英格蘭知名作家尼爾·蓋曼（Neil Gaiman）曾寫道：「一本書是你手中握著的一個夢想。」我要感謝很多人讓這個夢想成真。

感謝我優秀的經紀人克莉斯蒂·弗雷徹（Christy Fletcher）和葛雷妮·福克斯（Grainne Fox）在整個計劃中給我的鼓勵和敏銳的洞察。感謝我傑出的編輯妮奇·帕帕多普洛斯（Niki Papadopoulos），我非常幸運能從妳的智慧、清晰的眼光，以及敏銳洞察整體和每個細節的能力中受益。感謝我的出版商阿德里安·札克漢（Adrian Zackheim），在我們第一次會面時表現出對這本書的熱情，也點燃了我的熱情，讓我一直堅定地前進。金柏莉·梅倫（Kimberly Meilun），謝謝妳在整個過程中如此周到和細心地引領這本書。特別感謝潔西卡·雷津內（Jessica Regione）、卡爾琳·奇羅納（Carlynn Chironna）、馬修·波伊奇（Matthew Boezi）、梅格·葛瑞提（Meg Gerrity）、梅根·卡瓦諾（Meighan Cavanaugh）、丹尼爾·拉金（Daniel Lagin）和凱特琳·努南（Caitlin Noonan）在製作、編輯、設計和編輯管理方面的貢獻；感謝內頁設計師艾莉莎·西奧多（Alissa Theodor）；也感謝莎拉·布羅迪（Sarah Brody）創作了這麼吸睛的封面。我也要對我出色的公關和行銷團隊致上最衷心的感謝：史蒂芬妮·羅森布倫·布羅迪（Stefanie Rosenblum Brody）、蘿倫·蒙納漢（Lauren Monahan）、賈桂琳·加林多（Jacquelyn Galindo）和蘿倫·拉維爾（Lauren Lavelle）。

我要向這本書中所提到的心理學家致上我最大的謝意，他們慷慨地奉獻了自己的時間和專業知識。對年輕人來說，沒有比桑妮雅．盧塔更好的擁護者了，她畢生的研究是這本書的基礎。戈登．弗雷特，感謝您在完美主義和重視感方面的開創性研究，並讓我承擔起這個重視感的使命。這改變了我的生活。埃薩克．普利洛頓斯基，您所建立的重視感框架不僅有助於塑造這本書，也指引著我的日常行動。丹妮絲．波普，感謝您的指導以及您幫助年輕人、學校和家庭以健康的方式追求成就的啟發性工作。理查．韋斯伯德和麗莎．達摩爾，您們的智慧和寶貴建議貫穿了這本書，也深深影響了我在家的教養方式；我對兩位心懷感激。感謝羅蘋．史騰恩，她的鼓勵說服了我，這本書需要現在被寫出來，也需要由我來寫——謝謝您，真的謝謝您。

給那些跟我十分坦誠地交談的學生、家長、老師、管理者和教練：感謝你們把你們的故事託付給我。你們的誠實和智慧無疑將會讓更多人的生活變得更好。這樣的改變已經發生在我的生活中了。

當想法凝聚在一起，當一切順利時，寫作的確是一種夢想。然而，有時候，當想法無法凝聚，當你處於一場全球疫情之中，這個夢想可能更像是一場噩夢。我將會永遠感激編輯凱特．羅德曼（Kate Rodemann）和加雷斯．庫克（Gareth Cook），他們在新冠肺炎大流行期間進入了我的生活，當時我正在整理大量的研究和訪談資料，同時還要照顧孩子在家自學，跟穿著防護衣外出採購日用品。他們卓越的編輯技巧、聰明的頭腦和深刻的洞察力，在很多方面都豐富了這本書。如果沒有他們，我不可能完成這本書。感謝人超好的艾瑞克·托雷斯（Eric Torres），幫助我進行和分析了大規模的教養問卷調查。感謝傑出而睿智的傑夫·加森（Jeff Gassen），協助整本書中的學生調查和其他重要的研究。感謝不可思議的亞曼達·皮德（Amanda Peed），在進行預訪、研究和編輯上給了我很多幫助。感謝夏洛特·戈多（Charlotte Goddeau），她永遠都這麼敏銳，是不可多得的事實核查員。還要感謝可愛且有條不紊的麥克拉·柯寧·邁爾斯（Michaela Corning-Myers）幫助我整理了本書的備註。

本書的一些想法和段落，源自於我在《華爾街日報》和《華盛頓郵報》上的文章，我非常感謝我的編輯蓋瑞·羅森（Gary Rosen）、麗莎·卡利斯（Lisa Kalis）和艾美·喬伊斯（Amy Joyce），他們的專業對於有幸跟他們合作的作家來說，是一份禮物。

我要對我的朋友致上深深的謝意，他們多年來一直聆聽我闡述這本書的計劃，有些人還幫我看了早期的草稿，給我非常有意義的回饋：蜜雪兒·阿耶利（Michelle Aielli）、潔美和麥特·巴卡爾（Jamie and Matt Bakal）、麗莎·布蘭卡西奧（Lisa Brancaccio）、蘿倫·史密斯·布羅迪（Lauren Smith Brody）、維琪和大衛·弗利（Vicki and David Foley）、伊娜和傑佛瑞·加爾頓（Ina and Jeffrey Garten）、麗莎·赫弗南、瑞秋·何內斯、黛娜和麥克·瓊斯（Dana and Michael Jones）、佛朗西斯·瓊斯（Frances Jones）、珍妮和麥特·卡巴克（Jenny and Matt Kabaker）、貝絲和克里斯·小島（Beth and Chris Kojima）、瑪麗恩·柯朗基（Mariam Korangy）、克里斯·帕沃尼（Chris Pavone）、瑞貝卡·拉斐爾（Rebecca

Raphael）、約翰和瑞秋・羅丹（John and Rachel Rodin）、梅瑞狄斯・羅林斯（Meredith Rollins）、皮拉爾・昆恩（Pilar Queen）和安德魯・羅斯・索金（Andrew Ross Sorkin），還有琪碧・歐文斯（Zibby Owens）。感謝凱蒂・史派克斯（Katie Spikes）和媞拉・格雷（Tira Grey）教會了我友誼可以有深厚和多滋潤；世界上沒有比她們更好的啦啦隊和支持者了。感謝用各種方式支持我們家庭的街坊鄰居，我們的人生中有你們是多麼幸運的一件事。感謝亞歷珊卓・里昂（Alexandra Leon）成為我們孩子的榜樣，並像愛自己的孩子一樣愛護著他們。還有我在「重視運動」（Mattering Movement）的夥伴們——能跟你們肩並肩工作，真的是我莫大的福氣！

感謝我先生的手足伊麗莎白（Elizabeth）、克里斯（Chris）和羅琳（Lorraine），感謝你們在我們相處的二十年中給我難以估計的支持，你們是我最棒的兄弟姐妹。我還要特別感謝我的嫂嫂凱瑟琳（Catherine），她的見解豐富了這本書。

感謝我的父母凱蘿（Carole）和帕特（Pat），非常謝謝你們給過我的一切——現在仍然是如此；你們也是我為人父母的優秀榜樣。感謝你們總是用言語和行動向我展示娜塔莉（Natalie）和我對你們有多重要。能以這種方式成長，真是幸運。感謝我的姊姊娜塔莉，自從我出生第一天開始就是我最好的朋友，以及我的姊夫皮特（Pete）——感謝你們兩位在閱讀這本書的早期草稿時所付出的用心，以及不論晝夜總是用無數的方式支持著我們家。

感謝威廉用他溫柔的耐心、同理心和善良，教會我怎樣做一個媽媽；最近更贏得了我的全職技術專家這項頭銜，有時甚至要在上課期間回覆我驚慌求救的電子郵件。卡洛琳是我每天學習情商的對象，感謝妳在整個計劃中提供給我的一切有形和無形的支持，其中包括了在採訪行程前總是會幫我檢查充電器有沒有充好電和放進包裡。感謝詹姆斯，你讓我們家變得完整，感謝你總是在我需要的時候給我鼓勵、幫我做「壓力點」頸部按摩、用笑聲感染我，或者只是在需要的時候用一隻手摟住我的肩膀。你的愛心和同情心會讓人展現出最好的一面。

最後，要感謝我多才多藝的丈夫彼得，他對生活的熱情和喜悅非常有感染力，並且融入他所做的每一件事情裡：教養孩子、交朋友、工作、旅行、烹飪、繪畫等等。他是一位非凡的伴侶和父親（還有編輯！），讓我們的生活充滿了愛與冒險。我多麼感謝多年前我們繼續了那場初次的約會。我無法用言語來形容你對我來說究竟有多重要。

附錄

◎行動資源 1：在家裡可以做的

◎行動資源 2：教育工作者與大專院校可以做的

◎行動資源 3：社區可以努力的方向

◎推薦書單與影片：自我價值感、被邊緣化的學生、社群媒體、體育運動

◎本書討論問題

行動資源1：在家裡可以做的

當我跟家長提起這本書，他們就會問：妳的研究對妳的教養方式帶來什麼改變？以下就是我在自家做出的改變，既是提供讀者參考，也是為了「自我提醒」，持續把這些學到的課題融入日常生活；

• 千萬不要獨自擔心[173]

研究清楚地指出：我們能為孩子所做最好的事情，就是優先照顧好自己的生活和心理健康，如此一來，我們才能提供孩子更好的資源。當我筋疲力盡時，總是會主動向親密的朋友尋求支持。我用這種健康的相互依賴關係為孩子樹立榜樣。現在我們家有一個口號：千萬不要獨自擔心。

• 成為一個自我主義者

心理學家卡琳·魯賓斯坦（Carin Rubenstein）寫道，她很快就陷入為了孩子利益而自我否定的陷阱之中。(174)為了解決這個問題，她提出成為「自我主義者」（不要跟自私混淆喔），她的需求跟家人的需求一樣重要。自我主義者會確保自己也得到了很好的照顧。

● 努力成為足夠好但不是完美的父母、老師或教練(175)

孩子不需要完美的榜樣。事實上，完美對他們來說並非好事，對他們生活中的大人們也一樣。孩子需要的是夠好的人，愛他們並且教他們什麼是不完美但可愛的人類。為了教孩子怎樣無條件地愛自己，孩子生活中的大人需要做好自我接納的示範：接受自己的一切，也包括自己的缺陷。

● 建立一個「可靠支持小組」

如果成年人要穩定地做好無條件接納的示範，就需要先感受到自己也被無條件地接納。桑妮雅．盧塔建議我們問問自己，有哪些朋友讓你知道自己是無條件地被愛著？除了你的伴侶之外，努力讓你的生活中至少有一兩個像這樣的人。確保你定期跟這些人見面，就像盧塔的真實連結小組所做的那樣。

• 讓家成為「重視感的避風港」

父母可以成為孩子重視感最重要的來源，但不要是有條件的重視感，讓孩子以為只有在表現出色時才很重要。由於我們的孩子被強調成就重要性的訊息轟炸，因此家庭必須成為一個安全的港灣，一個他們的重要性永遠不會被質疑的地方。

• 以午餐展開話題

在孩子踏進家門時，不要問他們跟表現有關的問題（這次考試你考得怎麼樣？），可以考慮用「你今天午餐吃了什麼？」來展開話題。這個無傷大雅的問題會讓孩子敞開心扉，並傳達出一個微妙的信號，顯示出我們不只是看重他們的成績或表現而已。如果青少年持續給出幾個字的回答，請不要灰心——要堅持下去，保持溝通管道的暢通。

• 安排特定時間進行壓力性的對話

心理學家蘇珊・鮑爾菲德在她兒子高二的時候，會把關於申請大學的壓力性對話限定在週日下午進行。這讓她的家人可以好好享受一週裡的時光，以及專注生活中其他的重要事情。

●開放地討論價值觀

以身作則很重要，但時常明確地討論我們真正重視的事情也同樣重要。把目標訂在進行一百次一分鐘的持續對話，而不是每年只有一次的長篇大論。問問你的孩子，他們有沒有覺得你真的看重你所說的價值。

●盤點價值觀

心理治療師蒂娜．佩恩．布萊森（Tina Payne Bryson）提出了以下的反思，來查看你的價值觀是否跟你的行為一致：一、看看你為孩子花錢的方式；二、查看孩子的行事曆；三、留意你問孩子的問題；四、注意你跟孩子爭吵的話題。很多父母認為他們並沒有過分重視成就，但當他們檢視這四點時，就會意識到，他們的行為正在向孩子傳遞跟他們最重視的價值觀背道而馳的訊息。

●讓負面情緒可以是常態

每個人偶爾都會嫉妒，或者跟別人比較。向孩子解釋，我們不必因為這些每個人都會有的情緒而批判自己，但我們必須對這些情緒引發的行為負責。跟孩子聊聊健康和不健康競爭之間的區別，並提供方法來挖掘這些競爭性的感受，即使在他們很痛苦的時候，以此來增進他們的自我認識和成功。最重要的是，去喜愛和接受孩子原本的樣子，來消除嫉妒的感覺。

• 成為平衡的守護者

孩子需要學會照顧自己的技能。非營利組織「挑戰成功」建議使用「PDF」口訣，來記住孩子每天都需要遊戲時間（playtime，對於年紀比較大的孩子來說，是「充電」的時間）、休閒時間（downtime）和家庭時間（family time）。

• 聰明地運用你的時間和精力

你家是怎麼定義「好學生」的？對麗莎．達摩爾來說，「好」並不代表每件事都要做到百分之百——這會導致過勞，還會助長完美主義的傾向。相反的，這是個機會，讓我們學習該在哪些事情上策略性地投注精力。正如達摩爾的同事所說的：獲得九十一分和九十九分的差別，就是一輩子。

● 幫助孩子正確看待成就

父母可以透過適當的角度，來解釋「壞」成績真正的意義：成績只是孩子考試那天學會多少的一種衡量標準。達摩爾指出，一次考壞了並不會影響他們未來的表現有多好、老師有多喜歡他們，或者爸媽有多重視他們；而我們的孩子必須明確知道這一點。

● 說出失敗的故事

在孩子面前真實地做自己，讓他們可以近距離看到他們生活中的大人會犯什麼錯。在你犯錯的時候，考慮一下秀出你的自我同情：是啊，我犯了一個錯，我學到教訓了。現在，我得停下來，別對自己這麼苛刻。每個人都會犯錯。我只是個人。我的錯誤並不代表我。

● 傳授能健康地互相依賴的技能

與其讓孩子認為他們必須靠自己完成所有事情，不如教他們在需要的時候知道怎麼尋求幫助，並且親自示範這些技能。

● 讓家務成為義務

為了鼓勵孩子「齊心同力」，你可以把自己要做的家務（例如付帳單、回收報紙、整理房子）留到安排孩子做家務的時間一起。避免把做家事跟零用錢或過多的讚美綁在一起。家務是身為家庭的一份子應該要做的事，是對家庭的付出。

- **擴大孩子關心在意的範圍**

指出其他人每天怎樣對生活做出貢獻，例如學校的清潔人員努力保持校園整潔，或者老師願意犧牲自己的時間在課外跟學生會面。擴大他們的關心範圍。記得對服務員和公車司機說謝謝。理查．韋斯伯德指出，孩子不僅是透過我們怎樣對待最親近的人學會善良和同理心，也會透過我們對待陌生人的方式來學習。

- **強制性志願服務**

我採訪過的幾個家庭，都談到了當志工的必要性。讓孩子接觸各種機會，讓他們選擇自己感興趣的領域，然後幫他們把這些任務安排到他們的行事曆中。

- **成為「重視感觀察員」**

當你看到孩子協助周圍的人，不要給他過多的讚美，只需要簡單地表示你注意到了：「我看到你幫鄰居把她買的菜提進家裡了。」或者「我有注意到，你把筆記借給這週請假的莎拉。」

● 培養親師關係

桑妮雅．盧塔指出，如果學生覺得爸媽對他們老師的評價是負面的，就會破壞重要的師生關係，很類似父母鬧離婚產生的影響。學生從他們親近的老師身上學到最多，而老師在緩解成就壓力方面也扮演著非常重要的角色。因此，在談論老師或跟老師互動時，請表現出尊重和欣賞。請積極跟教育工作者建立夥伴關係，讓孩子得到最好的支持。

●「取代」你自己

考慮建立自己的家長後援會。珍惜並重視你孩子生活中的大人。守護好這段時間，讓他們可以享受更大的安全網支持。你甚至可以像我採訪過的家長那樣，透過建立一個電話號碼總表並且以團體的形式開會，讓組織正式化。

• 鼓勵感恩

幫助孩子養成明確告訴別人為什麼他們很重要的習慣。你可以在家裡定期舉行感恩練習，例如「壽星讓我最喜歡的一個地方」。教孩子怎樣用感恩的方式思考。當有人不辭辛勞地幫孩子挑了一件禮物，或者當有人做了一些讓孩子的生活更美好的事情時，請明確地指出來。研究人員發現，感恩是維繫人際關係的黏著劑。(177)

行動資源2：教育工作者可以做的

為了保護學生不會受到過度的成就壓力，所有的利害關係人——家長、老師、教練和社群中其他值得信賴的大人都要共同努力。如何在學校儘量減少有害的成就壓力，以下是我從一些頂尖專家得到的建議：

• 採用「重視感」的框架

教導學校社群中的每個人（包括老師、教職員、學生、校長主任、教練、家長）「重視感」的框架：怎樣讓孩子受到重視、幫助他們做出貢獻，還有避免傳遞出可能讓他們感覺自己不重要的訊息。

• 將社群心理健康列為優先

老師覺得自己重要嗎？他們有受到重視嗎？他們有一個照顧他們的社群嗎？評估老師和教職員的心理健康，想想你要怎樣給他們更好的支持。非營利組織「真實連結」（Authentic Connections）和「挑戰成功」都有為老師、管理人員、教職員以及家長提供支持。

● 為學校取得一份心理健康報告

學校可以邀請專家收集該校的心理健康數據。非營利組織「挑戰成功」進行了深入的全校性調查，囊括了所有的利害關係人，突顯出每個學校特有的挑戰，來創造學生和成人之間更平衡也更具參與性的體驗。「真實連結」也提供了對學校氛圍的評估，指出每個學校獨特的優勢和挑戰，以及需要採取的具體步驟。

● 讓所有利害關係人都參與其中

「挑戰成功」跟學校合作，幫忙從各個角度來檢視學校文化。他們會幫忙調整課表，以便讓成人和學生，學生和學生之間有更多的互動機會。他們還會要求老師想些辦法，讓學生擁有更多發言權、選擇權和主動性，以及真正解決問題的能力。他們也會告訴學生評估的目的，而不僅僅是為評估而評估。他們還會舉辦增加教職員和學生歸屬感的工作坊。

● 進行「價值觀」盤點

你的學校明裡暗裡向學生傳遞了哪些價值觀？當你第一次走進學校時，有沒有看到榮譽榜？運動獎杯？辯論獎杯？主要捐助者名單？牆上有大學旗幟嗎？如果有的話，掛了哪些學校的旗幟呢？如果一所學校宣稱他們以學生的善良、關懷和重視感為優先考量，他們如何展現這是他們所重視的事情？

● 留意哪些學生沒有被看見或受到公眾重視

在你的學校裡，是否發現並表揚那些「無名英雄」？舉例來說，我參訪過的一間學校，每週都會舉行一次「隱藏天賦秀」。如果有些學生因為太害羞，不願意在學校公開表演，也可以找其他的方式來表揚他們的隱藏天賦，像是在校刊或者學校公告上介紹這些學生。

● 確保每位學生在學校至少覺得有一個大人重視他

「讓關懷常在」團體建議，不要讓這樣的連結隨機發展，可以運用一種「關係配對」的方法。在關門會議中，老師列出在學校可能跟成人間沒有穩固關係的學生，然後給這些學生每個人都分配一個導師。導師會在整年中定期會面，互相支持。（關於關係配對更多的資訊，可以參考「讓關懷常在」的網站：https://mcc.gse.harvard.edu）

● 投入有意義的多元性和包容性工作

教育學校成員時，老師和學生可能會無意間傳遞出「反重視感」的訊息。檢視學校可能會用哪些隱含的方式，傳遞出社區中某些人比較重要：學校的教職員是否反映出多元性？是不是有一些學生受到部分的重視感？你可以做些什麼，來確保所有的學生都受到全面的重視感？

● 讓想法看得見

讓那些在過度競爭環境下經常出現的感覺浮上檯面。桑妮雅．盧塔建議舉辦全校性的集會，讓學生分享他們在負面比較、嫉妒和不健康競爭方面的親身經驗，以及他們怎樣克服這些問題。讓這些感覺常態化，並且教孩子健康管理這些情緒的方法。

● 讓學校的每個人都能找到一種方式來做出貢獻

歐普拉（Oprah）很感謝她四年級的老師瑪麗．鄧肯（Mary Duncan）女士讓她感覺到自己很重要。(178)鄧肯女士是藉著分派課堂任務給歐普拉來做到這一點的。在你的學校裡，每個學生都有機會為大家做出貢獻嗎？

●創造真正服務的機會

就像克里夫蘭的聖依納爵一樣，我們可以考慮把服務和對其他人的責任納入學校課表中。提供機會讓學生有長達幾個學期進行有意義服務。考慮在上課期間留出時間做志工，向學生展示志工跟數學課一樣重要。

●為學生提供解決現實生活中問題的機會

我所參訪的一間學校，把為別人做出貢獻放進了學校的課表中。在克里夫蘭的精熟學校（Mastery School in Cleveland），校長主任讓學生跟社區成員合作，幫忙解決現實生活中的問題。參訪期間，我看到學生向克里夫蘭市長候選人進行簡報，介紹他們針對提高選民投票率和增進更多社區公民參與的創意想法。

●重新思考傳統

為了盡可能減少不健康的競爭，我們可以考慮終結一些像是「大學校服日」這類的傳統，因為在活動中，學生會穿著他們打算就讀大學的校服，或者在校刊或社區報紙上張貼大學錄取通知單。

- **小心使用成長性思維**

不是每個學生都需要被告知投入更多努力。事實上，有些學生反而需要學習放慢腳步。正如盧塔所指出的，老師知道什麼時候該減少像是「你可以做得更好」這類的訊息，是非常重要的。

- **展示不同的發展途徑**

邀請那些沒有就讀頂尖大學，但卻在自己所選擇的領域發光發熱的人來學校演講。為那些專注在「傳統」所定義的狹隘成功路上努力的人提供不同的敘事。

- **舉辦盲選大學博覽會（blind college fair）**

在盲選大學博覽會中，大學代表會在一張紙上列出他們大學的五項特色或計劃。學生在不知道學校名字的情況下逛過一攤又一攤，直到最後才會揭曉。這讓他們能夠專注在學校的「契合度」而非「名氣」上。

- **考慮擬定學校跟家庭之間的大學入學合約**

「讓關懷常在」的網站 https://mcc.gse.harvard.edu 提供了一份關於大學入學過程共同期望的合約樣本，讓家長和學校可以簽署。

● 舉辦家長工作坊

邀請專家演講、舉辦讀書會、參與關於成就壓力的持續討論。「挑戰成功」建議請學生給家長寫匿名信，解釋成人該怎樣支持他們最好，並且在親師會的時候把這些信大聲朗讀出來。

● 頂尖大學考慮採用抽籤錄取制度

在哈佛大學的網站上，註明了有很大一部分的申請人在學業上都符合入學資格。在最近一次的招生期間，哈佛提供了兩千個入學名額，而國內的申請人裡就有八千人在 GPA 上拿了滿分。其中，三千四百人在 SAT 的數學成績上拿到滿分，兩千七百人在語文成績上拿到滿分。美國史沃斯摩爾學院（Swarthmore College）的名譽教授貝瑞・史瓦茲（Barry Schwartz）長久以來一直支持高等菁英教育機構採用抽籤入學。學校將會設定學生要達到的標準，然後從合格的人裡面隨機抽出錄取名單。他解釋，抽籤可以減輕學生的壓力，同時承認運氣在申請大學上所扮演的角色。他認為，如此一來，條件很好的高中生將會有更多自由去探索他們的興趣，而不只是忙著去美化學習歷程。

●用非營利組織方式經營大學

耶魯大學法學院教授丹尼爾．馬科維茨（Daniel Markovits）在他的著作《菁英體制的陷阱》（*The Meritocracy Trap*）中提到，享有非營利地位和稅收優惠的大學，有責任以慈善方式來運作；例如「至少有一半的學生，是從家庭收入屬於底層三分之二的群體中抽籤選出來」。馬科維茨寫道，菁英教育已經變得這麼奢侈，奢侈到大學有能力大規模擴大招生，尤其是那些擁有巨額捐款的大學。即使是增加少量招生名額，也能幫忙減輕所有學生之間的激烈競爭。

●大學可發布「幸福成績單」

仿效「真實連結」和「挑戰成功」的做法，透過問卷調查來評估整個校園的心理健康和幸福感，並將結果提供給學生、教職員，以及申請人和他們的家長。

行動資源3：社區可以努力的方向

• 在你居住的城鎮推行重視感

緬因州二〇二一年整合健康調查發現，百分之五十一的高中生和百分之四十五的國中生表示，他們在自己居住的社區裡感受不到自己的重要性。緬因州復原力建設網絡（Maine Resilience Building Network）的執行總監琪妮－安娜・廷克漢（Kini- Ana Tinkham），發起了一個全州性的倡議活動，來改變這種情況，詳細資訊可以參考網站：https://maineresilience.org。你可以在自己的社區建立一個小規模的版本，讓所有社區利害關係人（學校、小型企業、地方政府、警察機關、社會工作者、非營利組織等）都參與其中。

• 建立一個由值得信賴的大人組成的後援會

向孩子清楚地說明，他們可以向生活中的其他大人（例如鄰居）尋求支持。將姓名和電話蒐集成一張清單，讓孩子知道你是認真的。

• 成為別人家孩子可以信賴的大人

成為可靠、用心傾聽的大人，尊重你接觸的孩子，抱著最好的期待，讓他們參與決策，徵求他們的意見和建議，並幫助他們跟能讓他們接觸到新想法和新體驗的人建立關係。

• 有意識地在你的社區重建聚落

家長需要支持，老師和教練需要支持，學生也需要一個由值得信賴的大人所組成的廣大安全網。有意識地將人們聚集在一起，營造一個安全的空間，讓人們敞開心扉。正如桑妮雅．盧塔所說的：復原力是建立在人際關係上的。

• 擴展關於「成功」的對話

不要再問孩子長大後想上哪所大學，或者長大後想要做什麼；問他們想要幫忙解決世界上的哪些問題。不要再問他們想去「哪裡」上大學，問他們在大學裡希望做「什麼」。要清楚認知到實現「成功生活」所需要的一切，並幫助孩子把成功的定義擴展到個人成就之外。

推薦書單與影片

如果你想更深入地了解本書中提到的主題，以下是你可以參考的書籍和電影列表：

• 關於成就文化

書籍

《i世代的成績陷阱：高分=美好未來？幫孩子找到責任感、同理心、好奇心、品格力，才是比分數更重要的事》（*Doing School: How We Are Creating a Generation of Stressed-Out, Materialistic, and Miseducated Students*，高寶出版） 作者：丹妮絲・波普

《每一次挫折，都是成功的練習：失敗是給孩子最珍貴的禮物》（*The Gift of Failure: How the Best Parents Learn to Let Go So Their Children Can Succeed*，天下文化出版） 作者：潔西卡・雷希（Jessica Lahey）

《如何養出一個成年人：別因為愛與恐懼，落入過度教養的陷阱，讓孩子一直活在延長的青春期》（*How to Raise an Adult: Break Free of the Overparenting Trap and Prepare Your Kid for Success*，方舟文化出版） 作者：茱莉・李斯寇特-漢姆斯（Julie Lythcott-

Haims）

《培育孩子茁壯成長：在愛與期望、保護與信任之間取得平衡》（*Raising Kids to Thrive: Balancing Love With Expectations and Protection With Trust*，暫譯）　作者：肯尼斯・R・金斯伯格（Kenneth R. Ginsburg）、伊萊娜・金斯伯格（Ilana Ginsburg）、塔莉雅・金斯伯格（Talia Ginsburg）

《金錢如何影響愛與教養？：貧富不均下的教養經濟學》（*Love, Money, and Parenting: How Economics Explains the Way We Raise Our Kids*，親子天下出版）　作者：馬蒂亞斯・德普克（Matthias Doepke）、法布里奇歐・茲里波提（Fabrizio Zilibotti）

《菁英體制的陷阱：社會菁英為何成為威脅平等正義、助長貧富不均，甚至反噬自己的人民公敵？》（*The Meritocracy Trap: How America's Foundational Myth Feeds Inequality, Dismantles the Middle Class, and Devours the Elite*，時報出版）　作者：丹尼爾・馬科維茨

《學習超載世代：史丹佛研究團隊教你用對策略，培育健康成功的孩子》（*Overloaded and Underprepared: Strategies for Stronger Schools and Healthy, Successful Kids*，親子天下出版）　作者：丹妮絲・波普、莫琳・布朗（Maureen Brown）、莎拉・邁爾斯（Sarah Miles）

《我們打算成為怎樣的父母：標榜為你好的成人如何破壞兒童的道德和情感發展》（*The Parents We Mean To Be: How Well-Intentioned Adults Undermine Children's Moral and Emotional Development*，暫譯） 作者：理查．韋斯伯德

《邁向目的之路：幫助孩子發現內心召喚，踏上自己的英雄旅程》（*The Path to Purpose: How Young People Find Their Calling in Life*，親子天下出版） 作者：威廉．戴蒙

《特權的代價：教養壓力與物質優勢如何造就疏離與不快樂的世代》（*The Price of Privilege: How Parental Pressure and Material Advantage Are Creating a Generation of Disconnected and Unhappy Kids*，暫譯） 作者：瑪德琳．勒文

《讓天賦自由的內在動力：給老師、父母、孩子的實踐方案》（*The Self-Driven Child: The Science and Sense of Giving Your Kids More Control Over Their Lives*，遠流出版） 作者：威廉．史帝羅（William Stixrud, PhD）博士、奈德．強森

《成功的反思：混亂世局中，我們必須重新學習的一堂課》（*The Tyranny of Merit: What's Become of the Common Good?*，先覺出版） 作者：邁可．桑德爾（Michael J. Sandel）

《我們的女兒怎麼了？：心理學博士給家長的解憂指南，陪伴現代青少女與壓力

共處，化解焦慮，度過情緒平衡的快樂青春期》（*Under Pressure: Confronting the Epidemic of Stress and Anxiety in Girls*，高寶出版）　作者：麗莎・達摩爾

電影

《追尋童年》（*Chasing Childhood*）　導演：瑪格麗特・穆澤爾・盧布（Margaret Munzer Loeb）、艾登・沃姆菲爾德（Eden Wurmfeld）

《力爭空頭》（*Race to Nowhere*）　導演：維琪・阿貝勒斯（Vicki Abeles）

• 關於重視感

書籍

《家庭很重要：重視感對青少年家庭的重要性》（*Family Matters: The Importance of Mattering to Family in Adolescence*，暫譯）　作者：格雷戈里・艾略特

《人是怎樣變重要的：為何它會影響健康、幸福、愛情、工作和社會》（*How People Matter: Why It Affects Health, Happiness, Love, Work, and Society*，暫譯）　作者：埃薩克・普利洛頓斯基（Isaac Prilleltensky）、歐拉・普利洛頓斯基（Ora Prilleltensky）

《重視心理學：理解人類渴望被重視的需求》（*The Psychology of Mattering: Understanding the Human Need to be Significant*，暫譯） 作者：戈登・弗雷特

• 關於被邊緣化的學生

書籍

《偏見的力量：破解內隱偏見，消弭歧視心態》（*Biased: Uncovering the Hidden Prejudice That Shapes What We See, Think, and Do*，遠流出版） 作者：珍妮佛・艾柏哈特（Jennifer L. Eberhardt, PhD）博士

《夢想囤積者：美國中上層階級如何讓其他人望塵莫及，為什麼這是一個問題，以及如何應對》（*Dream Hoarders: How the American Upper Middle Class Is Leaving Everyone Else in the Dust, Why That Is a Problem, and What To Do About It*，暫譯） 作者：理查・里夫斯（Richard V. Reeves）

《在公眾中學習：種族分裂的美國可以從我女兒學校學到的事》（*Learning in Public: Lessons for a Racially Divided America from My Daughter's School*，暫譯） 作者：寇特妮・馬丁（Courtney E. Martin）

《巔峰競賽：亞裔美國人和白人在郊區學校追求美國夢》（*Race at the Top: Asian Americans and Whites in Pursuit of the American Dream in Suburban Schools*，暫譯） 作者：娜塔莎・瓦里庫

《所以你想來聊聊種族》（*So You Want to Talk About Race*，暫譯） 作者：伊耶奧瑪・奧羅（Ijeoma Oluo）

《想要最好的：關於教養、特權，以及建立一個公平的世界》（*Wanting What's Best: Parenting, Privilege, and Building a Just World*，暫譯） 作者：莎拉・賈菲（Sarah W. Jaffe）

《為什麼學校餐廳裡所有黑人小孩都坐在一起？：以及其他關於種族的對話》（*Why Are All the Black Kids Sitting Together in the Cafeteria?: And Other Conversations About Race*，暫譯） 作者：貝芙莉・丹尼爾・塔圖（Beverly Daniel Tatum, PhD）博士

● 關於社群媒體

書籍

《在他們的螢幕背後：青少年正在面臨（而成人卻忽略）的是什麼》（*Behind Their*

Screens: What Teens Are Facing (and Adults Are Missing)，暫譯）　作者：艾蜜莉．溫斯坦（Emily Weinstein）、凱莉．詹姆斯（Carrie James）

《大失聯：如何在數位時代保護親子關係》（*The Big Disconnect: Protecting Childhood and Family Relationships in the Digital Age*，暫譯）　作者：凱瑟琳　史坦納　阿黛爾（Catherine Steiner-Adair, EdD）博士、德蕾莎．巴爾克（Teresa H. Barker）

《i世代報告：更包容，沒有叛逆期，卻也更憂鬱不安，且遲遲無法長大的一代》（*iGen: Why Today's Super-Connected Kids Are Growing Up Less Rebellious, More Tolerant, Less Happy—and Completely Unprepared for Adulthood*，大家出版）　作者：珍．特溫格（Jean M. Twenge, PhD）博士

● 關於體育運動

書籍

《沒收比賽：金錢和狂熱如何毀掉孩子的體育運動——以及這為什麼很重要》（*Take Back the Game: How Money and Mania Are Ruining Kids' Sports—and Why It Matters*，暫譯）

作者：琳達．弗朗納根（Linda Flanagan）

《這到底是誰的比賽？幫助孩子從運動中獲得最大效益，按年齡和階段編排的指南》（*Whose Game Is It, Anyway? A Guide to Helping Your Child Get the Most from Sports, Organized by Age and Stage*，暫譯） 作者：理查・金斯伯格（Richard D. Ginsburg, PhD）博士、史蒂芬・杜蘭特（Stephen Durant, EdD）博士、艾美・巴爾澤（Amy Baltzell, EdD）博士

本書討論問題

1. 本書的開頭，作者提到了兩份美國的全國性報告，把就讀於「明星學校」的孩子列為面臨負面健康影響的「高危險」群。這會讓你感到意外嗎？在你居住的社區裡，有沒有看到過因為學業壓力過大所帶來的負面影響？
2. 在第一章裡，作者討論了研究學者桑妮雅．盧塔的觀點：我們的孩子現今感受到的壓力，來自於各個方面。孩子跟父母、教練、老師和同儕之間的關係，過去曾經保護他們遠離壓力，但現在可能反而變成他們額外的壓力來源。你同意盧塔的觀點嗎？為什麼？
3. 在第二章裡，作者認為成人已經在我們的社會中內化了匱乏、過度競爭、不斷惡化的不平等這些訊息。這可能會影響我們在生活中跟孩子的互動方式，但我們不見得會意識到這一點。你認為這是真的嗎？在你居住的社區中，家長感受到的匱乏，是真實存在還是想像出來的？來自於外在更大世界的訊息，又會對日常的教養造成怎樣的影響？
4. 在第三章裡，作者提到了過高的期望，以及孩子覺得必須證明自己有價值的恐懼，會侵蝕他們核心的自我價值感，產生像是「只有在某種時候，我才重要」的想法。在學校、社區、網絡和更大的社會中，孩子究竟聽到哪些訊息，告訴他們在我們的世界裡誰是最重要的？

5. 數十年的研究發現，孩子的復原力主要建立在他們主要照顧者的復原力上。這讓你感到意外嗎？如果主要照顧者是孩子遇到困難時的第一線急救人員，他們就會需要內在的資源來支持孩子。有哪些來自文化的訊息，可能會阻止爸媽把自己放在第一位？是什麼阻礙了爸媽向別人尋求支持？如果把自己放在第一位，會是什麼樣子？

6. 這些學校奮鬥文化的根源，是認為上哪所大學將決定你的人生。作者在針對家長的問卷調查中問道：「我們社區的家長普遍認為，進入一所頂尖大學是人生獲得幸福最重要的因素之一。」（有百分之七十三的家長同意。）你同不同意這種說法？孩子們聽到了哪些關於成功人生條件的訊息？成人要如何保護孩子不受這些有害訊息的影響？

7. 在第五章裡，作者提到了丹妮絲．波普的白皮書，其中指出大學畢業後的成功，取決於「契合度」而不是「排名」——也就是說，學生在大學期間的參與程度有多少，就決定了以後生活有多成功。你對這個發現驚訝嗎？我們要如何改變我們對大學的討論話題呢？

8. 作者在她的報告中發現，在競爭激烈的環境中能夠成長茁壯的孩子，身邊都有對抗零和思維迷思的大人。這些大人，不論是父母、教練還是老師，都鼓勵孩子為同學加油打氣、為團隊的整體利益做出犧牲、幫助朋友並用足夠開放的心態向別人求助，以及面對和處理跟同儕競爭而產生的不舒服。你認為孩子能夠因為學會健康相互依賴而受益嗎？如果答案是肯定的，那我們要如何在家裡、課堂上或運動場上鼓勵這種心態？

9. 分配家務對於爸媽來說，可能就像是又多了一件家務，因此很多爸媽都寧願放棄。你還記得自己小時候負責做哪些家事？你的孩子會做什麼來幫忙家裡？有哪些事妨礙了他們？我們該怎樣克服這些障礙？

10. 威廉・戴蒙說，現在的年輕人感到緊張和焦慮，不一定是因為我們讓他們做太多事情，而是因為他們不知道自己為了什麼去做。你同不同意這個觀點？如果答案是肯定的，你怎麼看待這種「缺乏目標」的現象在學校和課外活動中的表現？

11. 在第七章裡，作者提供了塔拉・克莉斯蒂・金賽的說法，她與孩子談論自己的使命感時，都經過深思熟慮。你的使命感來自哪裡？回想一下：你的激情來自於哪裡，誰是幫助你把這種火花變成熊熊火焰的人？你會花時間定期跟孩子討論，聊聊你的動力和你對世界感興趣的地方，並幫助他們連結到自己的使命嗎？

12. 重視感的一個關鍵部分，是告訴別人他們對你有多重要。我們的文化裡有哪些障礙，阻止我們告訴別人有多感謝他們？是什麼讓我們說不出口？有哪些方法可以幫助我們克服這些障礙？

13. 本書的結尾，作者做了一個大膽的宣告：「我甚至不再告訴孩子，我只是想要他們快樂。我逐漸意識到，只要感覺受到重視，並且對別人有所貢獻的生活，幸福快樂就會隨之而來。」幸福快樂是值得追求的目標嗎？為什麼？

14. 在家裡，你可以用哪些方法讓重視感成為使命？在課堂和鄰里間如果用重視感主導的話，情況會是什麼樣子？你要怎麼向孩子的朋友和老師傳達他們對你很重要？如果我們每個人都以解鎖身邊其他人的重視感為使命，這個世界看起來、和感覺上會是什麼樣子？

資料出處

NOTES

（Baylor University）研究學者的幫助下進行了一項學生調查，以便更加了解成就文化對當今學生的影響。我們在二〇二一年四月和五月期間，針對年齡在十八至三十歲之間的近五百名學生（百分之五十八為女性）進行了全國性的線上調查。這項調查透過我的個人社交網絡線上發放，並通過「滾雪球」的方式傳遞出去。

註 13 **針對全國四萬三千名學生進行的一項調查發現**：Jennifer Breheny Wallace, “Students in High- Achieving Schools Are Now Named an ‘At-Risk’ Group, Study Says,” *Washington Post*, Sept. 26, 2019, https://www.washingtonpost.com/lifestyle/2019/09/26/students-high-achieving-schools-are-now-named-an-at-risk-group.

註 14 **學生表示，過去一年中曾經歷過無法承受的焦慮**：Nance Roy, “The Rise of Mental Health on College Campuses: Protecting the Emotional Health of Our Nation’s College Students,” *Higher Education Today*, Dec. 17, 2018, https://www.higheredtoday.org/2018/12/17/rise-mental-health-college-campuses-protecting-emotional-health-nations-college-students.

註 15 **哈佛大學特別工作小組**：Nate Herpich, “Task Force Offers 8 Recommendations for Harvard as Issues Rise Nationally,” *Harvard Gazette*, July 23, 2020, https://news.harvard.edu/gazette/story/2020/07/task-force-recommends-8-ways-to-improve-emotional-wellness.

註 16 **到了二十六歲，之前就讀過頂尖學校的人**：Suniya S. Luthar, Phillip J. Small, and Lucia Ciciolla, “Adolescents from Upper Middle Class Communities: Substance Misuse and Addiction Across Early Adulthood,” *Corrigendum, Development and Psychopathology 30*, no. 2(2018): 715– 16, https://doi.org/10.1017/S0954579417001043.

註 17 **在康乃狄克州威斯頓**：Douglas Belkin, Jennifer Levitz, and Melissa Korn, “Many More Students, Especially the Affluent, Get Extra Time to Take the SAT,” Wall Street Journal, May 21, 2019, https://www.wsj.com/articles/many-more-students-especially-the-affluent-get-extra-time-to-take-the-sat-11558450347

註 18 **類似病症的比例是百分之一點六**：同上。

註 19 **這種趨勢並不是沒有代價的**：更多資訊，請參見 Jay J. Coakley, *Sports In Society: Issues And Controversies* (New York: McGraw Hill, 2017).

註 20 **我請這些家長為他們最希望孩子擁有的東西進行排序**：這是我從理查．韋斯伯德和桑妮雅．盧塔的研究中借用的框架。

註 21 **蔡美兒也說過**：Loan Le, “Fighting the Negative ‘Tiger Mom’ Mentality,” *Fairfield Mirror*, Mar. 8, 2012, http://fairfieldmirror.com/news/fighting-the-negative-“tiger-mom”-mentality. 另外可參考蔡美兒的官網：https://www.amychua.com.

註 22 **二百億美元競技性青少年運動體系**：Christopher Bjork and William Hoynes, “Youth Sports Needs a Reset. Child Athletes Are Pushed to Professionalize Too Early,” *USA Today*, Mar. 24, 2021, https://www.usatoday.com/story/opinion/voices/2021/03/24/youth-sports-competitive-covid-19-expensive-column/4797607001.

註 23 **他們的請求簡單得令人心疼**：NJIC Web Master, “NJSIAA Student Athlete Advisory Council Pushes for More Balance,” *North Jersey Interscholastic Conference*, Apr. 17, 2019, https://njicathletics.org/njsiaa-student-athlete-advisory-council-pushes-for-more-balance.

註 24 **在一封給家長的信中**：Valerie Strauss, “Kindergarten Show Canceled So Kids Can Keep Studying to Become ‘College and Career Ready.’ Really.” *Washington Post*, Apr. 26, 2014, https://www.washingtonpost.com/news/answer-sheet/wp/2014/04/26/kindergarten-show-canceled-so-kids-can-keep-working-to-become-college-and-career-ready-really.

引言：閉著眼睛奔跑

註 1　就讀於研究人員所謂「明星學校」：National Academies of Sciences, Engineering, and Medicine, *Vibrant and Healthy Kids: Aligning Science, Practice, and Policy to Advance Health Equity* (Washington, DC: The National Academies Press, 2019), 4–24, https://doi.org/10.17226/25466

註 2　有三分之一的美國學生：桑妮雅．盧塔在二〇二二年九月二十四日跟我交換的意見。

註 3　發生率出現了驚人的攀升：美國聯邦公共衛生署長辦公室（Office of the Surgeon General），〈美國公共衛生署長就新冠疫情進一步暴露的青少年心理健康危機發布警告〉（"U.S. Surgeon General Issues Advisory on Youth Mental Health Crisis Further Exposed by COVID- 19 Pandemic"），美國衛生及公共服務部（U.S. Department of Health and Human Services）, Dec. 7, 2021, https://www.hhs.gov/about/news/2021/12/07/us-surgeon-general-issues-advisory-on-youth-mental-health-crisis-further-exposed-by-covid-19-pandemic.html

註 4　想了解孩子和父母所感受到的壓力：在諮詢了哈佛大學教育學院的一位研究人員後，我在二〇二〇年一月和二月期間，向全國六千多名家長發放了這份問卷調查。問卷是透過我個人的社交網絡用「滾雪球」的方式傳遞，意思就是填寫問卷的人會被要求跟他們的社交網絡成員分享這個問卷調查。 為了校正不平衡的回覆率（舉例來說，初始樣本中，有很高比例都是高收入的父母），調查會根據收入、地區和居住地都市化的程度進行了科學化的重新加權，來更貼切地反映全國的比例。在詮釋調查結果的時候，要牢牢記住一件重要的事，那就是調查結果可能沒辦法反映美國國內每個人對這些問題的看法。

註 5　在我的社區裡：我的調查發現，孩子就讀於「明星學校」的家長有百分之八十的表示同意，而對於孩子就讀於競爭較不激烈學校的家長，同意的比例就只有百分之六十。這種巨大的差異，突顯了人們對大學重要性相關感知的強烈程度。

註 6　別人認為我的孩子在學業上的成功：孩子就讀於「明星學校」和競爭較不激烈學校的家長之間，沒有發現顯著的差異，說明了這在現代家長中是種普遍存在的感受。

註 7　我多希望我的孩子現在的童年：同樣地，孩子就讀於「明星學校」和競爭較不激烈學校的家長之間也沒有發現顯著的差異。

第一章：為什麼我們的孩子在「以身犯險」？

註 8　盧塔進行了一項研究：Suniya S. Luthar and Karen D' Avanzo, "Contextual Factors in Substance Use: A Study of Suburban and Inner- City Adolescents," *Development and Psychopathology 11* (1999): 845– 67.

註 9　成長在一個永無休止的壓力環境之中：Terese J. Lund and Eric Dearing, "Is Growing Up Affluent Risky for Adolescents or Is the Problem Growing Up in an Affluent Neighborhood?," *Journal of Research on Adolescence 23*, no. 2 (June 2013): 274– 82.

註 10　羅伯特．伍德．強生基金會：Mary B. Geisz and Mary Nakashian, Adolescent Wellness: Current Perspectives and Future Opportunities in Research, Policy, and Practice (Robert Wood Johnson Foundation, 2018), https://www.rwjf.org/en/library/research/2018/06/inspiring-and-powering-the-future--a-new-view-of-adolescence.html.

註 11　根據 RWJF 的報告：來源同上，報告中第 20 頁

註 12　正如一名學生跟我解釋的那樣：除了我做的父母教養調查之外，我還在貝勒大學

"Trends in Income and Wealth Inequality," *Pew Research Center*, Jan. 9, 2020, https://www.pewresearch.org/social-trends/2020/01/09/trends-in-income-and-wealth-inequality.

註 40 蔡美兒的話：Amy Chua, "Why Chinese Mothers Are Superior," *Wall Street Journal*, Jan. 8, 2011, https://www.wsj.com/articles/SB10001424052748704111504576059713528698754.

註 41 財富既可以在困難時作為緩衝：Liz Mineo, "Racial Wealth Gap May Be a Key to Other Inequities," *Harvard Gazette*, June 3, 2021, https://news.harvard.edu/gazette/story/2021/06/racial-wealth-gap-may-be-a-key-to-other-inequities.

註 42 亞裔美國人的財富中位數：Dedrick Asante-Muhammad and Sally Sim, "Racial Wealth Snapshot: Asian Americans and The Racial Wealth Divide," *National Community Reinvestment Coalition*, May 14, 2020, https://ncrc.org/racial-wealth-snapshot-asian-americans-and-the-racial-wealth-divide.

註 43 黑人父母面臨：Emily Badger, Claire Cain Miller, Adam Pearce, and Kevin Quealy, "Extensive Data Shows Punishing Reach of Racism for Black Boys," *New York Times*, Mar. 19, 2018, https://www.nytimes.com/interactive/2018/03/19/upshot/race-class-white-and-black-men.html.

註 44 留下了匿名語音訊息：Caitlin Gibson, "When Parents Are So Desperate to Get Their Kids into College That They Sabotage Other Students," *Washington Post*, Apr. 3, 2019, https://www.washingtonpost.com/lifestyle/on-parenting/when-parents-are-so-desperate-to-get-their-kids-into-college-that-they-sabotage-other-students/2019/04/02/decc6b9e-5159-11e9-88a1-ed346f0ec94f_story.html; Adam Harris, "Parents Gone Wild: High Drama Inside D.C.'s Most Elite Private School," *The Atlantic*, June 5, 2019, https://www.theatlantic.com/education/archive/2019/06/sidwell-friends-college-admissions-varsity-blues/591124.

第三章：重視的力量

註 45 青少年一直以來都想知道：Jennifer Breheny Wallace, "The Teenage Social- Media Trap," *Wall Street Journal*, May 4, 2018, https://www.wsj.com/articles/the-teenage-social-media-trap-1525444767.

註 46 大幅增加了百分之三十三：Thomas Curran and Andrew P. Hill, "Perfectionism Is Increasing Over Time: A Meta- Analysis of Birth Cohort Differences From 1989 to 2016," *Psychological Bulletin* 145, no. 4 (2019): 410– 29, https://doi.org/10.1037/bul0000138.

註 47 父母的愛和關懷：Konrad Piotrowski, Agnieszka Bojanowska, Aleksandra Nowicka, and Bartosz Janasek, "Perfectionism and Community-Identity Integration: The Mediating Role of Shame, Guilt and Self- Esteem," *Current Psychology* (2021), https://doi.org/10.1007/s12144-021-01499-9.

註 48 傳奇性的社會心理學家莫里斯·羅森伯格：Morris Rosenberg and B. Claire McCullough, "Mattering: Inferred Significance and Mental Health Among Adolescents," *Research in Community and Mental Health* 2 (1981): 163– 82, https://psycnet.apa.org/record/1983-07744-001.

註 49 人們是否依賴你：在二〇一七年三月三十一日，格雷戈里·艾略特對羅德島社區大學的教職員進行專題演講，提出了類似的問題，以喚起人們的重視感。

註 50 只要我們活著：Rebecca Newberger Goldstein, "The Mattering Instinct," *Edge*, Mar. 16, 2016, https://www.edge.org/conversation/rebecca_newberger_goldstein-the-mattering-instinct.

註 25　心理學家大衛．葛里森：David Gleason, *At What Cost: Defending Adolescent Development in Fiercely Competitive Schools* (Concord, MA: Developmental Empathy LLC, 2017), xiii.

註 26　美國國家小學榮譽生會：Hilary Levey Friedman, *Playing to Win: Raising Children in a Competitive Culture* (Berkeley: University of California Press, 2013), xiv.

註 27　現在耶魯大學的錄取率：Jordan Fitzgerald, "Yale Admits 2,234 Students, Acceptance Rate Shrinks to 4.46 Percent," *Yale Daily News*, Mar. 31, 2022, https://yaledailynews.com/blog/2022/03/31/yale-admits-2234-students-acceptance-rate-shrinks-to-4-46-percent.

註 28　四十年前的錄取率："Summary of Yale College Admissions Class of 1980 to Class of 2022," Yale University, Jan. 7, 2019, https://oir.yale.edu/sites/default/files/w033_fresh_admissions.pdf.

第二章：說得清楚，就能平撫

註 29　說得清楚，就能平撫：出自丹尼爾．席格（Daniel J. Siegel）和蒂娜．佩恩．布萊森（Tina Payne Bryson）所撰寫的《教孩子跟情緒做朋友》（*The Whole-Brain Child: 12 Revolutionary Strategies to Nurture Your Child's Developing Mind*）（繁體中文版由地平線文化出版）。

註 30　除了經濟上的回報之外：Adam Waytz, "The Psychology of Social Status," *Scientific American*, Dec. 8, 2009, https://www.scientificamerican.com/article/the-psychology-of-social.

註 31　美國司法部宣布：Sophie Kasakove, "The College Admissions Scandal: Where Some of the Defendants Are Now," *New York Times*, Oct. 9, 2021, https://www.nytimes.com/2021/10/09/us/varsity-blues-scandal-verdict.html.

註 32　當霍夫曼的女兒知道以後：Nicholas Hautman, "Felicity Huffman Details Daughter Sophia's Emotional Reaction to College Scandal:'Why Didn't You Believe in Me?,' " *Us Weekly*, Sept. 6, 2019, https://www.usmagazine.com/celebrity-news/news/felicity-huffman-details-daughters-reaction-to-college-scandal.

註 33　讓人不安的事實：Cell Press, "Our Own Status Affects the Way Our Brains Respond to Others," *ScienceDaily*, Apr. 28, 2011, https://www.sciencedaily.com/releases/2011/04/110428123936.htm.

註 34　我們不應該在乎身分地位：Loretta Graziano Breuning, *I, Mammal: How to Make Peace with the Animal Urge for Social Power* (Oakland, CA: Inner Mammal Institute, 2011), 7.

註 35　生活中的各種細節：Arizona State University, "Invisible Labor Can Negatively Impact Well- Being in Mothers: Study Finds Women Who Feel Overly Responsible for Household Management and Parenting Are Less Satisfied with Their Lives and Partnerships," *Science Daily*, Jan. 22, 2019, https://www.sciencedaily.com/releases/2019/01/190122092857.htm.

註 36　一九四〇年出生：Raj Chetty et al., "The Fading American Dream: Trends in Absolute Income Mobility Since 1940," *Science* 356, no. 6336 (Apr. 2017): 398– 406, https://doi.org/10.1126/science.aal4617.

註 37　千禧世代的平均：Christopher Kurz, Geng Li, and Daniel J. Vine, "Are Millennials Different?," *Finance and Economics Discussion Series* 2018- 080, Board of Governors of the Federal Re-serve System, 2018, https://doi.org/10.17016/FEDS.2018.080.

註 38　陷入「匱乏心態」：更多資訊，請參見 Sendhil Mullaina-than and Eldar Shafir, *Scarcity: The New Science of Having Less and How It Defines Our Lives* (New York: Picador, 2013).

註 39　從一九八〇年代開始：Juliana Menasce Horowitz, Ruth Igielnik, and Rakesh Kochhar,

註 66　比爾回憶起他所讀到：Elliott, Family Matters, 187.

註 67　瑪德琳．勒文所謂：Madeline Levine, *The Price of Privilege: How Parental Pressure and Material Advantage Are Creating a Generation of Disconnected and Unhappy Kids* (New York: Harper-Collins, 2006), 133– 40.

註 68　處理我們的失望：同上，146.

註 69　哈佛大學的理查．韋斯伯德：Richard Weissbourd, *The Parents We Mean to Be: How Well-Intentioned Adults Undermine Children's Moral and Emotional Development* (New York: Mariner Books, 2010).

註 70　成為一個「優勢發現者」：Lea Waters, *The Strength Switch: How the New Science of Strength-Based Parenting Can Help Your Child and Your Teen to Flourish* (New York: Avery, 2017).

註 71　我們之中有三分之二的人都不知道：Michelle McQuaid, "Don't Make a Wish—Try Hope Instead," VIA Institute on Character, Achieving Goals, Jan. 31, 2014, https://www.viacharacter.org/topics/articles/don%27t-make-a-wish-try-hope-instead.

註 72　「行動價值觀」的調查："The VIA Character Strengths Survey," VIA Institute on Character, https://www.viacharacter.org/survey/account/Register.

註 73　向孩子傳達重視的技巧：Flett, *Psychology of Mattering*, 117.

註 74　紐約大學教授史考特．蓋洛威：史考特．蓋洛威，《世界並不仁慈，但也不會虧待你》（*The Algebra of Happiness: Notes on the Pursuit of Success, Love, and Meaning*）（英文版 New York: Portfolio 於 2019 年出版，引用自 148–9 頁；繁體中文版由天下雜誌出版）

註 75　聖母大學所做的一項研究發現："Parent Touch, Play and Support in Childhood Vital to Well- Being as an Adult," *Notre Dame News*, Dec. 21, 2015, https://news.nd.edu/news/parent-touch-play-and-support-in-childhood-vital-to-well-being-as-an-adult.

註 76　該不該去學怎麼打「要塞英雄」：Bingqing Wang, Laramie Taylor, and Qiusi Sun, "Families that Play Together Stay Together: Investigating Family Bonding through Video Games," *New Media & Society* 20, no. 11 (2018): 4074– 94, https://doi.org/10.1177/1461444818767667.

註 77　可以複製的榜樣：Jennifer Breheny Wallace, "The Right Way for Parents to Question Their Teenagers," *Wall Street Journal*, Nov. 23, 2018, https://www.wsj.com/articles/the-right-way-for-parents-to-question-their-teenagers-1542982858.

第四章：你是優先

註 78　自從一九七〇年代中期以來：Anthony Cilluffo and D'Vera Cohn, "7 Demographic Trends Shaping the U.S. and the World in 2018," Pew Research Center, Apr. 25, 2018, https://www.pewresearch.org/fact-tank/2018/04/25/7-demographic-trends-shaping-the-u-s-and-the-world-in-2018.

註 79　樣本研究：參閱 William Delgado, "Replication Data for The Education Gradient in Maternal Enjoyment of Time in Childcare," Harvard Dataverse, V1, June 14, 2020. 另外也可以參閱 Ariel Kalil, Susan E. Mayer, William Delgado, and Lisa A. Gennetian,"The Education Gradient in Maternal Enjoyment of Time in Childcare," University of Chicago, Becker Friedman Institute, June 14, 2020.

註 80　社會學家莎朗．海斯認為：Sharon Hays, *The Cultural Contradictions of Motherhood* (New Haven: Yale University Press, 1996).

註 81　媽媽們特別容易：Charlotte Faircloth, "Intensive Fatherhood? The (Un)involved Dad," in

註 51　父母對我們的重視：Isaac Prilleltensky, “What It Means to ‘Matter,’ ” *Psychology Today*, Jan. 4, 2022, https://www.psychologytoday.com/us/blog/well-being/202201/what-it-means-matter.

註 52　相互依賴的良性循環：Isaac Prilleltensky and Ora Prilleltensky, *How People Matter: Why It Affects Health, Happiness, Love, Work, and Society* (Cambridge: Cambridge University Press,2021), 5.

註 53　身邊的人有多重視我們的故事：Mark R. Leary, “Sociometer Theory and the Pursuit of Relational Value: Getting to the Root of Self-Esteem,” *European Review of Social Psychology* 16, no. 1 (Jan. 2005): 75– 111, https://doi.org/10.1080/10463280540000007.

註 54　七個關鍵要素：Gordon Flett, *The Psychology of Mattering : Understanding the Human Need to be Significant* (London: Elsevier, 2018), 32.

註 55　我在問卷裡還問學生：這個問題的靈感來自於「挑戰成功」的「我希望」活動。活動內容請參見 https://challengesuccess.org/resources/i-wish-campaign.

註 56　本來就會有差異：Roy F. Baumeister, Ellen Bratslavsky, Catrin Finkenauer, and Kathleen D. Vohs, “Bad Is Stronger Than Good,” *Review of General Psychology* 5, no. 4 (2001): 323–370, https://doi.org/10.1037//1089-2680.5.4.323.

註 57　研究顯示，批評：Timothy Davis, “The Power of Positive Parenting: Gottman’s Magic Ratio,” *Challenging Boys*, last updated 2022, https://challengingboys.com/the-power-of-positive-parenting-gottmans-magic-ratio.

註 58　青少年的負面情緒比其他年齡層的人要高：Laura L. Carstensen and Marguerite DeLiema, “The Positivity Effect: A Negativity Bias in Youth Fades with Age,” *Current Opinion in Behavioral Sciences* 19, no. 1 (2018): 7– 12, https://doi.org/10.1016/j.cobeha.2017.07.009.

註 59　感受到父母的批評：Suniya S. Luthar and Bronwyn E. Becker, “Privileged but Pressured? A Study of Affluent Youth,” *Child Development* 73, no. 5 (Sept. 2002): 1593– 1610, https://doi.org/10.1111/1467-8624.00492.

註 60　這可能會讓我們的孩子建立起：Brené Brown, *The Gifts of Imperfection: Let Go of Who You Think You’re Supposed To Be and Embrace Who You Are* (Minneapolis: Hazelden Information & Educational Services, 2010).

註 61　「早期的印象會深植於心。」：Gregory C. Elliott, *Family Matters: The Importance of Mattering to Family in Adolescence* (Chichester, UK: Wiley-Blackwell, 2009), 39.

註 62　虛假自我：愛麗絲·米勒（Alice Miller），《幸福童年的秘密》（*The Drama of the Gifted Child: The Search for the True Self*）（繁體中文版由心靈工坊出版）。更多資訊，請參見 Gabor Maté, *The Myth of Normal: Trauma, Illness, and Healing in a Toxic Culture* (New York: Avery, 2022).

註 63　「有條件的關懷」：Ece Mendi and Jale Eldeleklio lu, “Parental Conditional Regard, Subjective Well-Being and Self-Esteem: The Mediating Role of Perfectionism,” *Psychology* 7, no. 10 (2016): 1276– 95, https://doi.org/10.4236/psych.2016.710130.

註 64　教養風格和幸福感：Avi Assor, Guy Roth, and Edward L. Deci, “The Emotional Costs of Parents’ Conditional Regard: A Self-Determination Theory Analysis,” *Journal of Personality* 72, no. 1 (2004): 47– 88, https://doi.org/10.1111/j.0022-3506.2004.00256.x.

註 65　把自我價值投資在：Dorien Wuyts, Maarten Vansteenkiste, Bart Soenens, and Avi Assor, “An Examination of the Dynamics Involved in Parental Child-Invested Contingent Self- Esteem,” *Parenting* 15, no. 2 (2015): 55– 74, https://doi.org/10.1080/15295192.2015.1020135.

(Washington, DC: The National Academies Press, 2019).

註 96 研究發現，社交支持：Thomas W. Kamarck, Stephen B. Manuck, and J. Richard Jennings, "Social Support Reduces Cardiovascular Reactivity to Psychological Challenge: A Laboratory Model," *Psychosomatic Medicine* 52, no. 1 (1990): 42– 58, https://doi.org/10.1097/00006842-199001000-00004.

註 97 兩個人站在一起：Simone Schnall, Kent D. Harber, Jeanine K. Stefanucci, and Dennis R. Proffitt, "Social Support and the Perception of Geographical Slant," *Journal of Experimental Social Psychology* 44, no. 5 (Sept. 2008): 1246– 55, https://doi.org/10.1016/j.jesp.2008.04.011.

註 98 一項為期十二週的計劃：Suniya S. Luthar et al., "Fostering Resilience among Mothers under Stress: 'Authentic Connections Groups' for Medical Professionals," *Women's Health Issues* 27, no. 3 (May–June 2017): 382– 90, https://doi.org/10.1016/j.whi.2017.02.007.

註 99 每週一小時的會議上：Sherry S. Chesak et al., "Authentic Connections Groups: A Pilot Test of an Intervention Aimed at Enhancing Resilience Among Nurse Leader Mothers," *Worldviews on Evidence-Based Nursing* 17, no. 1 (Feb. 2020): 39– 48, https://doi.org/10.1111/wvn.12420.

註 100 盧塔和她的合作夥伴後續的研究：Suniya S. Luthar, Nina L. Kumar, and Renee Benoit, "Toward Fostering Resilience on a Large Scale: Connecting Communities of Caregivers," *Developmental Psychopathology* 31, no. 5 (Dec. 2019): 1813–25, https://doi.org/10.1017/S0954579419001251.

註 101 他們沒有足夠的心力：美國聯邦公共衛生署長維偉克・莫西在他的著作中寫到他自己有類似的經歷：《當我們一起》（*Together: The Healing Power of Human Connection in a Sometimes Lonely World*）（英文版由 New York: HarperCollins 出版，引用自第 275 頁；繁體中文版由天下雜誌出版）

註 102 會讓我們最開心：Senior, *All Joy and No Fun*, 5.

註 103 千萬不要獨自擔心：Edward M. Hallowell，《在童年播下五顆快樂種子》（*The Childhood Roots of Adult Happiness: Five Steps to Help Kids Create and Sustain Lifelong Joy*）（英文版由 New York: Ballantine Books 於 2002 年出版）

第五章：把茶壺從火源上移開

註 104 《金錢雜誌》將這裡評選為：Julia Hess, "Mercer Island Featured as Best Place to Live in Washington," *My Mercer Island*, Jan. 29, 2018, https://mymercerisland.com/mercer-island-best-place-to-live-washington.

註 105 社會學家一直在記錄：Charles Murray, "SuperZips and the Rest of America's Zip Codes," *American Enterprise Institute*, Feb. 13, 2012, https://www.aei.org/research-products/working-paper/superzips-and-the-rest-of-americas-zip-codes.

註 106 六百五十個「超級郵遞區號」社區：Carol Morello and Ted Mellnik, "Washington: A World Apart," *Washington Post*, Nov. 9, 2013, https://www.washingtonpost.com/sf/local/2013/11/09/washington-a-world-apart.

註 107 孩子會感覺到自己有責任：「安可效應」是戈登・弗雷特創造的名詞，用來描述表現優異的人承受了要繼續保持優異表現的壓力。我認為這也能用來描述高收入家庭的孩子所承受的壓力。

註 108 財富都集中在：Andy Kiersz, "MAP: Here Are The 20 'Super- Zips' Where America's

Ellie Lee, Jennie Bristow, Charlotte Faircloth, and Jan Macvarish, *Parenting Culture Studies* (London: Palgrave Macmillan, 2014): 184– 99, https://doi.org/10.1057/9781137304612_9.

註 82 根據皮尤研究中心：Gretchen Livingston and Kim Parker, "8 Facts about American Dads," Pew Research Center, June 12, 2019, https://www.pewresearch.org/fact-tank/2019/06/12/fathers-day-facts.

註 83 「好爸爸效應」：Lydia Buswell, Ramon B. Zabriskie, Neil Lundberg, and Alan J. Hawkins, "The Relationship Between Father Involvement in Family Leisure and Family Functioning: The Importance of Daily Family Leisure," *Leisure Sciences* 34, no. 2 (Mar. 2012): 172– 90, https://doi.org/10.1080/01490400.2012.652510.

註 84 同性伴侶也可能面臨：Maaike van der Vleuten, Eva Jaspers, and Tanja van der Lippe, "Same-Sex Couples' Division of Labor from a Cross-National Perspective," *Journal of GLBT Family Studies* 17, no. 2 (Dec. 2020): 150– 67, https://doi.org/10.1080/1550428X.2020.1862012.

註 85 跟異性伴侶會面臨同樣的困境：Claire Cain Miller, "How Same-Sex Couples Divide Chores, and What It Reveals About Modern Parenting," *New York Times*, May 16, 2018, https://www.nytimes.com/2018/05/16/upshot/same-sex-couples-divide-chores-much-more-evenly-until-they-become-parents.html.

註 86 母親越富有同理心：Erika M. Manczak, Anita De-Longis, and Edith Chen, "Does Empathy Have a Cost? Diverging Psychological and Physiological Effects Within Families," *Health Psychology* 35, no. 3 (Mar. 2016): 211– 18, https://doi.org/10.1037/hea0000281.

註 87 密集式教養也會："Does Being an Intense Mother Make Women Unhappy?," *Springer via Science Daily*, July 5, 2012, https://www.sciencedaily.com/releases/2012/07/120705151417.htm.

註 88 離開了舞台的中央：Jennifer Senior, *All Joy and No Fun: The Paradox of Modern Parenthood* (New York: Ecco, 2014), 199.

註 89 家中有中學生的母親：Suniya S. Luthar and Lucia Ciciolla, "What It Feels Like to Be a Mother: Variations by Children's Developmental Stages," *Developmental Psychology* 52, no. 1 (2016): 143– 54, https://doi.org/10.1037/dev0000062.

註 90 幾十年來，社會學家：Robert D. Putnam, *Bowling Alone: The Collapse and Revival of American Community* (New York: Simon & Schuster, 2001).

註 91 威爾頓的學生中，有百分之二十："Privileged and Pressured Presentation Summary," compiled by Genevieve Eason, Wilton Youth Council, https://www.wiltonyouth.org/privileged-pressured-summary.

註 92 認為自己不被重視的感覺：Gordon Flett, *The Psychology of Mattering: Understanding the Human Need to be Significant* (London: Academic Press, 2018), 123.

註 93 「近距離疏離」："The Most Important Thing We Can Do for Our Children Is to Learn How to Manage OUR Stress," 13D Research, Aug. 9, 2017, https://latest.13d.com/the-most-important-thing-we-can-do-for-our-children-is-learn-how-to-manage-our-stress-62f9031f55c4.

註 94 「父母在心理上陪伴的程度」：Flett, *The Psychology of Mattering*, 116. 也可以參閱 Brooke Elizabeth Whiting, "Determinants and Consequences of Mattering in the Adolescent's Social World" (PhD diss., University of Maryland College Park, 1982).

註 95 幾十年來的復原力研究：Jennifer E. DeVoe, Amy Geller, and Yamrot Negussie, eds., *Vibrant and Healthy Kids: Aligning Science, Practice, and Policy to Advance Health Equity*

註 122 保羅・塔夫在他的著作：Paul Tough, *The Inequality Machine: How College Divides Us* (Boston: Houghton Mifflin Harcourt, 2019), 25.

註 123 共同創辦人之一丹妮絲・波普：”A ‘Fit’ Over Rankings: Why College Engagement Matters More Than Selectivity,” Challenge Success, Resources, May 14, 2021. https://challengesuccess.org/resources/a-fit-over-rankings-why-college-engagement-matters-more-than-selectivity.

註 124 正如麥爾坎・葛拉威爾：Malcolm Gladwell, “The Order of Things: What College Rankings Really Tell Us,” *New Yorker*, Feb. 6, 2011, https://www.newyorker.com/magazine/2011/02/14/the-order-of-things.

註 125 「每個人都應該牢記的更廣義教訓是」：Anemona Hartocollis, “U.S. News Dropped Columbia’s Ranking, but Its Own Methods Are Now Questioned,” *New York Times*, Sept. 12, 2022, https://www.nytimes.com/2022/09/12/us/columbia-university-us-news-ranking.html.

註 126 哥倫比亞並不是唯一一個：請參閱 David Wagner, “Which Schools Aren’t Lying Their Way to a Higher U.S. News Ranking?,” *The Atlantic*, Feb. 6, 2013, https://www.theatlantic.com/national/archive/2013/02/which-schools-arent-lying-their-way-higher-us-news-ranking/318621. 另請參閱 Max Kutner, “How to Game the College Rankings,” *Boston Magazine*, Aug. 26, 2014, https://www.bostonmagazine.com/news/2014/08/26/how-northeastern-gamed-the-college-rankings.

註 127 皮尤研究中心進行了一項探討這個問題的研究：Anna Brown, “Public and Private College Grads Rank about Equally in Life Satisfaction,” Pew Research Center, May 19, 2014, https://www.pewresearch.org/fact-tank/2014/05/19/public-and-private-college-grads-rank-about-equally-in-life-satisfaction.

註 128 在這領域頂尖的音樂家：”Why You Should Work Less: A Second Look at the 10,000 Hour Rule,” The Neuroscience School, 2020, https://neuroscienceschool.com/2020/05/22/why-you-should-work-less.

註 129 就像這些世界級的音樂家一樣：”The Youth Risk Behavior Surveillance System (YRBSS): 2019 National, State, and Local Results,” National Center for HIV/ AIDS, Viral Hepatitis, STD, and TB Prevention Division of Adolescent and School Health, 2019, https://www.cdc.gov/healthyyouth/data/yrbs/pdf/2019/2019_Graphs_508.pdf.

註 130 情緒低落、感覺自己沒有價值：Andrew J. Fuligni, Erin H. Arruda, Jennifer L. Krull, and Nancy A. Gonzales, “Adolescent Sleep Duration, Variability, and Peak Levels of Achievement and Mental Health,” *Child Development* 89, no. 2 (Mar. 2018): 18– 28, https://doi.org/10.1111/cdev.12729.

註 131 那些認為他們父母覺得他們的人格特質：Lucia Ciciolla, Alexandria S. Curlee, Jason Karageorge, and Suniya S Luthar, “When Mothers and Fathers Are Seen as Disproportionately Valuing Achievements: Implications for Adjustment Among Upper Middle Class Youth,” *Journal of Youth and Adolescence* 46, no. 5 (May 2017): 1057– 75, https://doi.org/10.1007/s10964-016-0596-x.

第六章：嫉妒

註 132 身處的環境是很重要的：Robert H. Frank, *Falling Behind: How Rising Inequality Harms the Middle Class* (Berkeley: University of California Press, 2007), 30.

註 133 另一方面，如果太多：Prashant Loyalka, Andrey Zakharov, and Yulia Kusmina,

Ultra- Elite Reside," *Business Insider*, Dec. 9, 2013, https://www.businessinsider.com/map-americas-super-elite-live-in-these-zip-codes-2013-12.

註 109 我在醫院的病床上會哭：Meghana Kakubal, Lila Shroff, and Soraya Marashi, "Pressure, Insomnia and Hospitalization: The New Normal for Students Applying to College," *KUOW Radio Active*, Apr. 3, 2019, https://www.kuow.org/stories/what-students-go-through-to-get-into-college.

註 110 九十一分和九十九分之間的差別：Lisa Damour, "Why Girls Beat Boys at School and Lose to Them at the Office," *New York Times*, Feb. 7, 2019, https://www.nytimes.com/2019/02/07/opinion/sunday/girls-school-confidence.html.

註 111 學生們都會接受健康調查：Cynthia Goodwin, "Gearing Up for Summer: Findings and Recommendation on Our Youth Well-Being Student Survey," *Mercer Island Living*, June 2019.

註 112 盧塔將默瑟島：Suniya S. Luthar, Samuel H. Barkin, and Elizabeth J. Crossman, " 'I Can, Therefore I Must': Fragility in the Upper- Middle Classes," *Developmental Psychopathology* 25, no. 4, pt. 2 (Nov. 2013): 1529– 49, https://doi.org/10.1017/S0954579413000758.

註 113 擁有選擇的特權：貝瑞．史瓦茲，《選擇的弔詭》（*The Paradox of Choice: Why More is Less*）（繁體中文版由一起來出版出版）

註 114 成長性思維的概念：卡蘿．杜維克，《心態致勝》（*Mindset: The New Psychology of Success*）（繁體中文版由天下文化出版）

註 115 「應該放手時卻無法放手。」：Suniya S. Luthar, Nina L. Kumar, and Nicole Zillmer, "High- Achieving Schools Connote Risks for Adolescents: Problems Documented, Processes Implicated, and Directions for Interventions," *American Psychologist* 75, no. 7 (2020): 983–95, https://doi.org/10.1037/amp0000556.

註 116 強迫性的過度需求：Paweł A. Atroszko, Cecilie Schou Andreassen, Mark D. Griffiths, and Ståle Pallesen, "Study Addiction—A New Area of Psychological Study: Conceptualization, Assessment, and Preliminary Empirical Findings," *Journal of Behavioral Addictions* 4, no. 2 (2015): 75– 84, https://doi.org/10.1556/2006.4.2015.007.

註 117 學者發現，在學生時期的「學習成癮」：Paweł A. Atroszko, Cecilie Schou Andreassen, Mark D. Griffiths, and Ståle Pallesen, "The Relationship Between Study Addiction and Work Addiction: A Cross- Cultural Longitudinal Study," *Journal of Behavioral Addictions* 5, no. 4 (2016): 708– 14, https://doi.org/10.1556/2006.5.2016.076.

註 118 一項針對波蘭大學生的研究：Atroszko et al., "The Relationship Between Study Addiction and Work Addiction."

註 119 依附在物質和地位象徵上：約翰．海利（Johann Hari），《照亮憂鬱黑洞的一束光》（*Lost Connections: Uncovering the Real Causes of Depression—and the Unexpected Solutions*）（英文版由 New York: Bloomsbury 於 2018 年出版，引用自第 125 頁；繁體中文版由天下生活出版）

註 120 優先考慮物質目標的人：Evan Nesterak, "Materially False: A Q& A with Tim Kasser about the Pursuit of the Good Life through Goods," *Behavioral Scientist*, Sept. 9, 2014, https://behavioralscientist.org/materially-false-qa-tim-kasser-pursuit-good-goods.

註 121 卡瑟和他的同事：Tim Kasser et al., "Changes in Materialism, Changes in Psychological Well- Being: Evidence from Three Longitudinal Studies and an Intervention Experiment," *Motivation and Emotion* 38 (2014): 1– 22, https://doi.org/10.1007/s11031-013-9371-4.

註 146 另一項針對六百一十五名加拿大青少年進行的研究：Tamara Humphrey and Tracy Vaillancourt, "Longitudinal Relations Between Hypercompetitiveness, Jealousy, and Aggression Across Adolescence," *Merrill-Palmer Quarterly* 67, no. 3 (July 2021): 237– 68, https://doi.org/10.13110/merrpalmquar1982.67.3.0237.

註 147 維蘭柯爾告訴我：Jennifer Breheny Wallace, "Teaching Girls to Be Great Competitors," *Wall Street Journal*, Apr. 12, 2019, https://www.wsj.com/articles/teaching-girls-to-be-great-competitors-11555061400.

註 148 「可敬的對手」：賽門・西奈克，《無限賽局》（*The Infinite Game*）（繁體中文版由天下雜誌出版）；更多資訊請參閱 Darya Sinusoid, "A Worthy Rival: Learn from the Competition," *Shortform* (blog), June 11, 2021, https://www.shortform.com/blog/worthy-rival.

註 149 提摩西・高威用：提摩西・高威，《比賽，從心開始》（*The Inner Game of Tennis: The Classic Guide to the Mental Side of Peak Performance*）（繁體中文版由經濟新潮社出版）

註 150 男孩習慣了競爭的行為：Jennifer Breheny Wallace, "Teaching Girls to Be Great Competitors."

註 151 近六十名六到十二年級女孩：Renée Spencer, Jill Walsh, Belle Liang, Angela M. Desilva Mousseau, and Terese J. Lund, "Having It All? A Qualitative Examination of Affluent Adolescent Girls' Perceptions of Stress and Their Quests for Success," *Journal of Adolescent Research* 33, no. 1 (Sept. 2016): 3– 33, https://doi.org/10.1177/0743558416670990.

註 152 女孩特別需要幫助：Jennifer Breheny Wallace, "Teaching Girls to Be Great Competitors."

註 153 「鐵磨利鐵」：Amy Tennery, "Athletics–'Iron Sharpens Iron': McLaughlin, Muhammad Hurdle to New Heights," Reuters, Aug. 4, 2021, https://www.reuters.com/lifestyle/sports/athletics-iron-sharpens-iron-mclaughlin-muhammad-hurdle-new-heights-2021-08-04.

第七章：更大的期望

註 154 比較少著重於像是關懷社區的社會價值：Jean M. Twenge, "How Dare You Say Narcissism Is Increasing?," *Psychology Today*, Aug. 12, 2013, https://www.psychologytoday.com/us/blog/the-narcissism-epidemic/201308/how-dare-you-say-narcissism-is-increasing.

註 155 他們的發現令人擔憂：Diane Swanbrow, "Empathy: College Students Don't Have as Much as They Used To," *Michigan Today*, June 9, 2010, https://michigantoday.umich.edu/2010/06/09/a7777.

註 156 這種下降幅度太過驚人：珍・特溫格、基斯・坎貝爾（W. Keith Campbell），《自戀時代》（*The Narcissism Epidemic: Living in the Age of Entitlement*）（英文版由 New York: Atria 於 2009 年出版）.

註 157 實際上不是壓力：Terri Lobdell, "Driven to Succeed: How We're Depriving Teens of a Sense of Purpose," *Palo Alto Weekly*, Nov. 18, 2011, https://ed.stanford.edu/news/driven-succeed-how-were-depriving-teens-sense-purpose.

註 158 鼓勵她要謙虛：華理克（Rick Warren），《標竿人生》（*The Purpose Driven Life: What on Earth Am I Here For?*）（繁體中文版由道聲出版）

註 159 如今對於童年成功的要求：Jennifer Breheny Wallace, "Why Children Need Chores," *Wall Street Journal*, Mar. 13, 2015, https://www.wsj.com/articles/why-children-need-chores-1426262655.

註 160 跟臨床憂鬱症：Leon F. Seltzer, "Self-Absorption: The Root of All (Psychological) Evil?,"

"Catching the Big Fish in the Little Pond Effect: Evidence from 33 Countries and Regions," *Comparative Education Review* 62, no. 4 (Nov. 2018): 542– 64, https://doi.org/10.1086/699672.

註 134 因為他們浸淫其中：更多關於這個概念的資訊，請參閱大衛・佛斯特・華萊士二〇〇五年五月二十一日在凱尼恩學院畢業典禮上的致詞： https://people.math.harvard.edu/~ctm/links/culture/dfw_kenyon_commencement.html#:~:text=The%20really%20important%20kind%20of,and%20understanding%20how%20to%20think.

註 135 〈今年大學招生的恐怖秀〉（"This Year's College Admissions Horror Show"）：Nicole LaPorte,"This Year's College Admissions Horror Show," *Town & Country*, Apr. 1, 2022, https://www.townandcountrymag.com/society/money-and-power/a39560789/college-admissions-2022-challenge-news.

註 136 疫情的隔離效應：Jean M. Twenge et al., "World-wide Increases in Adolescent Loneliness," *Journal of Adolescence* 93 (Dec. 2021): 257– 69, https://doi.org/10.1016/j.adolescence.2021.06.006.

註 137 隨時都可以把他們拋下：Isaac Lozano, " 'It Literally Consumes You': A Look into Student Struggles with Mental Health at Stanford," *Stanford Daily*, Apr. 21, 2022, https://stanforddaily.com/2022/04/21/it-literally-consumes-you-a-look-into-student-struggles-with-mental-health-at-stanford.

註 138 隨著孩子成長為青少年：Gordon Flett, *The Psychology of Mattering: Understanding the Human Need to be Significant* (London: Academic Press, 2018), 31.

註 139 追蹤了三百六十五名學生：Julie Newman Kingery, Cynthia A. Erdley, and Katherine C. Marshall, "Peer Acceptance and Friendship as Predictors of Early Adolescents' Adjustment Across the Middle School Transition," *Merrill-Palmer Quarterly* 57, no. 3 (2011): 215– 43, https://doi.org/10.1353/mpq.2011.0012.

註 140 青少年時期擁有龐大：Rachel K. Narr, Joseph P. Allen, Joseph S. Tan, and Emily L. Loeb, "Close Friendship Strength and Broader Peer Group Desirability as Differential Predictors of Adult Mental Health," *Child Development 90*, no. 1 (Aug. 2017): 298– 313, https://doi.org/10.1111/cdev.12905.

註 141 老師和教練：Gregory C. Elliott, *Family Matters: The Importance of Mattering to Family in Adolescence* (Chichester, UK: Wiley- Blackwell, 2009), 58.

註 142 「如果嫉妒讓我們意識到」：Robert E. Coles, "The Hidden Power of Envy," *Harper's Magazine*, Aug. 1995, https://harpers.org/archive/1995/08/the-hidden-power-of-envy.

註 143 日常歧視和歧視：Isaac Prilleltensky and Ora Prilleltensky, *How People Matter: Why it Affects Health, Happiness, Love, Work, and Society* (Cambridge: Cambridge University Press, 2021), 224– 26.

註 144 黑人男孩在學校被重視的經驗：Roderick L. Carey, Camila Polanco, and Horatio Blackman, "Black Adolescent Boys' Perceived School Mattering: From Marginalization and Selective Love to Radically Affirming Relationships," *Journal of Research on Adolescence* 32, no. 1 (Dec. 2021): 151– 69, https://doi.org/10.1111/jora.12706.

註 145 競爭動機進行調查的研究：Ersilia Menesini, Fulvio Tassi, and Annalaura Nocentini, "The Competitive Attitude Scale (CAS): A Multidimensional Measure of Competitiveness in Adolescence," *Journal of Psychology & Clinical Psychiatry* 9, no. 3 (2018): 240– 44, https://doi.org/10.15406/jpcpy.2018.09.00528.

Mother: Escaping the Trap of Self-Denial）（英文版由 New York: Hachette Books 於 1999 年出版）

註 175　**努力成為足夠好：**「夠好的父母」是唐諾・溫尼考特（D. W. Winnicott）提出的概念。更多關於這個概念的資訊，請參閱他的著作《給媽媽的貼心書》（*The Child, the Family, and the Outside World*）（英文版由 Harmondsworth, UK: Penguin 於 1964 年出版，繁體中文版由心靈工坊出版）

註 176　**幫助孩子正確看待成就：**Jennifer Breheny Wallace, "The Perils of the Child Perfectionist," *Wall Street Journal*, Aug. 31, 2018, https://www.wsj.com/articles/the-perils-of-the-young-perfectionist-1535723813.

註 177　**感恩是維繫人際關係的黏著劑：**更多關於感恩的研究，請參見 Summer Allen, "The Science of Gratitude," Greater Good Science Center, May 2018, https://happierway.org/pillars/well-being/articles/the-science-of-gratitude.

資源：採取行動——教育工作者可以做的

註 178　**歐普拉很感謝她四年級的老師：**Gordon Flett, *The Psychology of Mattering: Understanding the Human Need to be Significant* (London: Academic Press, 2018), 20– 1.

註 179　**用非營利組織的方式經營：**丹尼爾・馬科維茨（Daniel Markovits），《菁英體制的陷阱》（*The Meritocracy Trap: How America's Foundational Myth Feeds Inequality, Dismantles the Middle Class, and Devours the Elite*）（英文版由 New York: Penguin Press 於 2019 年出版，引用自第 275–84 頁；繁體中文版由時報出版出版）

Psychology Today, Aug. 24, 2016, https://www.psychologytoday.com/us/blog/evolution-the-self/201608/self-absorption-the-root-all-psychological-evil.

註 161 哈佛大學的研究人員：更多關於這項研究的資訊，請參閱羅伯特．沃丁格（Robert Waldinger, MD）醫師和馬克．修茲（Marc Schulz, PhD）博士所著的《美好人生》（*The Good Life: Lessons from the World's Longest Scientific Study of Happiness*）（繁體中文版由天下雜誌出版）

註 162 我曾經因為寫一篇文章：Jennifer Breheny Wallace, "How to Get Your Kids to Do Their Chores," *The Huffington Post*, Apr. 23, 2015, https://www.huffpost.com/entry/how-to-get-your-kids-to-do-their-chores_b_7117102.

註 163 深刻的自我價值感：Isaac Prilleltensky and Ora Prilleltensky, *How People Matter: Why It Affects Health, Happiness, Love, Work, and Society* (Cambridge: Cambridge University Press, 2021), 78.

註 164 威廉．戴蒙提供了以下這些提醒：威廉．戴蒙（William Damen），《邁向目的之路》（*The Path to Purpose: How Young People Find Their Calling in Life*）（英文版由 New York: Free Press 於 2009 年出版，引用自第 183–86 頁）

註 165 宗教之所以被發現：薩曼莎．博德曼（Samantha Boardman），《強韌心態》（*Everyday Vitality: Turning Stress into Strength*）（英文版由 New York: Penguin Books 於 2021 年出版，引用自第 188– 89 頁；繁體中文版由平安文化出版）

註 166 《邁向目的之路》：Damon, *Path to Purpose*, 183– 202.

註 167 遏止年輕人自我毀滅的衝動：William Damon, *Greater Expectations: Overcoming the Culture of Indulgence in Our Homes and Schools* (New York: Free Press Paperbacks, 1995), 31.

註 168 要做到慷慨，我們會需要：Christian Smith and Hilary Davidson, *The Paradox of Generosity: Giving We Receive, Grasping We Lose* (Oxford: Oxford University Press, 2014), 71.

註 169 生活過得有意義的祕訣：Christopher Peterson, "Other People Matter: Two Examples," *Psychology Today*, June 17, 2008, https://www.psychologytoday.com/us/blog/the-good-life/200806/other-people-matter-two-examples.

第八章：連鎖反應

註 170 多年前，作家：Bruce Feiler, *The Council of Dads: My Daughters, My Illness, and the Men Who Could Be Me* (New York:William Morrow, 2010).

註 171 孩子的身邊圍繞著：參見全國青少年健康長期研究，研究結果發布於 "Social, Behavioral, and Biological Linkages Across the Life Course," Add Health, https://addhealth.cpc.unc.edu.

註 172 有超過一千兩百名居民：GOOD Morning Wilton Staff, "Get Ready for Wilton's 2nd Annual Big Block Party Weekend," *GOOD Morning Wilton*, May 29, 2019, https://goodmorningwilton.com/get-ready-for-wiltons-2nd-annual-big-block-party-weekend.

資源：採取行動——在家裡可以做的

註 173 千萬不要獨自擔心：參閱 Edward M. Hallowell，《在童年播下五顆快樂種子》。

註 174 心理學家卡琳．魯賓斯坦：Carin Rubenstein，《犧牲不是美德》（*The Sacrificial*

懸崖邊的學霸：
為什麼好學生會崩壞？美國 6000 個菁英家庭的第一手調查，幫助身處競爭壓力的孩子保有韌性與幸福力

Never Enough: How Toxic Achievement Culture is Hurting Kids and What to Do About It

作　　者　珍妮佛・華萊士（Jennifer Wallace）
譯　　者　謝宜暉
封面設計　萬勝安
內頁構成　高巧怡
編輯協力　趙啟麟
行銷企劃　蕭浩仰、江紫涓
行銷統籌　駱漢琦
業務發行　邱紹溢
營運顧問　郭其彬
責任編輯　張貝雯
總 編 輯　李亞南

出　　版　漫遊者文化事業股份有限公司
地　　址　台北市103大同區重慶北路二段88號2樓之6
電　　話　(02) 2715-2022
傳　　真　(02) 2715-2021
服務信箱　service@azothbooks.com
網路書店　www.azothbooks.com
臉　　書　www.facebook.com/azothbooks.read

發　　行　大雁出版基地
地　　址　新北市231新店區北新路三段207-3號5樓
電　　話　(02) 8913-1005
訂單傳真　(02) 8913-1056
初版二刷(1)　2024年12月
定　　價　台幣480元

ISBN　978-626-409-028-5

國家圖書館出版品預行編目 (CIP) 資料

懸崖邊的學霸：為什麼好學生會崩壞? 美國6000 個菁英家庭的第一手調查, 幫助身處競爭壓力的孩子保有韌性與幸福力 / 珍妮佛. 華萊士(Jennifer Wallace) 著 ; 謝宜暉譯. -- 初版. -- 臺北市 : 漫遊者文化事業股份有限公司, 2024.11
320 面 ; 17×22 公分
譯自 : Never enough : how toxic achievement culture is hurting kids and what to do about it.
ISBN 978-626-409-028-5(平裝)
1.CST: 親職教育 2.CST: 子女教育 3.CST: 兒童心理學 4.CST: 壓力
528.2　　113016266